Das Sachen-machen-
Bastelbuch

Kreative Ideen aus Eierkartons, Papprollen & Co.

Marta Ribón Calabia

Das Sachen-machen-
Bastelbuch

Kreative Ideen aus Eierkartons, Papprollen & Co.

Ins Deutsche übertragen
von Susanne Bonn

Illustrationen von Monika Finsterbusch

COPPENRATH

Alle Tipps und Informationen in diesem Buch
sind sorgfältig ausgewählt und geprüft.
Dennoch können weder Urheber noch Verlag eine
Garantie übernehmen. Eine Haftung für Personen-,
Sach- und Vermögensschäden ist ausgeschlossen.

FSC
www.fsc.org

MIX
Papier aus verantwor-
tungsvollen Quellen
FSC® C101537

5 4 3 2 1   20 19 18 17 16
ISBN 978-3-649-66855-8

Deutsche Ausgabe:
© 2016 Coppenrath Verlag GmbH & Co. KG,
Hafenweg 30, 48155 Münster, Germany
CH: Baumgartner Bücher AG, Centralweg 16, 8910 Affoltern a.A.
Alle Rechte vorbehalten, auch auszugsweise
Illustrationen: Monika Finsterbusch
Fotos*: Marta Ribón Calabia
Übersetzung: Susanne Bonn
Printed in China
www.coppenrath.de

Originalausgaben:
Create your own Toys (Crea tus juguetes)
Create with Nature (Crea con la naturaleza)
Play with the Seasons (Juega con las estaciones)
Text und Fotos: © 2013 Marta Ribón Calabia
Für die deutsche Ausgabe vermittelt von Manuela Kerkhoff -
International Licensing Agency, Deutschland/
www.manuela-kerkhoff.de

* mit Ausnahme der folgenden Fotos: weiße Klebetube,
Pinsel, Schere, Bast, Wollknäuel, Wachsmaler, Acrylfarbe,
Strohhalme, aufgerollte Zeitung, Äste, Bucheckern,
Sägespäne, geringelte Socke, Federn.
Diese stammen von www.shutterstock.com.

Unser besonderer
Dank gilt Leonie Ebbert,
Sinja Hundshagen,
Britta Kudla und
Sabine Vieler.

Inhalt

Ist dir schon einmal aufgefallen, wie viele Dinge wir täglich wegwerfen?

Plastikflaschen, leere Eierkartons, Dosenverschlüsse, benutztes Geschenkpapier und so viel mehr. Für unsere Umwelt und die Natur ist das gar nicht gut. Aber Moment mal, ist das wirklich alles Müll? Bestimmt kannst du einiges noch zum Basteln verwenden. Pipa Lupina und ihre Freunde helfen dir gern dabei!

In diesem Buch findest du viele Ideen und Anleitungen für ganz besondere Bastelprojekte. Eignet sich ein Eierkarton nicht perfekt für eine Libelle oder eine Raupe? Und die Plastikflasche – daraus könnte doch ein lustiger Fisch werden! Klopapierrollen gehören ab sofort auch nicht mehr in den Müll – aus ihnen entsteht ruck, zuck ein toller Grashüpfer!

Die meisten Dinge, die du zum Basteln brauchst, findest du zu Hause. Ob in der Küche, in deinem Zimmer oder in der Abstellkammer – überall kannst du nach brauchbaren Materialien Ausschau halten, zum Beispiel nach leeren Kartons, Eisstielen, Kokosnussschalen und Papiertüten. Auch Flaschenkorken, Dosenverschlüsse, Plastikflaschen und viele andere Dinge lassen sich prima in tolles Spielzeug verwandeln. Bestimmt ist auch noch die Zeitung von gestern im Altpapier und vielleicht findest du sogar das Geschenkpapier vom letzten Geburtstag wieder. Sei kreativ, und du wirst merken, was du alles nutzen kannst.

Viele tolle Bastelmaterialien findest du auch in der Natur. Gehe mit offenen Augen durch die Welt und entdecke Zweige, Kiefernzapfen, Eicheln, Federn und bunte Blätter. Erschaffe damit einzigartige Bastelprojekte. Auch deine Freunde werden von deinen Ideen begeistert sein und vielleicht könnt ihr das nächste Projekt gleich zusammen basteln. Seid erfinderisch und lasst eurer Fantasie freien Lauf!

Was du alles recyceln kannst

Du hast bestimmt schon gemerkt, dass es sehr viele Dinge gibt, die du recyceln kannst. Recyceln bedeutet übrigens „wiederverwenden". Das ist sehr praktisch, weil du dann vor dem Basteln nicht extra in die Stadt zum Einkaufen musst und gleichzeitig etwas Gutes für die Umwelt tust. Nicht nur in den eigenen vier Wänden lassen sich viele Bastelutensilien finden, auch in der Natur gibt es zahlreiche Materialien, die sich wunderbar für Bastelprojekte eignen.

Korken

Besonders vielseitig sind Flaschenkorken, weil du den Kork noch schneiden und in verschiedene Formen bringen kannst.

Eierkartons

Auch Eierkartons sind vielseitig verwendbar. Aus ihnen kannst du Körper oder Augen für lustige Tiere basteln – und vieles mehr.

Verschlüsse

Kronkorken und Dosenverschlüsse eignen sich sehr gut für die Verzierung deiner Bastelprojekte. Egal ob als Augen oder Anhänger – sie sehen einfach toll aus.

Buntes Papier

Buntes Papier ist super, um deine Bastelprojekte zu bekleben oder um Kartons neu zu gestalten.

Leere Flaschen

So schnell schmeißt du in Zukunft bestimmt keine Plastikflaschen mehr weg. Ihre unterschiedlichen Formen eignen sich ideal für die Körper von Figuren.

Wäscheklammern

Praktisch sind auch Wäscheklammern aus Holz. Du kannst sie bunt anmalen und sie lassen sich prima festklemmen.

Klopapierrollen

Sogar Klopapierrollen können sehr nützlich sein. Ihre runde Form eignet sich zum Beispiel gut für die Arme und Beine von Figuren, aber auch für die Türme von Gebäuden.

Trinkhalme

Auch Trinkhalme kannst du für alles Mögliche verwenden, zum Beispiel für Stängel von Blumen oder als Antenne eines Roboters.

Alte Zeitungen

Praktisch ist ebenso altes Zeitungspapier. Du kannst daraus Pappmaschee herstellen.

Papiertüten

Papiertüten müssen kein Wegwerfprodukt mehr sein – daraus entstehen ruck, zuck einzigartige Projekte.

Zweige

An Zweigen kannst du dein Gebasteltes aufhängen. Wenn du Weidenzweige findest, kannst du sie biegen und daraus zum Beispiel einen Traumfänger machen.

Blätter

Im Herbst fallen die Blätter von den Bäumen und haben dann besonders schöne Farben. Du kannst sie sammeln, pressen und zum Basteln verwenden.

Eicheln und Zapfen

Auch Eicheln und Kiefernzapfen liegen im Herbst unter den Bäumen. Sie eignen sich prima für lustige Gesichter und viele andere Verzierungen.

Federn

Immer wieder verlieren Vögel ein paar Federn in bunten Farben und verschiedenen Größen. Du kannst sie sammeln und zur Dekoration nehmen.

Leere Pappkartons

Pappkartons werden oft als Verpackungen verwendet. Es gibt sie in allen Größen und Formen und sie eignen sich somit prima für unterschiedliche Bastelarbeiten.

Alte Socken

Aus einer alten Socke mit Loch kann ganz schnell eine Figur entstehen. Auch Nylonstrümpfe kannst du gut verwenden.

Stoffreste

Stoffreste sind überall einsetzbar. Schneide sie zu Flügeln oder knote ein tolles Halstuch daraus.

Knöpfe

Besonders nützlich sind Knöpfe. Sie können zum Beispiel zu den Augen von Figuren werden oder schmücken deine Bastelarbeiten.

Eisstiele

Im Sommer schmeckt Eis besonders gut. Sammle die Eisstiele und nimm sie für die Beine von Tieren oder als stachelige Haare.

Kokosnuss

Hast du schon einmal eine Kokosnuss gegessen? Die runde Form ihrer Schale eignet sich perfekt für lustige Gesichter.

Pfeifenreiniger

Pfeifenreiniger eignen sich sehr gut, um daraus Fühler zu machen. Du kannst sie auch zu Beinchen oder Antennen formen.

Sägemehl

Sägemehl ist sehr nützlich, wenn du etwas füllen möchtest. Nimm eine Tüte und hebe es darin auf.

Wollreste

Aus Wolle kannst du zottelige Haare, eine Mähne oder einfach lange bunte Bänder machen.

Die Grundausstattung

Schere

Mit einer Schere können ganz verschiedene Materialien zugeschnitten werden, sodass schöne Formen entstehen.

Bleistift

Ein Bleistift ist sehr nützlich, um etwas vorzuzeichnen oder abzumalen.

Wachsmalstifte

Pipa und ihre Freunde sind ein lustiger Haufen. Je mehr Farben die Welt hat, desto fröhlicher sind sie. Nimm Bunt- und Wachsmalstifte und gestalte deine Bastelprojekte in schönen Farben.

Kleber

Um die unterschiedlichen Teile zusammenzufügen, brauchst du Bastelkleber. Auch durchsichtiges Klebeband ist oft sehr hilfreich.

Schnur

Mit einer Schnur können einzelne Teile verbunden und das Gebastelte später aufgehängt werden.

Farben & Pinsel

Auch Farben und Pisel kannst du immer gut zum Bemalen und Verzieren verwenden.

Diese Dinge solltest du beim Basteln immer griffbereit haben.

Tonpapier

Tonpapier gibt es in allen Farben. Daraus können zum Beispiel Blätter, Blüten und vieles mehr werden.

Tipps und Tricks

Schablone

Wenn du etwas aus mehreren gleichen Teilen bastelst, nimm deine erste Form als Schablone. Dann passt alles gut zusammen.

Bastelkittel

Ein Bastelkittel oder ein altes T-Shirt oder Hemd schützt deine Kleidung vor Farben und Kleber. Ziehe es beim Basteln über, damit du auch mal kleckern darfst.

Becher

Klemme die Wäsche-klammern aus Holz an einen Becher. Dann lassen sie sich leicht bemalen und können rundherum gut trocknen, ohne zusammenzukleben.

Schwamm

Ein kleiner Schwamm eignet sich sehr gut für Farben. Du kannst damit zum Beispiel tupfen und wischen. So erhältst du andere Muster als mit einem Pinsel.

Hier findest du Tipps und Tricks, die dir helfen, ein richtig guter Bastler zu werden.

Hilfe

Manche Bastelaufgaben sind etwas kniffelig. Bitte immer einen Erwachsenen um Hilfe, wenn du mit stärkerem Kraftkleber, Kleister, einem Bohrer oder Ähnlichem arbeiten musst. Zusammen meistert ihr auch diese Schritte problemlos.

Verbinde unterschiedliche Projekte miteinander und spiele mit deinen Bastelarbeiten.

Es macht großen Spaß, mit Freunden zusammen zu basteln. Lade sie zu dir ein und entwickelt tolle neue Dinge. Ihr seid bestimmt ein super Team, genau wie Pipa und ihre Freunde.

Sammle in der Natur und zu Hause alles, was du findest und sich verbasteln lässt. Wer weiß, wofür du es einmal verwenden kannst. Lass deiner Kreativität freien Lauf!

Eierkarton-Tiere

Wenn es im Sommer warm wird, fühlen sich die kleine Raupe und die Libelle besonders wohl. Sie gehen draußen spazieren, fliegen herum oder sonnen sich. Bastle deine eigenen kunterbunten Tiere. Du kannst mit ihnen spielen und das schöne Wetter genießen.

MATERIAL:

Eierkarton

Schere

Tonpapier

durchsichtiges Klebeband

Farben und Pinsel

Schwamm

Glitter

Bleistift

Bastelkleber

3 Pfeifenreiniger

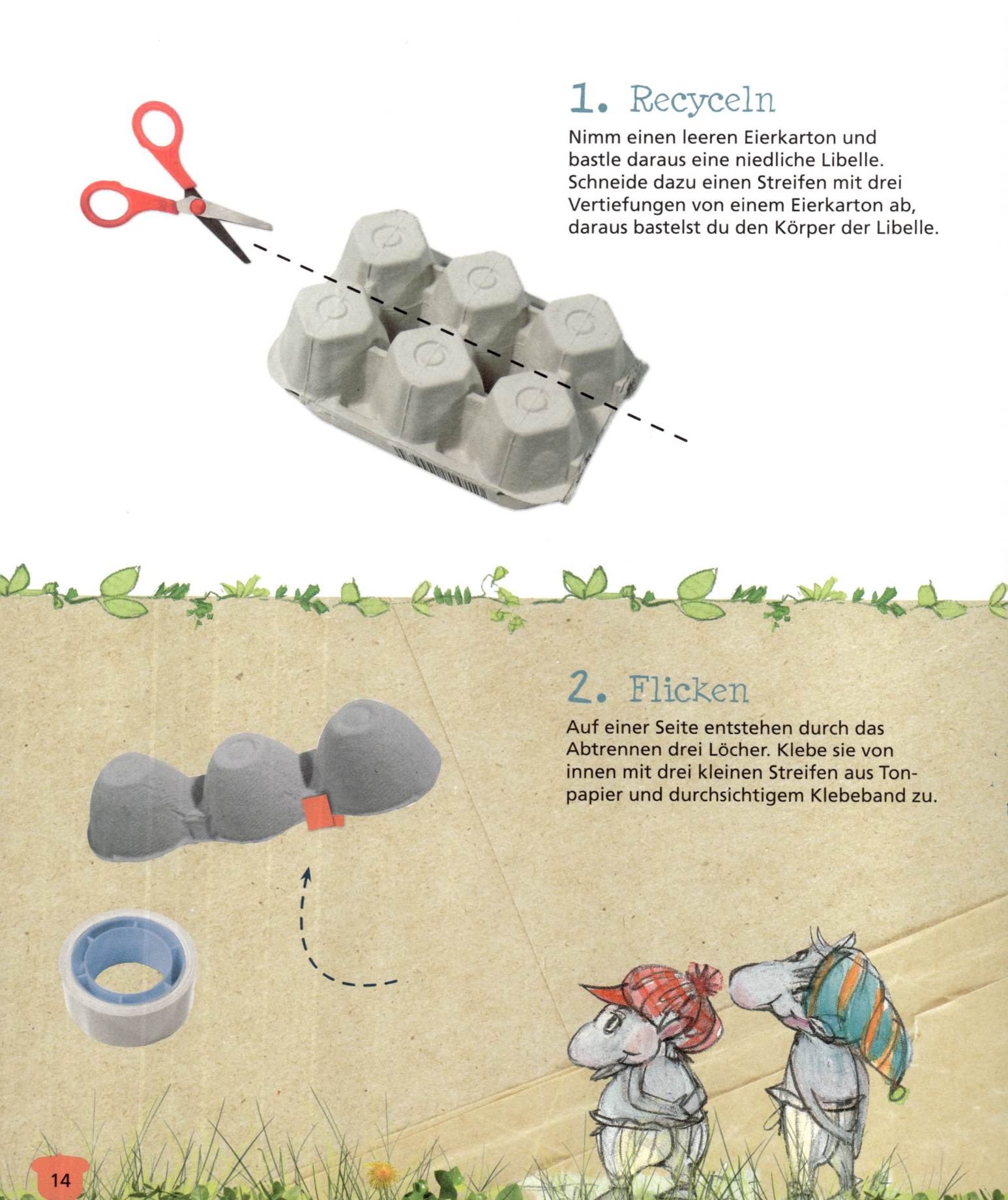

1. Recyceln

Nimm einen leeren Eierkarton und bastle daraus eine niedliche Libelle. Schneide dazu einen Streifen mit drei Vertiefungen von einem Eierkarton ab, daraus bastelst du den Körper der Libelle.

2. Flicken

Auf einer Seite entstehen durch das Abtrennen drei Löcher. Klebe sie von innen mit drei kleinen Streifen aus Tonpapier und durchsichtigem Klebeband zu.

3. Bemalen

Bemale den Körper der Libelle mit einem Schwamm und bestreue die Farbe mit Glitter, bevor sie getrocknet ist. Male die Augen der Libelle sorgfältig mit einem Pinsel auf.

4. Die Flügel

Schneide zwei gleich große Flügel aus Tonpapier zu. Zeichne dir dafür einen Flügel mit dem Bleistift vor, schneide ihn aus und verwende ihn als Vorlage für den zweiten Flügel. Klebe die Flügel an der Unterseite des Körpers fest. Schon kann deine Libelle fliegen!

Kleber

5. Die Raupe

Nach der gleichen Beschreibung kannst du auch eine Raupe basteln. Suche dir die Farben aus, die dir am besten gefallen, und verziere sie mit Glitter.

6. Fertigstellen

Forme Fühler aus einem Pfeifenreiniger und befestige sie in einem Loch am Kopf deiner Raupe.

7. Spielen

Erwecke deine beiden neuen Freunde zum Leben und erkunde mit ihnen den Garten. Viel Spaß beim Spielen!

Schau doch mal, wie schön ich zur Farbe der Wiese passe!

8. Andere Tiere

Stelle dir vor, wie viele verschiedene Tiere du basteln kannst! Traust du dich an diese Spinne? Male dafür nur eine Vertiefung eines Eierkartons schwarz an, zeichne der Spinne ein Gesicht und befestige acht Beine am Körper, die du aus Pfeifenreinigern gebastelt hast. Teile dafür zwei Pfeifenreiniger in je vier Teile und knicke diese an den Enden kurz ein. Schon hat deine kleine Spinne lustige Beine, auf denen sie sich schnell bewegen kann.

Flaschenfische

Viel Spaß mit diesen frechen Fischen!
Aus leeren Flaschen basteln wir lustige Wasserwesen. Du kannst sie mit buntem Papier verzieren und ihnen Flossen ankleben. Lass deiner Fantasie freien Lauf, dann entstehen Fische, die es sonst nirgends gibt. Jeder ist einzigartig!

MATERIAL:

Plastikflaschen

buntes Papier

Bastelkleber

Farbe und Pinsel

Schere

Pfeifenreiniger

Eierkarton

Kleber

1. Recyceln

Nimm eine Plastikflasche für den Körper deines Fisches. Beklebe sie mit gemustertem Papier. Recycle zum Beispiel Geschenkpapier für Bastelarbeiten wie diese. Wenn du kein buntes Papier findest, kannst du auch einfarbiges Papier kunterbunt anmalen.

2. Der Schwanz

Schneide einen Schwanz aus dem Papier und verziere ihn, wie es dir gefällt. Du kannst die Schwanzflosse auch aus einem Pfeifenreiniger basteln, indem du ihn lustig verbiegst.

3. Augen und Flossen

Schneide zwei Vertiefungen von einem Eierkarton ab und male Augen auf die Unterseiten. Gestalte aus buntem Papier Flossen und ein paar lustige Wimpern.

4. Fertigstellen

Lege zum Schluss die Augen, die Wimpern, die Flossen und den Schwanz auf die Flasche und klebe sie mit Bastelkleber an. Schon kann dein Fisch losschwimmen!

Kleber

5. Andere Fische

Aus unterschiedlichen Flaschen und Behältern kannst du dir natürlich noch ganz viele andere verrückte Fische ausdenken. Verschönere sie mit lustigen Fransen, komischen Fühlern und bunten Flossen. Verbiege für die Fühler einen Pfeifenreiniger und klebe ihn mit Bastelkleber über den Augen an den Kopf des Fisches. Schneide struppige Fransen aus und befestige sie zum Beispiel am Bauch.

6. Spielen

Fertig sind deine Fische! Jetzt kannst du mit ihnen spielen. Was so ein Flaschenfisch wohl gerne isst? Und schaffen sie es einmal unter deinem Bett herzutauchen?

Blubb, blubb! Komm, wir schwimmen um die Wette!

Blumen-Windrad

Ein Windrad zu basteln, mit dem du den Garten oder die Terrasse schmücken kannst, ist gar nicht schwer. Wenn der Wind weht, kommt es in Schwung, und du kannst zuschauen, wie es sich fröhlich dreht.

MATERIAL:

buntes Papier

Schere

Zeitungspapier

Bastelkleber

Trinkhalm

Korken

Stecknadel

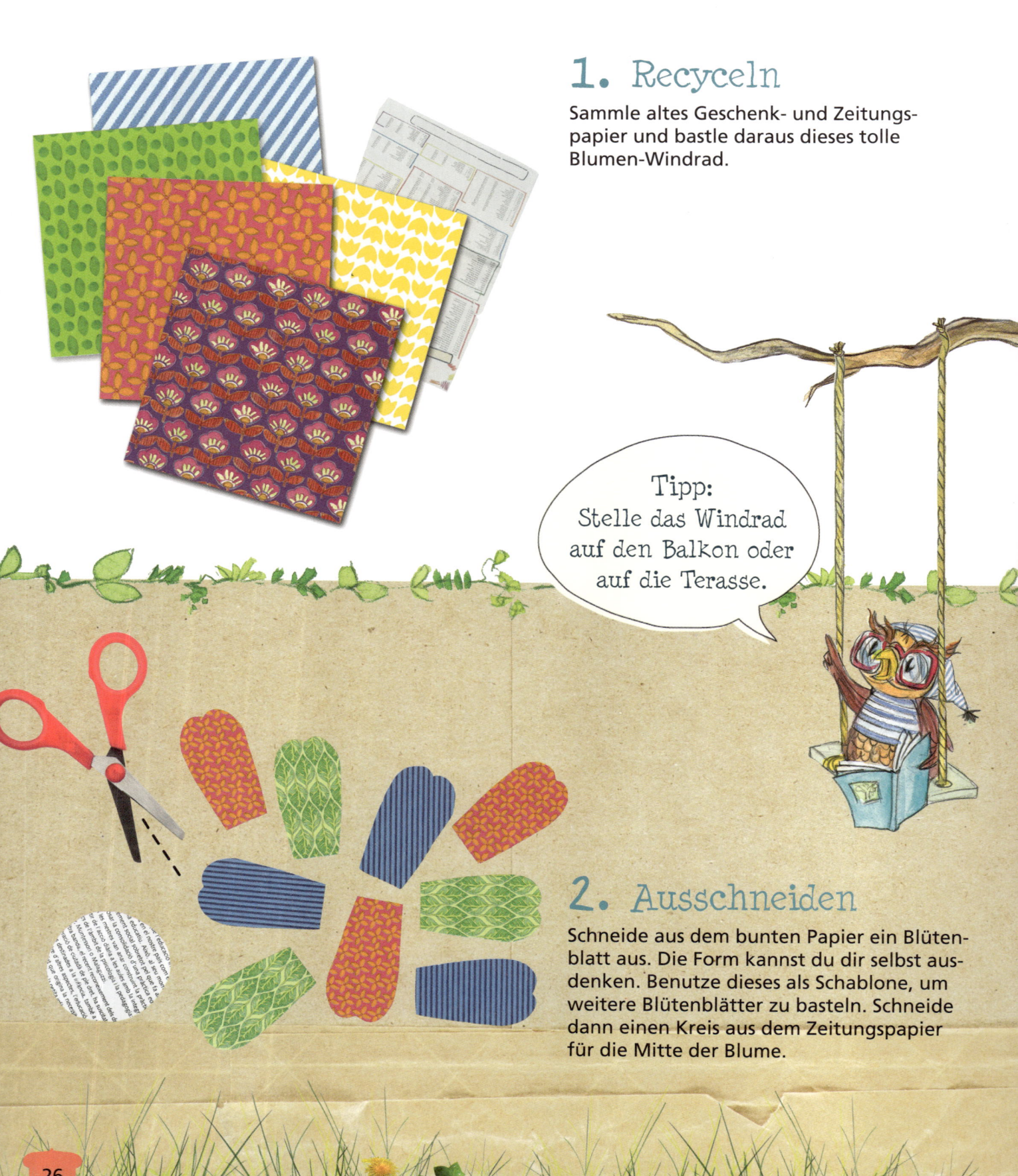

1. Recyceln

Sammle altes Geschenk- und Zeitungspapier und bastle daraus dieses tolle
Blumen-Windrad.

Tipp:
Stelle das Windrad
auf den Balkon oder
auf die Terasse.

2. Ausschneiden

Schneide aus dem bunten Papier ein Blüten-
blatt aus. Die Form kannst du dir selbst ausdenken. Benutze dieses als Schablone, um
weitere Blütenblätter zu basteln. Schneide
dann einen Kreis aus dem Zeitungspapier
für die Mitte der Blume.

3. Befestigen

Lege die Blütenblätter rundum auf den Kreis. Probiere ruhig ein bisschen aus, und wenn dir die Verteilung gefällt, klebe die Blütenblätter am Kreis fest.

4. Die Blätter

Schneide zwei grüne Blätter aus Papier zu und befestige sie mit Bastelkleber am Trinkhalm.

4. Zusammenstecken

Schneide einen Korken in drei Stücke, wie in der Abbildung gezeigt. Lege nun den Trinkhalm und die Blüte zwischen die beiden schmalen Korkenstücke. Stecke das Ganze mit einer Stecknadel zusammen. Bitte für diese Aufgabe einen Erwachsenen um Hilfe.

Es ist sehr wichtig, dass der Korken richtig sitzt. Die Spitze der Nadel muss im Kork liegen, damit du dich nicht stichst.

5. Drehen

Probiere aus, ob der Korken richtig sitzt, damit sich das Windrädchen leicht drehen kann.

7. Fertigstellen

Stecke dein buntes Blumen-Windrad in einen Blumentopf oder eine alte Gießkanne – das sieht besonders schön aus!

Hui! Schau nur, wie fröhlich sich die Blume im Wind dreht!

Schmetterlingsdrachen

Im Herbst, wenn die Blätter bunt leuchten, macht es Spaß, nach draußen zu gehen und sich den Wind um die Nase wehen zu lassen. Wir basteln einen Drachen aus Papier, der wie ein Schmetterling aussieht. Bringe ihn hinaus und schau zu, wie er im Wind flattert.

MATERIAL:

Draht

Seidenpapier

Schere

Klebeband

Schnur

Bastelkleber

buntes Papier

Kleber

1. Vorbereiten

Für den Rahmen der Flügel brauchst du
dünnen Draht, den du zu Kreisen biegst.
Du brauchst insgesamt vier Kreise: zwei
große und zwei kleine.

2. Die Flügel

Schneide für die Flügel dünnes Seidenpapier in der Form der Drahtringe zu.
Benutze dafür die Ringe als Schablone und
füge einen Rand von 1 cm hinzu.

3. Das Gestell

Verbinde alle Drahtenden mit Klebeband, sodass die Ringe fest geschlossen sind. Füge die vier Drahtringe, wie in der Abbildung gezeigt, mit Klebeband und einem Stück Schnur aneinander, damit sie fest zusammenhalten.

4. Bekleben

Bestreiche den Rand des Seidenpapieres mit Bastelkleber und falte ihn um den Draht, sodass er innen anklebt. An den Verbindungsstellen des Gestells musst du das Papier ein wenig einschneiden.

Kleber

5. Augen und Körper

Schneide aus buntem Papier den Körper und die Augen zu. Klebe sie mit Bastelkleber zusammen und befestige sie auf den Flügeln wie in der Abbildung gezeigt. Du kannst außerdem viele bunte Streifen schneiden und an eine ca. 1 Meter lange Schnur kleben. Das ist dann der lustige Drachenschwanz.

Kleber

6. Fertigstellen

Schmücke den Schmetterling mit buntem Papier und binde den Schwanz am unteren Ende an den Draht. Knote auch oben ein Stück Schnur an den Draht. Jetzt kannst du deinen Drachen aufhängen und ihn im Wind flattern lassen.

Schau nur, wie ich mich im Wind drehe und wiege!

Pappmaschee-Pilz

Der Herbst ist die Jahreszeit der Pilze. Überall im Wald schießen sie aus dem Boden und mit ihnen kommen die Feen, die Wichtel und Zwerge. Hier zeigen wir dir, wie du einen Fliegenpilz aus Pappmaschee basteln kannst. Los geht's!

MATERIAL:

Zeitungspapier

Luftballon

Kleister und Wasser

Farbe und Pinsel

Küchenpapierrolle

Schere

grünes Tonpapier

Bastelkleber

durchsichtiges Klebeband

1. Recyceln

Sammle viele alte Zeitungen für das Pappmaschee. Reiße das Zeitungspapier in kleine Stücke. Du brauchst genug davon, um den Luftballon mit drei Schichten zu überziehen.

Tipp:
Damit der Luftballon während der Bastelarbeit mit dem Kleister nicht so sehr wackelt, kannst du ihn in eine große Schüssel stellen, die ihm Halt gibt.

2. Aufpusten

Puste den Luftballon zu einer schönen Kugel auf und knote ihn zu. Das ist die Grundlage für den Hut deines Pilzes.

3. Kleistern

Mische den Kleister an. Bitte dafür einen Erwachsenen um Hilfe. Nun tauche die Zeitungsstücke nacheinander in den Kleister und klebe sie auf die obere Hälfte des Luftballons, bis er mit drei Schichten überzogen ist. Warte dann ein paar Tage, bis alles getrocknet ist. Löse den Hut danach vorsichtig vom Luftballon ab.

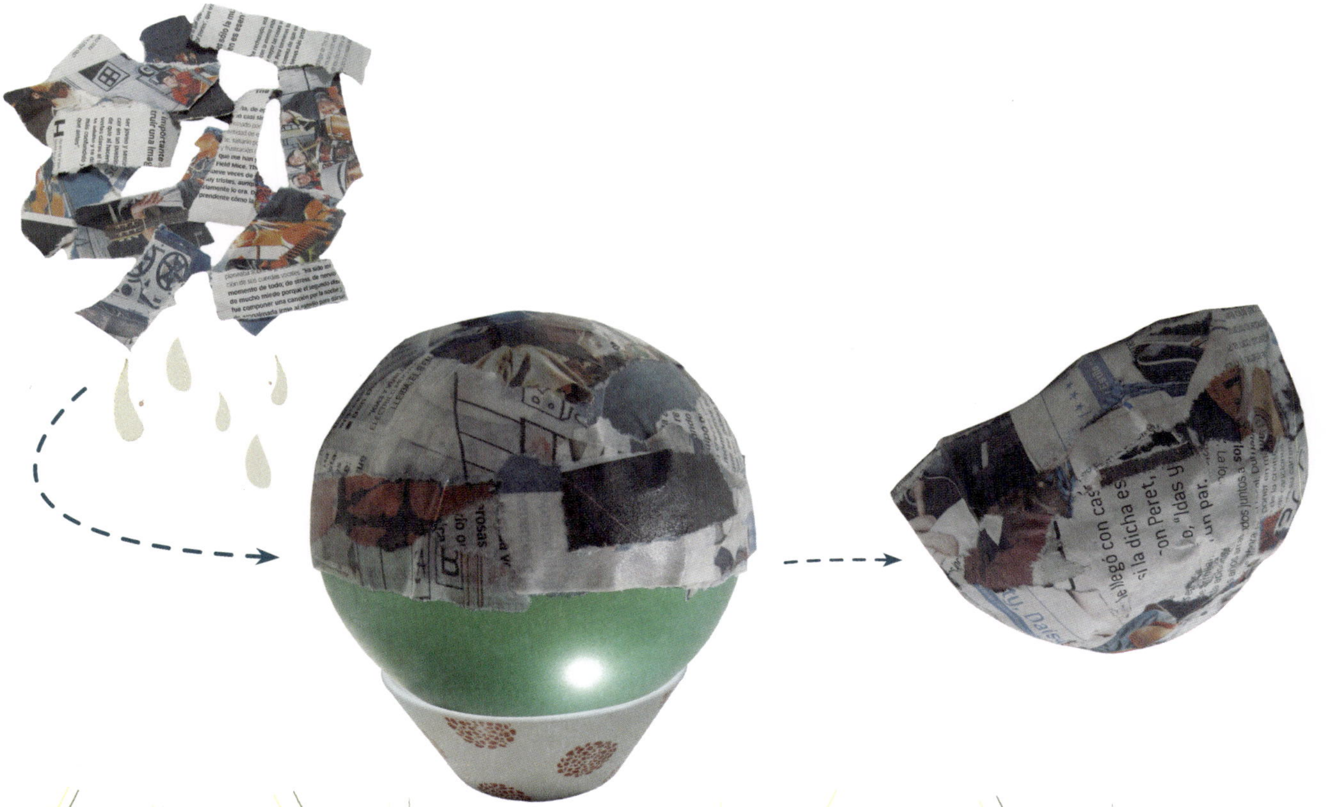

4. Bemalen

Wenn das Zeitungspapier trocken ist,
gleicht es Pappe. Male es mit roter Farbe
an und lass dabei runde Flecken frei:
Das sind die Punkte auf dem Fliegenpilz.

5. Der Stiel

Verwende für den Stiel eine Küchenpapierrolle. Schneide mit der Schere
aus grünem Papier Grashalme zu und
klebe sie mit Bastelkleber auf die Rolle.

Der rote Hut steht mir gut!

6. Fertigstellen

Füge die Teile mit Klebeband oder Bastelkleber zusammen, um deinen Fliegenpilz
zu vollenden. Falte das Gras am Stiel schön
nach außen – und fertig ist der wunderschöne Pilz.

Freche Blätter

Wenn im Herbst der Wind weht, fallen die Blätter von den Bäumen. Mit ihren lustigen Formen und leuchtenden Farben eignen sie sich prima, um fröhliche Gesichter aus ihnen zu basteln.

MATERIAL:

bunte Herbstblätter

Zeitungspapier

Wäscheklammern aus Holz

Farben und Pinsel

Pompons

Perlen und Pailletten

Knöpfe

Bastelkleber

Kleber

1. Recyceln

Sammle Blätter, die du unter Bäumen findest, und bewahre sie wie einen Schatz auf. Damit sie gut trocknen, legst du sie am besten für ca. eine Woche in ein dickes Buch zwischen mehrere Blätter Zeitungspapier. So werden sie schön glatt und geben ihre Feuchtigkeit an die Zeitung ab.

Die Blätter fallen im Herbst von den Bäumen und tanzen im Wind!

2. Bemalen

Male einige Wäscheklammern bunt an.
Damit kannst du die Blätter stützen und sie
aufhängen, wo es dir gefällt.

Wenn du die Wäscheklammern
bemalst, klemmst du sie am
besten an einen Becher.
So kleben sie nicht zusammen,
wenn die Farbe trocknet.

3. Gestalten

Verziere die Blätter mit unterschiedlichen Materialien. Befestige mit Bastelkleber beispielsweise Knöpfe, Pompons, Perlen und Pailletten auf den Blättern. Du kannst sie auch mit Farben bemalen und ganz unterschiedliche Gesichter gestalten. Jedes Blatt sieht anders aus!

Kannst du auch so breit grinsen wie wir?

Kleber

Wir mögen es, wenn du uns an der Nase kitzelst!

4. Fertigstellen

Du kannst deine Blätter mithilfe der bunten Wäscheklammern in der Wohnung aufhängen. Sie sehen bestimmt sehr schön aus!

Traumfänger

Entdecke den Zauber der Träume!
Die Ureinwohner Nordamerikas erstellen Traumfänger aus Weidenzweigen und verzieren sie mit Federn. Der Sage nach filtern diese hübschen Netze die Träume der Menschen, während sie schlafen, und lassen nur gute Träume hindurch. Wir suchen Material aus der Natur und basteln selbst einen Traumfänger!

MATERIAL:

Zweige, Federn und Zapfen

Wolle oder Schnur

Schere

Perlen

Flaschenverschlüsse und Korken

Bohrer

Wachsmalstifte

Papier

Bastelkleber

Kleber

1. Recyceln

Sammle biegsame Zweige, aus denen du später den Ring für deinen Traumfänger basteln kannst. Dafür eignen sich zum Beispiel Weidenzweige sehr gut. Suche außerdem nach schönen Federn und Zapfen.

2. Das Gestell

Biege die Zweige, sodass ein Ring entsteht. Binde die Enden mit Schnur oder Wolle zusammen, damit die Zweige in Form bleiben.

3. Das Netz

Für das Netz, in dem sich die Träume fangen, schneide Schnur oder Wolle zurecht und fädle Perlen darauf. Wickle sie kreuz und quer um den Ring und verbinde sie zu einem Netz. Knote zum Schluss die Enden an den Ring aus Zweigen.

4. Schmücken

Bastle einen Anhänger: Ziehe Perlen, Flaschenverschlüsse und Korken auf eine Schnur. Bohre mit dem Bohrer Löcher in die Teile, die kein Loch haben. Knote zum Schluss einen Zapfen an das Ende der Schnur.

Tipp:
Verziere deinen Traum-
fänger mit vielen unter-
schiedlichen Materialien,
wie es dir gefällt.

5. Weitere Anhänger

Bastle zwei weitere Anhänger
aus verschiedenen Materialien.
Verziere sie zum Schluss mit
Federn oder Zapfen.

6. Befestigen

Binde die Anhänger mit einem Knoten an
das untere Ende des Rings. Befestige sie so,
dass sie ungefähr auf gleicher Höhe hängen. Knote nun noch eine Schnur an das
obere Ende, damit du deinen Traumfänger
aufhängen kannst.

7. Zeichnen

Zum Schluss kannst du noch dein Lieblingstier zeichnen. Klebe das Bild mit etwas Bastelkleber mitten in das Netz. Fertig ist dein Traumfänger.

Kleber

Schlafe gut unter dem Schutz deines Traumfängers!

Socken-Schneemann

Bastle einen Schneemann, der nicht schmilzt!
Im Winter bedeckt glitzernder Schnee die Straßen, Wiesen und Dächer. Wir basteln
einen Schneemann aus Recyclingmaterial und sitzen dabei zu Hause im Warmen.
Viel Spaß beim Wiederverwerten!

MATERIAL:

1 bunte und 1 weiße Socke

Bastelwatte oder Füllmaterial

Schmuckband

1 kleiner Zweig

Farbe und Pinsel

Pompons

Bastelkleber

Kleber

1. Recyceln

Aus alten Socken wird ein netter kleiner Schneemann. Er gehört dir und schmilzt garantiert nicht!

2. Füllen

Nimm Bastelwatte oder anderes weiches Füllmaterial und stopfe damit den Fuß der weißen Socke aus, sodass der Körper des Schneemanns entsteht.

3. Kopf und Körper

Falte den übrigen Teil der Socke nach hinten und binde ein Schmuckband um die Mitte, um zwei kugelige Abschnitte zu bekommen, die den Körper und den Kopf des Schneemanns darstellen.

4. Zusammensetzen

Setze deinem Schneemann dann die bunte Socke als Mütze auf den Kopf und stecke den Zweig in den Schal.

5. Verzieren

Nun soll der Schneemann natürlich noch ein schönes Gesicht bekommen. Male ihm mit einem Pinsel und etwas Farbe Augen, Mund und eine Möhrennase. Warte dann, bis die Farbe getrocknet ist.

Ich stehe gern am Fenster und schaue zu, wie die Schneeflocken vom Himmel tanzen.

6. Fertigstellen

Verziere den Schneemann, indem du mit Bastelkleber ein paar Pompons aufklebst. Schon ist dein kleiner Mitbewohner fertig – zeige ihm am besten gleich die ganze Wohnung.

Kleber

Home sweet home

Ist jemand zu Hause?

Vogelhaus

Baue dein eigenes kleines Vogelhaus.
Im Frühling kannst du beobachten, wie die Vögel überall nach Nistmaterial suchen.
Mache es ihnen doch einfach mal nach und bastle ein hübsches und gemütliches Häuschen.

MATERIAL:

Pappkarton mit Deckel

Schere

bunte Verpackungen

Bastelkleber

Farbe und Pinsel

Eisstiele

2 Zweige

Schnur

Perlen und Kronkorken

Bohrer

Kleber

1. Recyceln

Für dein Vogelhaus brauchst du
einen eckigen Pappkarton mit Deckel.

2. Ausschneiden

Schneide aus bunten Verpackungen
einen kleinen Kreis aus. Benutze ihn als
Schablone, um noch viele weitere Kreise
auszuschneiden, mit denen du das Dach
verzieren kannst.

3. Bekleben

Verteile Bastelkleber auf dem Deckel des Pappkartons und beklebe ihn mit den Kreisen, bis er ganz bedeckt ist.

4. Gestalten

Bemale den Karton mit Farbe und Pinsel. Male zum Beispiel einen Garten und warte dann, bis die Farbe getrocknet ist. Klebe nun einen Zaun aus Eisstielen an deinen Garten. Schneide die Stiele zurecht und klebe sie an den unteren Rand des Kartons.

5. Die Tür

Schneide eine Öffnung in die Vorderseite des Kastens, damit die Vögel hineinfliegen können. Mache darunter noch ein kleineres Loch und stecke einen Zweig hinein, damit sich ein Vogel daraufsetzen kann.

Home sweet home

6. Die Befestigung

Wickle eine Schnur um die Mitte des Stocks und verknote sie. Verziere sie mit Perlen und Kronkorken. Bohre mit dem Bohrer ein Loch in den Deckel, ziehe die Schnur durch und befestige sie mit mehreren Knoten. Wickle zum Schluss je eine Schnur an die beiden Enden des Stockes, damit das Haus sicher befestigt werden kann.

7. Aufhängen

Klebe den Deckel gut auf dem Karton fest. Um das Vogelhaus aufzuhängen, bitte einen Erwachsenen um Hilfe.

Du kannst das Häuschen in deinem Zimmer aufhängen und ein Kuscheltier herausschauen lassen. Oder du suchst ein gemütliches Plätzchen auf dem überdachten Balkon oder der Terrasse.

Ich sitze gern im Vogelhaus und schaue oft zur Tür hinaus!

Home sweet home

Geschmückte Tanne

Tannen sind Bäume mit immergrünen Nadeln. Sie werden sehr hoch und sehr alt, selbst im Vergleich zu anderen Bäumen. Mit ihrer schlanken Form und ihrer spitzen Krone sehen sie besonders hübsch aus. Wir basteln uns einen wunderschön geschmückten Tannenbaum.

MATERIAL:

unterschiedliches grünes Papier

Schere

Bastelkleber

buntes Geschenkpapier

1 Kronkorken

1 Klopapierrolle

1. Ausschneiden

Nimm verschiedenes grünes Papier für deine Tanne. Dafür kannst du zum Beispiel Geschenkpapier verwenden. Schneide die Papiere zu Rechtecken und schneide dann Fransen in den unteren Rand.

2. Die Krone

Rolle eines der Papiere ein, sodass ein Kegel entsteht. Befestige die Ränder mit Bastelkleber und biege die Fransen nach außen.

Kleber

3. Die Zweige

Rolle ein weiteres Stück Papier nach diesem Prinzip ein, sodass du noch einen Kegel bekommst. Schiebe ihn unter den ersten, indem du die Spitzen ineinandersteckst. Bastle, wie oben beschrieben, insgesamt vier verschiedene Papierkegel.

4. Zusammensetzen

Setze nach und nach alle Teile der Tanne zusammen. So siehst du, wie ein hübscher Baum heranwächst.

5. Verzieren

Schneide aus buntem Papier Sterne aus und schmücke damit deine Tanne. Dekoriere die Spitze mit einem Kronkorken, den du aufkleben kannst.

6. Fertigstellen

Nimm eine Klopapierrolle für den Stamm. Setze das Oberteil darauf und schon strahlt dein wunderschöner Weihnachtsbaum in vollem Glanz.

Socken-Steckenpferd

Schon bald kannst du auf deinem eigenen Pferd durch die Welt reiten. Aus einer alten Socke und einem Stock bastelst du dir ruck, zuck ein lustiges Pferd und reitest wie im Wilden Westen durch die Prärie. Galopp!

MATERIAL:

1 alte Socke

Bastelwatte

Gummibänder

Schmuckbänder

große Knöpfe

Kraftkleber

Wolle

Sicherheitsnadeln

Stoffreste

Schere

Stock

Kraftkleber

1. Recyceln

Für das Steckenpferd kannst du prima eine alte Socke von deinen Eltern verwenden, die sie nicht mehr brauchen oder die vielleicht ein kleines Loch hat.

2. Der Kopf

Fülle die Socke mit Bastelwatte, um ihr die Form eines Pferdekopfs zu geben, und verschließe sie an der offenen Seite mit einem Gummiband. Verknote dann zwei Bänder als Halfter.

3. Die Augen

Nimm Knöpfe für die Augen und klebe sie mit Kraftkleber auf. Bitte einen Erwachsenen um Hilfe, wenn du mit diesem Klebstoff umgehst.

Kraftkleber

4. Die Zügel

Befestige ein weiteres Band für die Zügel an deinem Halfter wie in der Abbildung gezeigt, damit du dich bei einem wilden Ritt gut festhalten kannst.

5. Die Mähne

Für die Mähne deines Pferdes verwendest du am besten Wolle. Stecke sie mit Sicherheitsnadeln an. Du kannst deinem Pferd einen Zopf flechten oder die Mähne offen lassen. Damit die Haare schön dicht sind, drehe die Wolle zu Kordeln.

6. Fertigstellen

Schneide zum Schluss Stoffreste für die Ohren zu. Stecke sie mit Sicherheitsnadeln an. Schiebe einen langen Stock in die Socke und steige auf dein Pferd. Hast du dir schon einen Namen ausgedacht?

Tipp:
Wenn du den Stock in die Socke schiebst, befestige ihn mit dem Gummiband und einer zusätzlichen Schnur, damit er sicher an seinem Platz bleibt.

Grashüpfer

Im Sommer kannst du viele Grashüpfer auf den Wiesen entdecken. Geh einfach durch das Gras und schau genau hin ... hopp, hopp. Sie hüpfen überall fröhlich herum. Erst kannst du sie kaum entdecken, aber wenn du näher kommst, springen sie plötzlich in die Höhe!

MATERIAL:

2 Klopapierrollen

Schere

Schwamm

Farben und Pinsel

6 Eisstiele

durchsichtiges Klebeband

Bastelkleber

Pfeifenreiniger

Kleber

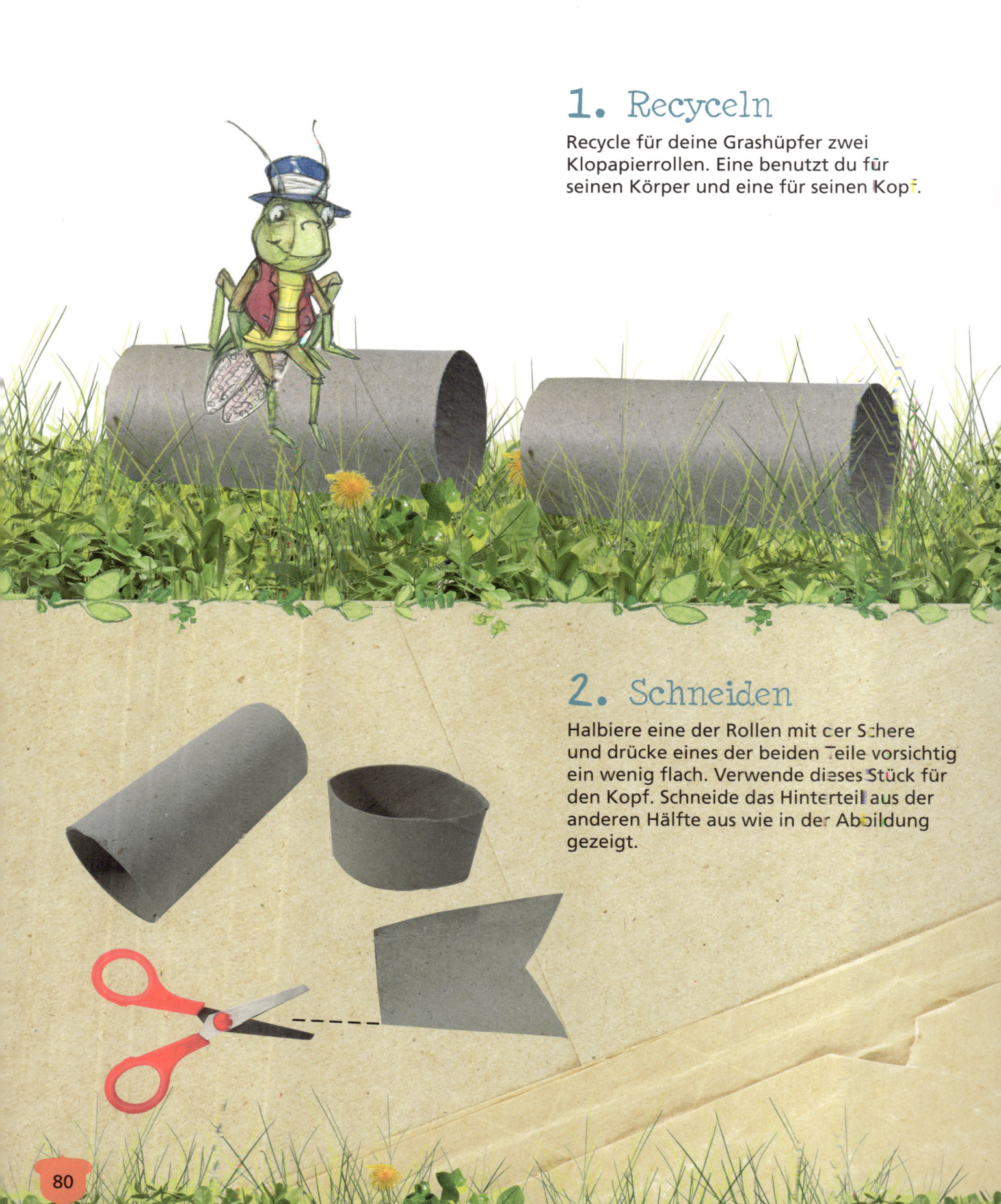

1. Recyceln

Recycle für deine Grashüpfer zwei Klopapierrollen. Eine benutzt du für seinen Körper und eine für seinen Kopf.

2. Schneiden

Halbiere eine der Rollen mit der Schere und drücke eines der beiden Teile vorsichtig ein wenig flach. Verwende dieses Stück für den Kopf. Schneide das Hinterteil aus der anderen Hälfte aus wie in der Abbildung gezeigt.

3. Anmalen

Male mit grüner Farbe Kopf, Körper, Hinterteil und die sechs Eisstiele für die Beine an. Warte, bis die Farbe getrocknet ist.

Tipp: Damit das Grün nicht so langweilig aussieht, kannst du mit einem kleinen Schwamm dunklere Flecken darauftupfen.

4. Das Gesicht

Male deinem Grashüpfer große Augen und einen grinsenden Mund.

5. Befestigen

Klebe den Schwanz und den Kopf mit durchsichtigem Klebeband an den Körper. Die Teile müssen richtig fest zusammengeklebt werden.

6. Die Beine

Teile zwei der Eistiele in der Mitte durch. Schneide mit der Schere je zwei kleine Schlitze an die rechte und die linke Seite des Körpers. Dort steckst du die halbierten Eisstiele hinein. Das sind die seitlichen Beine des Grashüpfers.

Für die hinteren Sprungbeine schneidest du zwei Schlitze in die rechte und linke obere Seite der Klopapierrolle. Die Hinterbeine müssen sehr lang sein. Verbinde dafür zwei Eisstiele mit Bastelkleber zu einem V und stecke sie mit der Spitze nach oben in die hinteren Schlitze.

7. Fertigstellen

Biege die Fühler aus dem Pfeifenreiniger.
Stich nun ein Loch über die Augen in den
Kopf, um die Fühler dort zu befestigen.
Schon kann dein kleiner Freund loshüpfen.

Allez hopp!
Schau, wie fröhlich
ich durch die
Wiese springe!

Kokosnussköpfe

Lustige Figuren aus der Karibik.
Im Sommer gibt es wunderbar leckere Säfte und Eis mit tropischen Früchten, zum
Beispiel Kokos, Papaya oder Mango. Wir verwandeln ein paar Kokosnüsse in lustige
Figuren, mit denen du viele spannende Dinge erleben kannst.

MATERIAL:

Kokosnüsse

Bastelkleber

Feile oder Schmirgelpapier

Farben und Pinsel

Wolle

Schere

buntes Tonpapier

Stoffreste

Klopapierrolle

Kleber

1. Recyceln

Bevor du ein lustiges Kokosnuss-Gesicht bastelst, bittest du am besten einen Erwachsenen darum, eine Kokosnuss vorsichtig in der Mitte zu teilen, sodass zwei Hälften entstehen. Wenn das Fruchtfleisch entnommen und die Kokosnusshälften getrocknet sind, kannst du die beiden Teile mit Flüssigkleber wieder zusammenfügen und die Kokosnuss zum Basteln verwenden.

2. Feilen

Glätte die Oberfläche der Kokosnuss mit einer Feile oder mit Schmirgepapier bevor du sie anmalst. Wenn der Untergrund glatter ist, sieht das gemalte Gesicht später schöner aus.

3. Bemalen

Mit bunter Farbe kannst du Gesichter auf die Kokosnüsse malen. Wie wäre es mit lustigen Einzelheiten wie einer Brille oder einem Kussmund? Jedes Gesicht kann anders aussehen.

4. Frisieren

Klebe mit Bastelkleber Wolle für die Haare auf, wenn die Farbe vollständig getrocknet ist. Lass dir noch andere Details einfallen. Mit der Wolle kannst du zum Beispiel auch einen Bart oder Augenbrauen kleben.

Kleber

5. Anziehen

Du kannst alle Figuren auch nach Lust und Laune anziehen. Lass deiner Fantasie freien Lauf! Einen Hut kannst du zum Beispiel basteln, indem du eine Form zuschneidest und auf den Kopf klebst. Aus Stoffresten lassen sich Kopftücher, Schals oder Schleifen basteln.

Kleber

6. Fertigstellen

Wenn dein Kokosnusskopf fertig ist, kannst du ihn auf einen kleinen Sockel stellen, den du aus einem Streifen der Klopapierrolle bastelst. Nun kannst du deinen freundlichen Gast an einen schönen Platz stellen.

Hier wird keine Kokosnuss geklaut!

Grasmännchen

Grasmännchen sind lustige Kerlchen mit struppigen grünen Haaren. Wenn du sie jeden Tag gießt, kannst du ihren Haaren beim Wachsen zuschauen. Du darfst ihnen auch die Haare schneiden und ihnen verschiedene Frisuren machen. Dazu musst du nur Samen ausstreuen und daran denken, dass sie viel Wasser brauchen.

MATERIAL:

1 farbige Nylonstrumpfhose

Schere

Vogelfutter oder Grassamen

Sägemehl

Gummibänder

Kraftkleber

Knöpfe

Farben und Pinsel

Plastikschale und Wasser

1. Recyceln

Nimm alte Nylonstrumpfhosen, die nicht mehr gebraucht werden, und mache daraus lustige Figuren! Es ist wichtig, dass der Strumpf sehr dünn ist, damit das Gras hindurchwachsen kann.

2. Füllen

Schneide die Nylonstrumpfhose am Knie ab und lege eine Handvoll Samen hinein, zum Beispiel Vogelfutter oder Grassamen. Dann füllst du den Strumpf mit Sägemehl, bis er die gewünschte Größe hat.

3. Nase und Ohren

Drücke das Sägemehl gut zusammen, sodass eine Kugel entsteht, und knote den
Strumpf zu. Forme die Nase und die Ohren,
indem du etwas Sägemehl und Nylonstoff
nach vorn ziehst und an der abgetrennten
Stelle mit einem Gummiband befestigst.

4. Die Augen

Prüfe, ob das Gesicht richtig herum liegt.
Der Knoten muss unten sein und die Samen
oben. Klebe mit Kraftkleber zwei bunte
Knöpfe als Augen an. Bitte dafür auf jeden
Fall einen Erwachsenen um Hilfe.

Kraftkleber

5. Verzieren

Erfinde viele lustige Gesichter und bemale sie. Es ist wichtig, dass die Farbe nicht wasserlöslich ist, sonst verläuft sie, wenn du deine Samen gießt.

6. Formen

Die Grasmännchen sind mit Sägemehl gefüllt, deshalb lassen sie sich formen: Du kannst sie flach drücken oder wie eine Kartoffel formen.

7. Gießen

Weiche die Figur 15 Minuten lang in Wasser ein und stelle sie dann auf eine leere Plastikschale. Denke daran, sie täglich zu gießen und feucht zu halten. Dann kannst du sehen, wie die grünen Haare wachsen.

Ich gieße jeden Tag, weil ich lange Haare mag!

Lustiges Eichhörnchen

Ein Eichhörnchen, das hüpft und knabbert!
Eichhörnchen leben im Wald und fressen am liebsten Nüsse, Beeren, Körner und Zapfen.
Sie sind sehr gute Kletterer und springen flink von Baum zu Baum. Hast du Lust, ein
niedliches Eichhörnchen aus Ton zu basteln? Los geht's!

MATERIAL:

Ton

1 Zapfen

3 Eichelhüte

Kraftkleber

Farben und Pinsel

Federn

Kraftkleber

1. Der Kopf

Knete den Ton weich. Forme für den Kopf des Eichhörnchens aus einem Stück Ton zunächst eine Kugel. Knete den Ton weiter, damit er nach und nach immer weicher wird. Modelliere aus der Kugel eine längliche Form für die Schnauze.

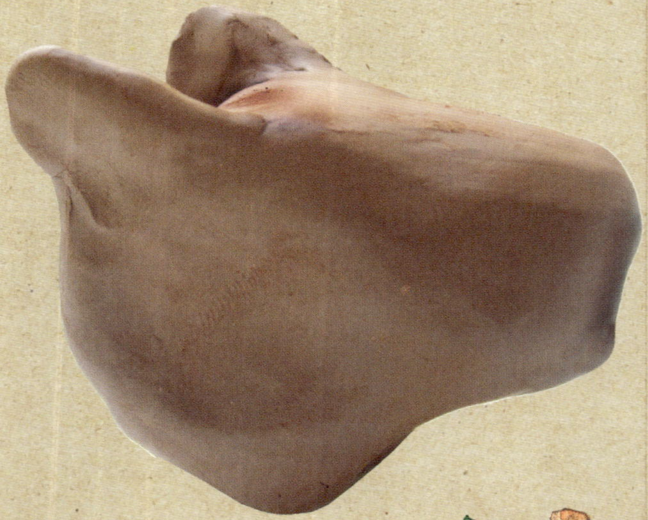

2. Die Ohren

Forme zwei dreieckige Ohren und drücke sie an den Kopf. Feuchte die Oberflächen etwas an, um die Teile zusammenzusetzen. So verbinden sie sich gut.

3. Der Körper

Modelliere den Körper so, dass das Eichhörnchen leicht gekrümmt ist und auf den beiden Hinterbeinen sitzt. Forme auch die zwei Vorderpfoten und befestige sie am Körper.

Tipp:
Forme den Körper um den hinteren Teil des Zapfens. Dann hat er mehr Halt und die Größe stimmt.

4. Verbinden

Verbinde nun Kopf und Körper. Markiere die Position der Augen und der Nase mit Eichelhütchen. Dann musst du warten, bis der Ton getrocknet ist. Anschließend kannst du die Eichelhütchen mit Kraftkleber befestigen. Bitte dafür einen Erwachsenen um Hilfe.

5. Bemalen

Jetzt kannst du dein Eichhörnchen anmalen. Verschönere den Rücken deines Eichhörnchens mit Tupfen und Flecken. Warte, bis die Farbe getrocknet ist.

6. Fertigstellen

Bastle zum Schluss den Schwanz aus Federn, die du gesammelt hast, und befestige ihn mit Kraftkleber. Bitte beim Umgang mit Kraftkleber immer einen Erwachsenen um Hilfe. Stecke den Kiefernzapfen wieder zwischen die Arme des Eichhörnchens, dann kannst du sehen, wie es knabbert.

Mmh, lecker! Ich bin ganz hungrig vom Springen und Klettern!

Ritterburg

Erschaffe die geheimnisvolle Welt des Mittelalters neu!
Erlebe das Mittelalter mit stolzen Burgen, edlen Rittern und Prinzessinnen. Baue dir eine Festung aus Pappe und erwecke sie zum Leben. Welcher deiner Ritter ist der stärkste? Und welche Prinzessin die schönste?

MATERIAL:

1 großer Pappkarton

Bastelkleber

buntes Papier

Farben und Pinsel

Schere

Schnur

8 Klopapierrollen

Eierkarton

Stoffreste

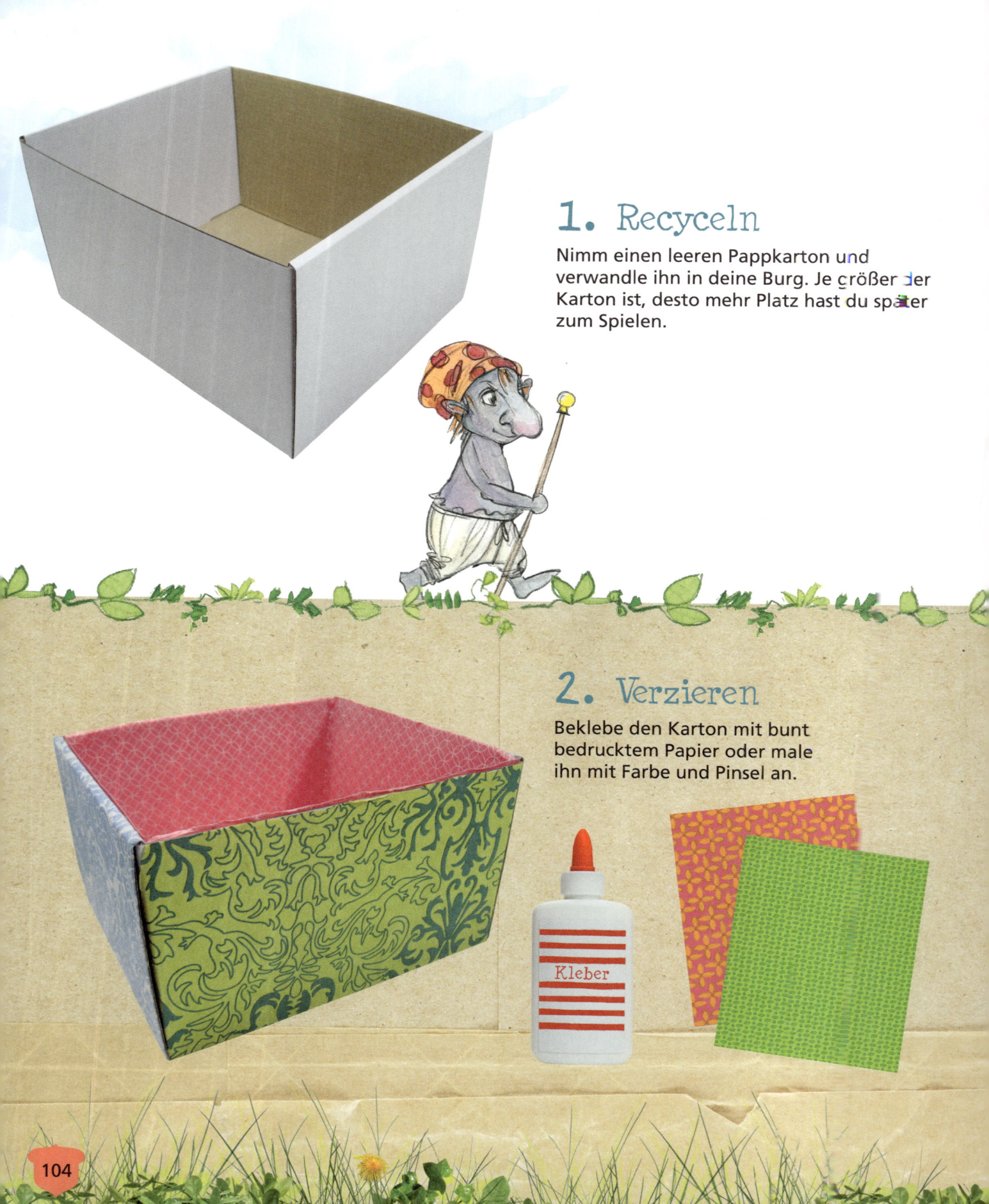

1. Recyceln

Nimm einen leeren Pappkarton und verwandle ihn in deine Burg. Je größer der Karton ist, desto mehr Platz hast du später zum Spielen.

2. Verzieren

Beklebe den Karton mit bunt bedrucktem Papier oder male ihn mit Farbe und Pinsel an.

Kleber

3. Die Zugbrücke

Scheide nun den oberen Rand und die Seitenränder des Burgtores aus. Der untere Rand bleibt mit dem Karton verbunden. Verziere das Tor mit Fransen.

Stich an beiden Seiten über den Fransen Löcher in den Karton und in das Tor. Ziehe eine Schnur durch jedes der Löcher, beginne am Tor, dann durch die beiden Löcher im Karton und ende beim zweiten Loch im Tor. Verknote die Enden. Jetzt kannst du die Brücke hochziehen und herunterlassen.

4. Die Türme

Beklebe vier Klopapierrollen mit buntem Papier. Schneide die Rollen je siebenmal am oberen Rand ca. 1 cm ein und knicke sie nach außen, sodass Streifen entstehen. Darauf kannst du später die Dächer der Türme setzen.

5. Die Dächer

Schneide vier Kreise aus Papier. Du kannst eine CD als Schablone nehmen. Schneide die Kreise an einer Seite bis zur Mitte ein. Forme sie zu einer Spitze und klebe sie mit Bastelkleber zusammen.

Kleber

6. Die Zinnen

Für die Zinnen deiner Burg brauchst du vier Streifen aus buntem Papier, die ungefähr die Länge deines Kartons haben. Schneide die Zinnen so aus wie in der Abbildung gezeigt.

7. Zusammensetzen

Schneide jede Ecke des Kartons zweimal je 1 cm tief ein. Stecke die Türme in die Schlitze und klebe jeweils ein Dach auf. Zum Schluss kannst du die Zinnen am oberen Rand deiner Burgmauern von innen festkleben.

8. Die Ritter

Für die Helme schneidest du je eine Vertiefung aus dem Eierkarton. Male sie bunt an und klebe sie dann oben auf die Klopapierrolle. Nun male deinen Rittern mit Pinsel und Farbe Gesichter und klebe ihnen eine Rüstung aus buntem Papier an. Auch die Schilde kannst du aus dem Eierkarton schneiden, sie bemalen und zum Schluss seitlich an deine Ritter kleben.

9. König und Königin

Nimm buntes Papier, schneide daraus eine Krone für den König und rolle einen Hut für die Königin. Ihr stehen sicher auch Haare aus Papierstreifen sehr gut. Klebe alles am oberen Ende der Rollen fest. Male den beiden nette Gesichter und klebe ihnen Gewänder aus buntem Papier. Du kannst auch schöne Umhänge aus Stoffresten schneiden und sie hinten an deinen Figuren festkleben.

10. Spielen

Jetzt wird gespielt!
Zeige den Rittern und dem Königspaar ihre
prächtige Burg. Denke dir lustige Namen
für deine Figuren aus und erlebt zusammen
viele spannende Abenteuer!

Roboter

Baue deinen ganz eigenen Roboter! Experimentiere und nutze deinen Erfindergeist. Vielleicht arbeitest du ja eines Tages in der Wissenschaft und findest Antworten auf komplizierte Fragen. Für diesen Roboter brauchst du erst mal nur etwas Fantasie und Recycling-Material.

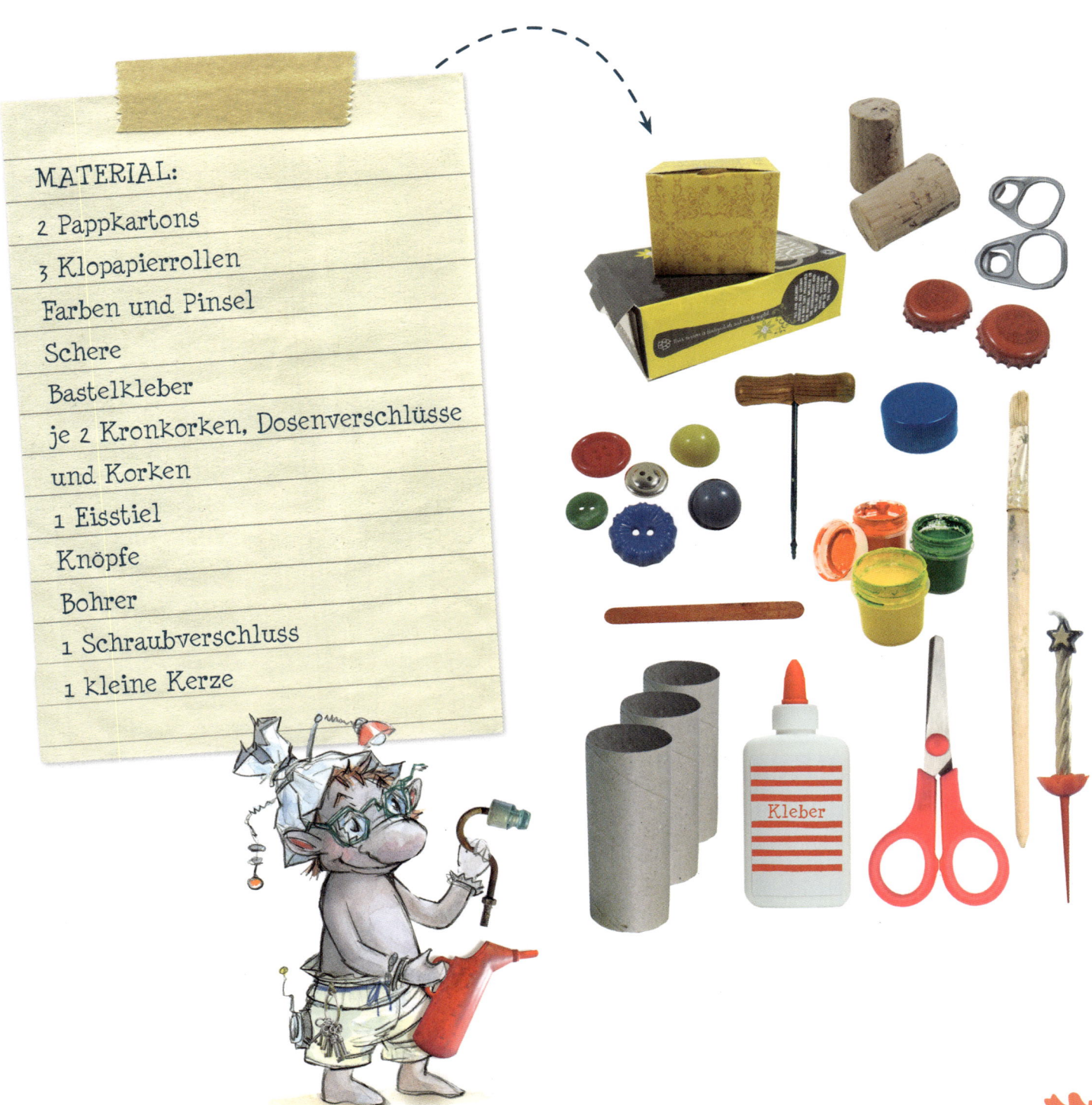

MATERIAL:

2 Pappkartons

3 Klopapierrollen

Farben und Pinsel

Schere

Bastelkleber

je 2 Kronkorken, Dosenverschlüsse und Korken

1 Eisstiel

Knöpfe

Bohrer

1 Schraubverschluss

1 kleine Kerze

1. Recyceln

Nimm einen großen Pappkarton für der Körper, einen etwas kleineren für den Kopf und drei Klopapierrollen für die Arme und die Beine.

2. Bemalen

Suche dir Farben aus, die dir besonders gut gefallen, und bemale die Klopapierrollen damit. Lass die Farbe anschließend gut trocknen.

3. Die Arme

Schneide eine Klopapierrolle in der Mitte durch. Um die Arme seitlich am Körper des Roboters anzubringen, kannst du die Rollen je viermal am oberen Ende ca. 1 cm einschneiden. Entferne je zwei der entstandenen Streifen. Biege die übrigen zwei Streifen um, so kannst du sie mit Bastelkleber am Körper ankleben.

4. Die Beine

Für die Beine deines Roboters verwendest du die restlichen beiden Klopapierrollen. Schneide sie genauso ein wie die Arme und klebe sie anschließend ebenfalls mit Bastelkleber an.

Kleber

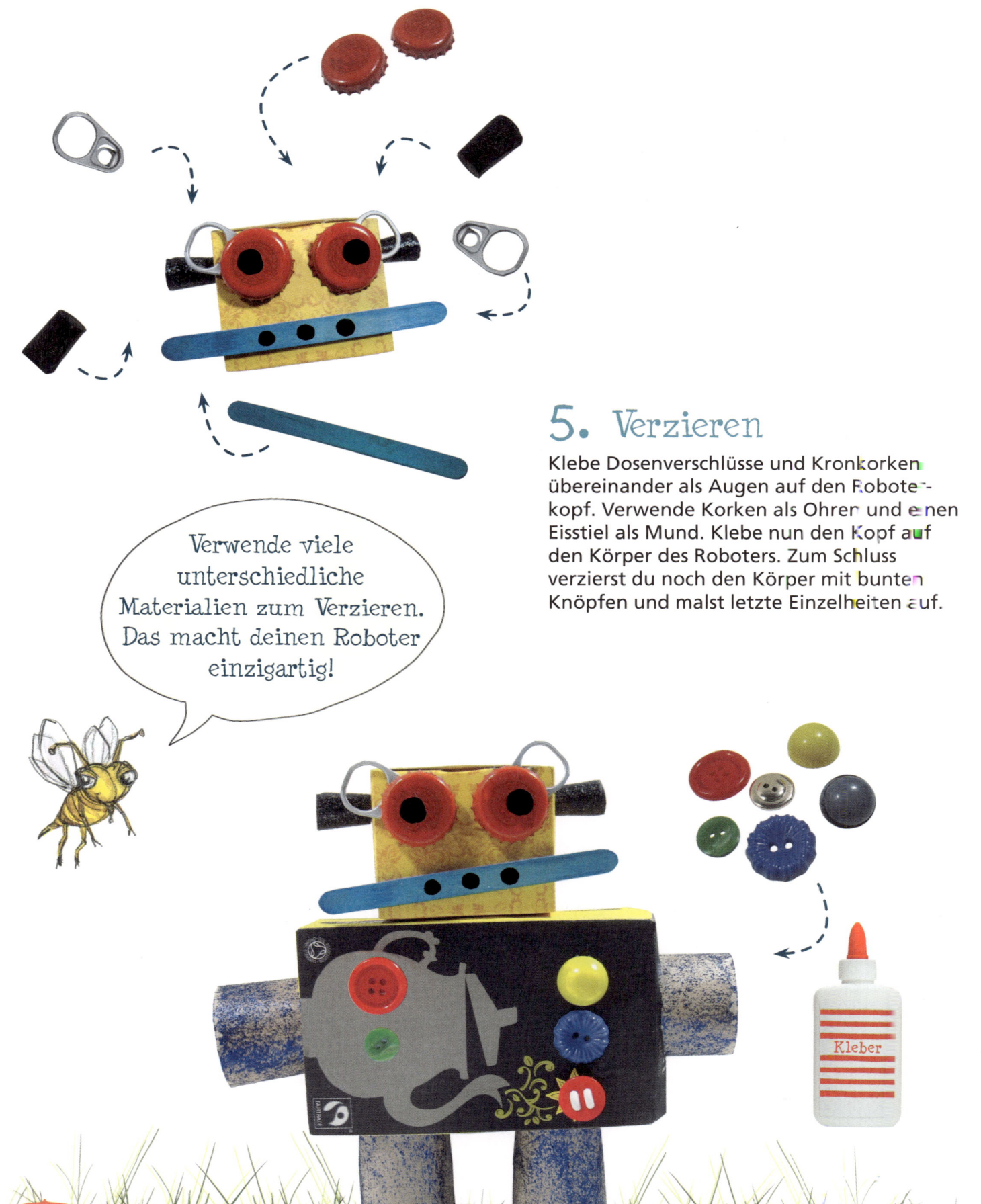

5. Verzieren

Klebe Dosenverschlüsse und Kronkorken übereinander als Augen auf den Roboterkopf. Verwende Korken als Ohren und einen Eisstiel als Mund. Klebe nun den Kopf auf den Körper des Roboters. Zum Schluss verzierst du noch den Körper mit bunten Knöpfen und malst letzte Einzelheiten auf.

Verwende viele unterschiedliche Materialien zum Verzieren. Das macht deinen Roboter einzigartig!

Kleber

Ich bin ein Roboter, **biep, biep.** Spiel mit mir und hab mich lieb!

6. Fertigstellen

Bastle aus einem Verschluss und einer Kerze die Antenne wie in der Abbildung. Sobald die Antenne auf dem Kopf des Roboters klebt, ist er spiel- und einsatzbereit!

Zauberhafte Schmetterlinge

Wunderschöne Schmetterlinge schweben im Garten zwischen den Blumen umher. Ihre Flügel leuchten in allen Farben und haben prächtige Muster. Wir basteln ein paar, die es sonst nirgends gibt – aus Wäscheklammern und buntem Papier. Mit den Schmetterlingen und einer zauberhaften Blüte bauen wir uns ein hübsches Mobile.

MATERIAL:

buntes Tonpapier

Bleistift

Schere

2 Wäscheklammern aus Holz

Farben und Pinsel

Wattestäbchen

2 Pfeifenreiniger

Bastelkleber

Schnur

Kleber

1. Recyceln

Verwende für diese fröhlichen Schmetterlinge Tonpapier in Farben, die dir besonders gut gefallen, oder suche nach schönen Geschenkpapieren.

Tipp:
Nimm den ersten Schmetterling, den du ausschneidest, als Schablone. So werden alle gleich groß und bekommen dieselbe Form.

2. Flügel und Blume

Zeichne den Umriss der Schmetterlingsflügel mit einem Bleistift auf Tonpapier und schneide sie mit der Schere aus. Insgesamt brauchst du zwei Schmetterlinge in verschiedenen Farben. Schneide aus dem Tonpapier auch eine hübsche Blumenblüte aus.

3. Der Körper

Für den Körper der Schmetterlinge verwendest du Wäscheklammern aus Holz. Male sie mit Wasserfarben bunt an und warte, bis die Farbe getrocknet ist.

> **Tipp:**
> Wenn du die Wäscheklammern bemalst, klemmst du sie am besten an einen Becher wie in der Abbildung. So kleben sie nicht zusammen, während die Farbe trocknet.

4. Ausmalen

Die Schmetterlingsflügel und die Blüte kannst du mit einem Wattestäbchen verzieren. Warte anschließend, bis die Farbe getrocknet ist.

5. Die Fühler

Für die Fühler der Schmetterlinge biegst du die Pfeifenreiniger an den Enden zu Spiralen. Knicke sie in der Mitte ein, damit dein Schmetterling später zwei Fühler hat.

Wir flattern umher, das mögen wir sehr!

6. Die Schmetterlinge

Klemme die Fühler und die Flügel so zwischen den Wäscheklammern fest, dass die Klammern den Körper bilden und die Fühler am oberen Ende der Wäscheklammern eingeklemmt sind. Ruck, zuck hast du zwei hübsche Schmetterlinge gebastelt.

7. Fertigstellen

Klebe die Blume ans obere Ende der Schnur. Klemme die Schmetterlinge anschließend untereinander an die Schnur. Das ist ein bisschen kniffelig und erfordert etwas Geduld. Aber es lohnt sich, denn nun hast du ein wunderschönes Mobile gebastelt, das du in deinem Zimmer oder auf einer überdachten Terrasse aufhängen kannst.

Puppentheater

um 15 Uhr am Baumhaus.

Fröhliche Handpuppen

Wer spielt nicht gern mit Handpuppen? Du brauchst dazu keine zu kaufen,
du kannst sie selbst basteln: aus Papiertüten vom Markt oder aus dem Süßigkeitenladen.
Daraus kannst du ganz verschiedene Figuren entwickeln und zum Beispiel deine Familie
darstellen. Im Handumdrehen entstehen zauberhafte Puppen.

MATERIAL:

Papiertüten

Bunt- oder Wachsmalstifte

buntes Papier

Schere

Bastelkleber

Pompons

Knöpfe

Schmuckbänder

Papier

Schnur oder Wolle

eventuell Dekoblumen

Kleber

1. Recyceln

Nimm alte Papiertüten und bastle daraus lustige Handpuppen. Suche solche aus, in die du bequem deine Hand stecken kannst, um zu spielen.

2. Das Gesicht

Lege die Tüte mit der Öffnung nach unten und zeichne auf das obere Drittel das Gesicht deiner Figur. Male es mit Bunt- oder Wachsmalstiften an.

3. Die Kleidung

Verwende buntes Papier für die Kleider deiner Handpuppen. Ziehe sie so an, wie es dir gefällt: zum Beispiel mit Weste, Krawatte oder Fliege. Schneide die Kleidungsstücke mit der Schere aus und klebe sie mit Bastelkleber auf die Papiertüten.

Kleber

4. Verzieren

Verziere die Kleider mit Pompons und Knöpfen. Aus Schmuckbändern und Papier kannst du auch Gürtel gestalten.

5. Die Hände

Schneide die Hände der Puppen aus Pappe oder Papier aus und klebe sie seitlich auf die Papiertüten.

Kleber

6. Die Frisuren

Für die Haare der Puppen nimmst du am besten Wolle oder Schnur. Frisiere deine Figuren und stecke ihnen zum Beispiel eine Blume ins Haar.

7. Spielen

Stecke deine Hand in die Öffnung der Tüte und spiele mit deinen Freunden Theater. Du kannst dir selbst Geschichten und Dialoge ausdenken. Vorhang auf für dein eigenes Puppentheater!

Lass uns tanzen, lachen und viele große und kleine Abenteuer erleben!

Blühende Blumen

Wenn der Frühling kommt, blühen die Wiesen und füllen sich mit Leben und Farbe.
Bastle diese hübschen Blüten als Begrüßung für die Jahreszeit der frischen Blumen!

MATERIAL:

Muffinförmchen aus Papier

Schere

buntes Papier

Bastelkleber

Bastelwatte

Knöpfe

grünes Tonpapier

Eisstiele

Kleber

1. Ausschneiden

Für diese auffälligen Blumen nimmst du
Muffinförmchen in verschiedenen Farben.
Schneide aus buntem Papier Blütenblätter
und Kreise zu und klebe sie auf die Muffinförmchen aus Papier.

Kleber

2. Gestalten

Dekoriere die Blumen ganz nach deinem
Geschmack. Befestige mit Bastelkleber
Wattebällchen, buntes Papier und Knöpfe
an den Muffinförmchen. Kombiniere dabei
verschiedene Formen und Farben zu
unendlich vielen Varianten.

3. Blätter und Stängel

Bastle die Blätter aus grünem Papier und die Stängel aus Eisstielen, die du bunt anmalen kannst.

Tipp:
Du kannst die Blüte verstärken, indem du einen Kreis aus Pappkarton ausschneidest und ihn zwischen Stängel und Muffinform klebst.

4. Fertigstellen

Klebe die Blätter mit Bastelkleber seitlich an den Stiel und die Blüten ans obere Ende der Stängel. Jetzt sind deine Blumen fertig. Du kannst sie in einen Topf pflanzen und damit dein Zimmer schmücken.

Kleber

Register

Noch mehr von Pipa Lupina:

**Pipa Lupina und
ihre Baumhausbande**
ISBN 978-3-649-**61613**-9

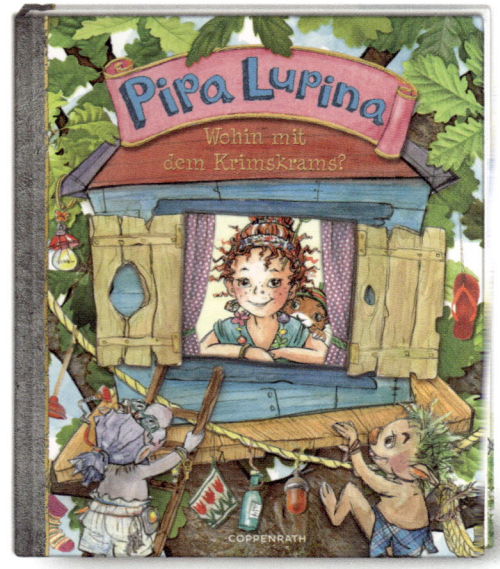

**Pipa Lupina -
Wohin mit dem Krimskrams?**
ISBN 978-3-649-**62079**-2

**Malen & Kritzeln
...mit Pipa!**
ISBN 978-3-649-**61935**-2

Blumenpresse
EAN 40-29753-**12793**-8

Überall im Handel
erhältlich oder unter
www.coppenrath.de

COSMIC TOURIST

100 SENSATIONEN IM UNIVERSUM

BRIAN MAY
PATRICK MOORE
CHRIS LINTOTT

KOSMOS

Umschlaggestaltung von eStudio Calamar unter Verwendung des Originalumschlags mit einer Farbzeichnung von Brian Smallwood und eines Farbfotos von James Symonds auf der Umschlagrückseite.

Mit 223 Farbfotos, 19 Farbzeichnungen und 50 Schwarzweiß-fotos.

Unser gesamtes lieferbares Programm und viele weitere Informationen zu unseren Büchern, Spielen, Experimentierkästen, DVDs, Autoren und Aktivitäten finden Sie unter **kosmos.de**

Gedruckt auf chlorfrei gebleichtem Papier

Für die deutschsprachige Ausgabe:
© 2012, Franckh-Kosmos Verlags-GmbH & Co. KG, Stuttgart.
Alle Rechte vorbehalten
ISBN 978-3-440-13425-2
Projektleitung: Sven Melchert
Redaktion: Justina Engelmann
Produktion: Ralf Paucke
Printed in China / Imprimé en Chine

NEBENSTEHENDES BILD: Die SOJUS-TMA-01M-Kapsel im Anflug auf die Internationale Raumstation ISS

NÄCHSTE DOPPELSEITE: Infrarotmosaik des Zentrums unserer Milchstraße, aufgenommen vom SPITZER-Weltraumtele-skop. Sterne im galaktischen Wulst liefern den blauen Hintergrund, der zentrale Sternhaufen erscheint weiß, Sternentstehungsregionen grün. Das Schwarze Loch im Zentrum bleibt auch auf diesem Bild verborgen.

DIE REISEROUTE

VORWORT

Vor einigen Jahren haben wir drei Autoren das Buch „Bang! Die ganze Geschichte des Universums" geschrieben – jeder von uns mit einer sehr eigenen Historie als Astronom. Wir hatten es als kosmisches Geschichtsbuch angelegt, unter strikter Einhaltung der Chronologie, und so verfasst, dass jeder mit einem Interesse an dieser faszinierenden Wissenschaft es auch verstehen kann. Das Buch ist inzwischen in der vierten Auflage und in 15 Sprachen erschienen und trifft immer noch auf großen Zuspruch. Genau darum hatten wir uns bemüht, weil die neuen Entdeckungen über unser Universum uns alle betreffen – führen sie uns doch auch zu einem neuen Selbstverständnis im Gesamtbild des Kosmos.

Ermutigt durch diesen Erfolg haben wir uns daher an eine neue Koproduktion gemacht – den „Cosmic Tourist". Dabei haben wir auch ein neues Konzept entwickelt: Wir starten zu einer gigantischen Reise, die auf der Erde beginnt und uns immer weiter nach draußen trägt, bis wir den Rand des überschaubaren Universums erreichen. Dies ist die größtmögliche vorstellbare Tour, und wir besuchen dabei hundert der außergewöhnlichsten Orte, die wir derzeit kennen.

Hinsichtlich der beiden genannten Bücher können Sie sich gerne über unsere Website „www.BangUniverse.com" auf dem Laufenden halten.

Unser besonderer Dank gilt Sara Bricusse, Julia Knight, dem Ausreißerkönig Ptolemy (der Katze von Sir Patrick), Derek Ward-Thompson, Neil Reading, Noah Petro, Iain Nicolson und Phil Murray.

Brian May
Patrick Moore
Chris Lintott
im Juni 2012

Einheiten
1 Lichtjahr = 9.460.730.472.581 Kilometer
1 Lichtstunde = 1.079.252.849 Kilometer
1 Lichtminute = 17.987.547 Kilometer
1 Lichtsekunde = 299.792 Kilometer

Nomenklatur
Die hellsten Sterne der 88 offiziellen Sternbilder haben Eigennamen, so zum Beispiel Sirius im Großen Hund. Alle Sterne eines Sternbilds werden aber auch mit griechischen Buchstaben (Alpha, Beta, Gamma, usw.) und dem Genitiv des lateinischen Sternbildnamens bezeichnet – beginnend beim jeweils hellsten Stern. Sirius ist daher auch als Alpha Canis Maioris bekannt.

Sternhaufen, Gasnebel und Galaxien werden mit ihrer Nummer aus dem Messier-Katalog (M) oder dem „New General Catalogue of Nebulae and Clusters of Stars" (NGC) ausgewiesen, zusammen mit ihrem möglichen Eigennamen. Unsere nächste große Nachbargalaxie ist demnach M 31, die Andromeda-Galaxie. Wo ein solcher Eigenname fehlt, beschränken wir uns auf eine der Katalognummern.

BITTE ANSCHNALLEN!

Mit diesem Buch laden wir Sie zu einer einzigartigen Reise ein. Werden Sie zu einem Touristen, der alle irdischen Maßstäbe sprengt, und begleiten Sie uns zu hundert außergewöhnlichen Orten im Universum. Manche sind spektakulär, andere auf stillere Art faszinierend, wieder andere finden wir drei Piloten einfach toll. Auf jeden Fall hat jeder Ort seine eigene Geschichte. Wir werden auf unserem Heimatplaneten starten und uns langsam bis zu den Grenzen des heute bekannten Universums vorarbeiten.

Wie aber können wir zu diesen entlegenen Orten reisen? Selbst wenn wir mit der größtmöglichen Geschwindigkeit reisen könnten, die uns die Physik erlaubt – mit Lichtgeschwindigkeit also – kämen wir während eines Menschenlebens nicht sehr weit (wiewohl die Allgemeine Relativitätstheorie vorhersagt, dass Astronauten, die mit Beinahe-Lichtgeschwindigkeit reisen, langsamer altern als Bewohner auf der Erde – was Brian zu dem Song '39 angeregt hat). Doch für unser Vorhaben können wir ein besonderes Raumschiff nutzen. Wir haben es Ptolemäus genannt, nach der Katze von Patrick Moore. Dieses Raumschiff wird die Sache erleichtern, denn es reist mit der Geschwindig-

keit der Gedanken. Wir brauchen nur die Koordinaten eines Zielpunkts anzugeben, und schon sind wir dort und können uns mit eigenen Augen umschauen.

Allerdings wird unser Kilometerzähler ungewohnte Werte anzeigen. Schon innerhalb des Sonnensystems sind irdische Entfernungsmaße, gelinde gesagt, umständlich. Die Distanz zwischen Erde und Sonne oder gar den Durchmesser der Milchstraße in Kilometern angeben zu wollen ist genauso unsinnig wie die Entfernung zwischen Berlin und Paris in Zentimetern zu beziffern. Bei kosmischen Entfernungen greifen die Astronomen daher auf das Licht zurück. Es legt in der Sekunde knapp 300.000 Kilometer zurück – zumindest im Vakuum des Weltalls. Dies ist zwar langsam im Vergleich zur Geschwindigkeit von Ptolemäus, aber für uns Menschen bereits unvorstellbar schnell.

Wir werden also unsere Entfernung von der Erde dadurch angeben, dass wir sagen, wie lange das Licht für diese Strecke benötigt. Innerhalb des Sonnensystems kommen wir mit Minuten bis einigen Stunden aus, doch wenn wir die unmittelbare Umgebung der Sonne verlassen, kommen wir schnell zu Entfernungen, für die das Licht viele Jahre braucht. Dann wird die Tatsache, dass das Licht eben eine endliche Zeit für diese Strecke benötigt, verwirrende Konsequenzen haben, die wir auf der Erde nie erfahren können. Viele Menschen haben wohl schon einmal gehört, dass das Sternenlicht mitunter sehr lange unterwegs war, ehe es bei uns ankommt. Je weiter ein Stern entfernt ist, desto weiter zurück in der Vergangenheit sehen wir ihn. Und wenn wir – was an dunklen Standorten noch möglich ist – die Andromeda-Galaxie mit bloßem Auge erspähen, dann sehen wir sie so, wie sie vor 2,5 Millionen Jahren ausgesehen hat. Es ist durchaus möglich, dass sie heute an manchen Stellen schon anders aussieht, aber das würden wir erst in 2,5 Millionen Jahren erfahren. Unser Raumschiff aber kann sich gedankenschnell überall hinbewegen und uns jede touristische Attraktion so zeigen, wie sie heute aussieht!

Ohne eine der vielen Überraschungen kleinreden zu wollen, ist es dabei hilfreich, stets daran zu denken, dass wir dauerhaft im 21. Jahrhundert bleiben, egal, wie weit wir auch reisen mögen. Und am Ende unserer Tour werden wir dann bestätigen können, dass das Universum im Großen und Ganzen überall gleich aussieht. Dies ist eine der Grundannahmen der heutigen Kosmologie – dass es nirgendwo eine Mitte des Universums gibt: Alles, was wir heute sehen, war anfangs auf kleinstem Raum konzentriert, und dort ereignete sich der Urknall. Dieser „Punkt" ist heute überall, denn seither dehnt sich der Raum mit dem Universum und allem, was darin ist, aus.

Wenn wir die Tiefen des Raums durchqueren, werden wir auf eine Vielzahl faszinierender Orte treffen, wie sie nicht einmal der Fantasie der besten Science-Fiction-Autoren entspringen konnten. Das Universum ist eine endlose Schatztruhe atemberaubender Anblicke und überwältigender Entwicklungen, und so wird kein Weltraumreisender diese Tour je vergessen. Und unser Raumschiff ist bestens gerüstet: Es wird uns nicht nur vor der gefährlichen Strahlung und der extremen Kälte des Weltraums schützen sowie vor den zermalmenden Kräften stärkster Gravitationsfelder – es ist auch mit zahlreichen speziellen Detektoren und Filtern ausgestattet, mit deren Hilfe wir viel mehr sehen können als mit unseren Augen allein. Wir haben eine weite Reise vor uns, Ihre Piloten sind bereit, und es wird viel zu sehen geben.

Schnallen Sie sich an und genießen Sie das Abenteuer!

UNSER HEIMATPLANET

Entfernung zur Erde: 0 Lichtsekunden

Die Erde ist das einzige Objekt auf unserer Tour, das wir aus eigener Erfahrung umfassend kennen. Schließlich stehen wir die längste Zeit unseres Lebens mit beiden Beinen auf ihr.

Um sie jedoch im größeren Rahmen zu sehen und ihre Besonderheit als Planet voll erfassen zu können, müssen wir sie von außen, aus dem Weltraum, betrachten. Besteigen wir also unser Raumschiff Ptolemäus für das erste, kurze Teilstück unserer Reise, das uns zur Internationalen Raumstation ISS in rund 400 Kilometern Höhe bringt. Von dort bietet unser Planet einen fantastischen Anblick, der vom Blau der Ozeane bestimmt wird. In deutlichem Kontrast dazu erscheinen die Kontinente braun und grün, während die Polkappen ähnlich weiß hervortreten wie die ständig wechselnden Wolkenbilder.

Es erscheint verwunderlich, dass die Menschen Jahrtausende hindurch von einer flachen, scheibenförmigen Erde ausgegangen sind und noch vor 500 Jahren glaubten, sie stünde ruhend im Mittelpunkt der Welt, während sich der ganze Himmel um sie herum drehe. Heute wissen wir es jedoch besser. Unsere Erde ist als Planet zahlreichen Veränderungen unterworfen, die mitunter heftig und unberechenbar sein können. Wir können zum Beispiel weder das Wetter beeinflussen noch einen Tsunami abfangen. Aus der Umlaufbahn lässt sich aber immerhin der Weg eines Sturms oder die Entwicklung der Vegetation verfolgen.

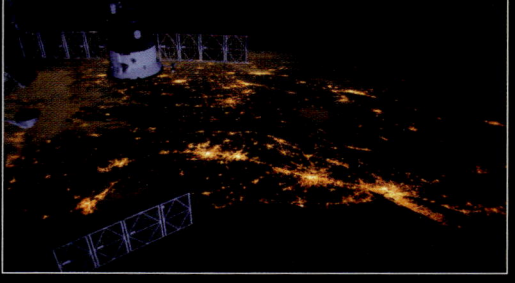

OBEN: Eine aktuelle Gesamtansicht der Erde, aufgenommen 2012 von dem Wettersatelliten SUOMI NPP

LINKS OBEN: Sir Patrick Moore lebt auf Selsey Bill, einer Landzunge, die unweit der Isle of Wight in den Ärmelkanal hinausragt.

LINKS UNTEN: Die Ostküste der USA zwischen Washington, D.C., und Rhode Island

UNTEN: Sonnenuntergang über dem Pazifik, aufgenommen aus der ISS. Deutlich sind einige Amboss-Gewitterwolken zu erkennen.

Aber erscheint die Erde auch von dort ähnlich prall mit Leben gefüllt wie aus unserer Oberflächenperspektive? Was würden Aliens bemerken, die einen kurzen Zwischenstopp an unserem Planeten einlegten? Der deutlichste Hinweis wären vielleicht die glitzernden Muster auf der Nachtseite der Erde, die von Abermillionen künstlichen Lichtern stammen. Man kann sich die Diskussion der fremden Weltraumtouristen ausmalen: Die Anordnung der Lichter lässt gewisse Muster erkennen, die auf einen künstlichen Ursprung deuten, aber vielleicht sind sie doch natürlicher Art?

Dabei genügt ein kleines Fernglas, um klare Anzeichen menschlicher Zivilisation auszumachen: Städte, Straßen und selbst Schifffahrtsrouten lassen sich aus dieser Höhe erkennen. Auch die Atmosphäre selbst verrät die Existenz von Leben, denn größere Mengen an freiem Sauerstoff können nur durch lebende Pflanzen ständig nachgeliefert werden. Irdische Beobachter können auf diese Weise vielleicht schon in zehn Jahren die Anwesenheit von Leben auf anderen Planeten nachweisen, und so lässt sich unsere Existenz nach außen ebenfalls nicht verheimlichen. Ob es sich bei uns um eine intelligente Zivilisation handelt, sei dahingestellt. Bestimmt aber sind wir nicht allein im Kosmos.

In der Erdumlaufbahn schon gar nicht, denn hier treibt eine Menge „Strandgut" herum, mehr als eine halbe Million Schrottpartikel. Darunter sind rund tausend funktionstüchtige Satelliten, doch der größte Teil ist Weltraumschrott, winzige Metallstücke einstiger Satelliten oder Raketenstufen. Manche Satelliten sind kollidiert, andere durch Weltraumwaffen zerstört worden, und ausgebrannte Raketenstufen können gelegentlich explodieren. Die begehrtesten Bahnhöhen sind inzwischen dicht besetzt, und reguläre Satelliten müssen ausweichen, um Kollisionen zu vermeiden. Dabei begann das Zeitalter der Raumfahrt erst 1957 mit dem Start von SPUTNIK 1.

Versuche, den Weltraum zu erreichen, gab es vorher schon. So soll im Jahr 1600 der Chinese Wan Hoo versucht haben, mit Hilfe von 47 umgeschnallten Schwarzpulverraketen in die Höhe zu steigen, die seine Diener gleichzeitig zünden sollten. Das Experiment missglückte, aber immerhin wurde dabei noch kein Weltraumschrott produziert.

TANZENDE LICHTER

Entfernung zur Erde: 0,0003 Lichtsekunden

Unser Raumschiff trägt uns sehr schnell um die Erde herum. In dieser Höhe dauert ein Umlauf etwa 90 Minuten. Beim Eintauchen in den Erdschatten können wir in den polnahen Regionen gelegentlich ein flackerndes Leuchten in der Atmosphäre erkennen.

Tatsächlich sind Nord- und Südpol von einem grünlich leuchtenden Ring umgeben, den Aurorae, auch Polarlichter genannt, die am Erdboden allerdings ganz anders erscheinen. Die Bewohner der polnahen Regionen kennen sie als Leuchten über dem Horizont, als Lichtbögen am Himmel oder auch als dramatisch bewegte Lichtvorhänge. Von einem dunklen Standort aus wirken sie wie eine überirdische Erscheinung, und so verwundert es nicht, dass sich viele Sagen darum ranken. In Schottland werden sie als „vergnügte Tänzer" bezeichnet, im finnischen Sagenschatz heißen sie „Fuchsfeuer" und werden von den Feuerfüchsen, die in Lappland leben, mit ihren wedelnden Schwänzen an den Himmel geschleudert. In der altnordischen Sagenwelt schließlich hielt man sie für Reflexionen leuchtender Heringsschwärme an hoch treibenden Wolken.

Die moderne Erklärung der Polarlichter ist allerdings kaum weniger faszinierend. Die Erde treibt auf ihrer Bahn um die Sonne nicht durch ein Vakuum, sondern ist einem ständigen, von der Sonne ausgehenden Strom elektrisch geladener Teilchen ausgesetzt. Meist werden diese Teilchen vom Magnetfeld der Erde um unseren Planeten herum gelenkt, doch wenn sie in dichten Schwärmen auftreten, können sie auch eingefangen und in Richtung der Pole gelenkt werden, wo sie auf das dünne Gas der oberen Erdatmosphäre treffen und die Moleküle dort zum Leuchten bringen. In der Regel treten Nordlichter (Aurorae borealis) und Südlichter (Aurorae australis) gleichzeitig auf. Die Form des Erdmagnetfeldes bestimmt die Ausdehnung dieser Polarlichtregionen und lässt sie zu riesigen Ovalen um die Magnetpole zusammenwachsen.

Allerdings bläst der Sonnenwind nicht mit konstanter Stärke, sondern ist mitunter sehr böig. Zu Zeiten starker Sonnenaktivität kann sich das Polarlichtoval daher auch bis in mittlere geografische Breiten ausweiten, sodass selbst in Südeuropa Polarlichter beobachtet werden können. 1908 tauchten Polarlichter sogar über Singapur auf. Naturgemäß ist die Wahrscheinlichkeit, Polarlichter zu erspähen, in hohen Breiten aber größer. Von den Polgebieten selbst hat man jedoch nicht die beste Sicht auf das Phänomen, da sie nahezu im Zentrum der Ovale liegen.

Dagegen sind Auroren auch noch aus unserer momentanen Reiseposition und sogar aus größerer Distanz zu beobachten. Bevor wir aber die Umgebung unseres Heimatplaneten ganz verlassen, sollten wir noch einen besonderen Satelliten besuchen, der sich auch auf einer niedrigen Erdumlaufbahn befindet: das Hubble-Weltraumteleskop.

OBEN: Nordlichter, gesehen von der Internationalen Raumstation ISS. Die Ringstruktur ist der Manicougan-Krater in Kanada.

OBEN: Ein Südlicht über dem Indischen Ozean, beobachtet aus der ISS

RECHTS: Blick aus der ISS auf Polarlichter über dem mittleren Westen der USA

UNSER AUGE IM WELTRAUM

Entfernung zur Erde: 0,002 Lichtsekunden

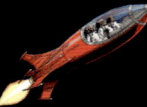

Von allen Satelliten, die die Erde umkreisen, haben die Astronomen einen besonders ins Herz geschlossen. Schon vor dem Beginn des Raumfahrtzeitalters hatten sie davon geträumt, ein Teleskop oberhalb der Erdatmosphäre zu platzieren, um so die extrem störende Luftunruhe zu umgehen, die ihre Beobachtungen vom Erdboden aus so frustrierend macht. Das Hubble-Weltraumteleskop, das 1990 gestartet wurde, ließ diesen Traum wahr werden und hat seither äußerst erfolgreich gearbeitet.

Allerdings gab es anfangs durchaus Probleme, denn zunächst lieferte das Teleskop nur unscharfe Bilder. Aufgrund einer fehlenden Unterlegscheibe in der Messapparatur zur Qualitätskontrolle der Spiegelform hatte man den optischen Fehler nicht bemerkt. Zum Glück war der Einsatz des Weltraumteleskops aber von Anfang an so angelegt, dass Wartungsarbeiten möglich waren. So konnte man eine Korrekturoptik namens „COSTAR" entwerfen und im Rahmen der ersten Wartungsmission des Spaceshuttles einbauen – danach waren die Bilder scharf. Weitere Reparaturmissionen folgten, bei denen Messinstrumente ausgetauscht, eine neue Kamera eingebaut und sogar Computer-Bauteile tief im Innern des Teleskops repariert wurden. Diese bravourösen Einsätze zählen zu den Sternstunden der bemannten Raumfahrt und ließen die ausführenden Astronauten in den Augen der nutznießenden Astronomen zu wahren Helden werden. Doch leider gehören solche Missionen der Vergangenheit an, seit die Shuttle-Flotte im Jahr 2011 stillgelegt wurde. Bei ihrem letzten Besuch montierten die Astronauten noch eine kleine Docking-Station. So kann eines Tages, wenn Hubble seine Beobachtungen eingestellt hat, eine automatische Sonde das Teleskop abbremsen und zu einem kontrollierten Absturz führen, bei dem es wie eine spektakuläre Feuerkugel verglüht – immerhin ist der Satellit groß genug, um bei einem ungesteuerten Wiedereintritt gefährlich werden zu können. Und ein solch unrühmliches Ende hat das Weltraumteleskop keinesfalls verdient.

Vorerst aber glänzt es noch hoch über der Erdatmosphäre im Sonnenlicht, das es über die Solarkollektoren mit Energie versorgt. Seine zahllosen Erfolge können wir an dieser Stelle nicht aufzählen, doch sei der Hinweis gestattet, dass seine Messungen in nahezu jedem Kapitel dieses Buches ihre Spuren hinterlassen haben.

OBEN: John Grunsfeld und Richard Linnehan mit dem Hubble-Weltraumteleskop im Frachtraum des Spaceshuttles Columbia

OBEN: Eingefangen! Der Astronaut Michael Good fixiert vom Roboterarm des Spaceshuttles aus das Hubble-Weltraumteleskop.

OBEN: Piers Sellers inspiziert den Raumtransporter Discovery. In seinem Visier
spiegelt sich der Fotograf Michael Fossum.

UNTEN: Das Hubble-Weltraumteleskop nach
einer erfolgreichen Wartungsmission, aufgenommen vom Spaceshuttle aus

WIE WEIT IST DER MOND?

Entfernung zur Erde: 1,28 Lichtsekunden

Mit unserem Raumschiff Ptolemäus nehmen wir nun Kurs auf ein neues Ziel – den Mond. Seit Menschen auf der Erde leben, sind sie von der silbrig glänzenden Scheibe am Himmel und ihrem ständig wechselnden Anblick fasziniert, zumal das Mondantlitz durchaus menschliche Züge erkennen lässt. Der Mond spielt in den Sagen und Märchen aller Kulturen eine herausragende Rolle und ist für viele Menschen ein romantisches Symbol. Wir aber werden ihn uns aus der Nähe ansehen.

Der Mond ist der kleine „Bruder" unseres Planeten, sein nächster Nachbar. Doch obwohl er lediglich rund 385.000 Kilometer entfernt ist und damit nach kosmischen Maßstäben „vor unserer Haustür" liegt, war der Flug dorthin eine extreme Herausforderung für die Menschheit. Ein Lichtstrahl schafft die Strecke in wenig mehr als einer Sekunde, die APOLLO-Astronauten dagegen brauchten – angeschoben von der stärksten bislang gebauten Rakete (der SATURN V) rund drei Tage. Während der längsten Zeit dieser Reise flogen sie rückwärts auf ihr Ziel zu und konnten es daher erst kurz vor Erreichen der Mondumlaufbahn in Augenschein nehmen.

Wir dagegen fliegen mit der Spitze des Raumschiffs voraus, sodass wir unsere Annäherung mit eigenen Augen verfolgen können. Schon von der Erde aus sind die Hauptstrukturen der Mondoberfläche erkennbar, aber je näher wir kommen, desto klarer treten sie hervor. Die Mondoberfläche zeigt viele Krater, Berge und Täler, erweist sich aber – anders als unser Ausgangspunkt – als ziemlich einfarbig. Ohne Wasser, Luft und Leben erscheint die Landschaft öde und bleich; der APOLLO-11-Astronaut Buzz Aldrin beschrieb sie mit den Worten „glänzende Trostlosigkeit".

Bevor wir landen, wollen wir uns zunächst einen globalen Überblick verschaffen. Am auffälligsten sind die riesigen dunklen Flächen, die sogenannten Mondmeere. Wasser enthalten sie allerdings nicht, sondern sie wurden vor Milliarden von Jahren durch hervorquellende Lavamassen gefüllt. Diese einstigen Lavaseen erstarrten und wurden seither nur noch vereinzelt von größeren Meteoriteneinschlägen umgestaltet. Dadurch sind sie glatter und flacher als die umgebenden Hochländer, was sie zu idealen Landeplätzen für fünf von sechs APOLLO-Missionen machte.

Überall gibt es Krater, in allen Größen. Im lunaren Hochland überlappen sie sich teilweise, und selbst die Mondmeere sind nicht frei von ihnen. Einige haben terrassierte Wälle, viele weisen zentrale Bergregionen auf. Von einigen Kratern gehen helle Strahlenmuster aus, die sich in alle Richtungen über Hunderte von Kilometern erstrecken. Von der Erde aus erscheinen zwei dieser Strahlensysteme zu Vollmondzeiten besonders deutlich. Eines umgibt den Krater Tycho im südlichen Hochland, der nach einem berühmten dänischen Astronomen

OBEN: Die APOLLO-11-Kapsel in der Mondumlaufbahn

OBEN: Mondaufgang, aufgenommen vom Raumtransporter COLUMBIA

OBEN: Der helle Krater links ist der Krater Copernicus im dunklen Oceanus Procellarum (Ozean der Stürme, ganz links) und unterhalb des Mare Imbrium (Regenmeer). Die beiden dunklen Gebiete rechts der Bildmitte sind das Mare Serenitatis (Meer der Heiterkeit, oben) und das Mare Tranquillitatis (Meer der Ruhe, unten). Nahe dem rechten Rand erkennt man das Mare Crisium (Meer der Gefahren, oben) und das Mare Foecunditatis (Meer der Fruchtbarkeit, unten).

des 16. Jahrhunderts benannt ist – Tycho Brahe. Wir bringen unser Raumschiff über diesem etwa 80 Kilometer großen Krater in Position und blicken auf den eindrucksvoll hohen Kraterwall und den tiefer liegenden Boden. Aber wo sind die Strahlen? Da sie nur von einer dünnen, glasartigen Schicht auf der Oberfläche geformt werden, die keinen Schatten wirft, sind die Strahlen aus der Nähe kaum zu erkennen, sofern sie nicht in einem bestimmten Winkel vom Sonnenlicht getroffen werden.

Wir können sehen, dass die meisten Krater kreisförmig sind. Von der Erde aus erscheinen die randnahen Krater zwar elliptisch, doch wird diese Verzerrung nur vorgetäuscht. Wenn wir mit unserem Raumschiff zum Beispiel den Krater Plato überfliegen, können wir uns von seiner Kreisform überzeugen. Von dort haben wir auch einen fantastischen Blick auf die Mondalpen, die von einem etwa 130 Kilometer langen Tal durchschnitten werden.

Wie sind die Krater entstanden? Sie sehen zwar wie alte Vulkane aus, sind aber keine: Sie wurden vielmehr durch den Aufprall von Meteoriten geformt und sind sehr alt. Die gesamte Mondoberfläche wurde während des sogenannten „Großen Bombardements" geformt, das vor etwa drei Milliarden Jahren endete. Auf der Erde sind seine Spuren längst ausgelöscht, denn hier sorgen Wind, Wetter und die Plattentektonik dafür, dass solche Narben verheilen oder ganz verschwinden. So spiegelt das pockennarbige Gesicht des Mondes die frühe Geschichte des Sonnensystems wider, während spätere Phasen kaum Spuren hinterlassen haben. Zu Lebzeiten der Dinosaurier dürfte der Mond kaum anders ausgesehen haben als heute.

TRANQUILLITY BASE

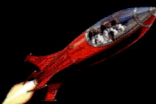

Entfernung zur Erde: 1,28 Lichtsekunden

Unsere Tour führt uns als Fantasiereise an Orte, wohin nie ein Mensch jemals gelangen kann. Ausgenommen ist bestenfalls der Mond, und so sollten auch wir die Stelle besuchen, die eines Tages sicher zum Touristenziel schlechthin im Sonnensystem wird – den Landeplatz der Apollo-11-Astronauten im Mare Tranquillitatis (Meer der Ruhe), wo Neil Armstrongs „kleiner Schritt" deutlich machte, dass Menschen in der Lage sind, den ihnen angestammten Planeten zu verlassen.

Besonders farbig ist die helle Mondoberfläche nicht, aber die Landschaft wirkt dennoch atemberaubend, nicht zuletzt wegen des krassen Gegensatzes zum tiefschwarzen Weltraum. Oder wie Armstrong ein paar Minuten nach seinem Ausstieg formulierte: „Der Mond besitzt eine eigene Schönheit."

Schon beim Anflug können wir die Spuren des Besuches der Apollo-11-Mannschaft erkennen. Der untere Teil der Landefähre glänzt hell im Sonnenlicht, und die Spuren der Astronauten im Mondstaub sind ebenfalls sichtbar. Sie führen unter anderem zu einem kleinen, rund 50 Meter entfernten Krater und wieder zurück. Einige Ausrüstungsgegenstände wurden zurückgelassen, darunter auch Messgeräte, die noch über Jahre hinweg Daten zur Erde funkten. Und natürlich sind auch die Spuren zu erkennen, die die Mondfähre beim Wiederaufstieg im Mondstaub hinterlassen hat.

All diese „Eindrücke" werden für Äonen erhalten bleiben, ebenso wie die US-Flagge und die Plakette an einem der Landebeine, die darauf verweist, dass die Apollo-Besatzung „stellvertretend für die gesamte Menschheit und in friedlicher Absicht" kam. Ohne Wind und Wetter werden die Stiefelspuren von Armstrong und Aldrin nicht verweht und können so dereinst zukünftige Weltraumtouristen an die Heldentaten der Mondpioniere erinnern.

OBEN: Der Apollo-11-Landeplatz, aufgenommen vom Lunar Reconnaissance Orbiter. Man erkennt die Unterstufe der Landefähre, darunter die wissenschaftlichen Messgeräte sowie die Fußspuren der Astronauten, die auch zu dem rund 50 Meter entfernten Krater rechts führen.

RECHTS OBEN: Apollo 11 startete am 21. Juli 1969 zurück in die Mondumlaufbahn und ließ dabei die Unterstufe der Landefähre auf der Mondoberfläche zurück. Mehr als 40 Jahre später erfasste die Kamera des Lunar Reconnaissance Orbiter die Hinterlassenschaften der Astronauten im Mare Tranquillitatis.

RECHTS UNTEN: Apollo-15-Astronaut James Irwin salutiert vor der Flagge der USA.

LINKS: Die Erde, fotografiert vom Landeplatz der Apollo-11-Mission mit der Landefähre Eagle im Vordergrund

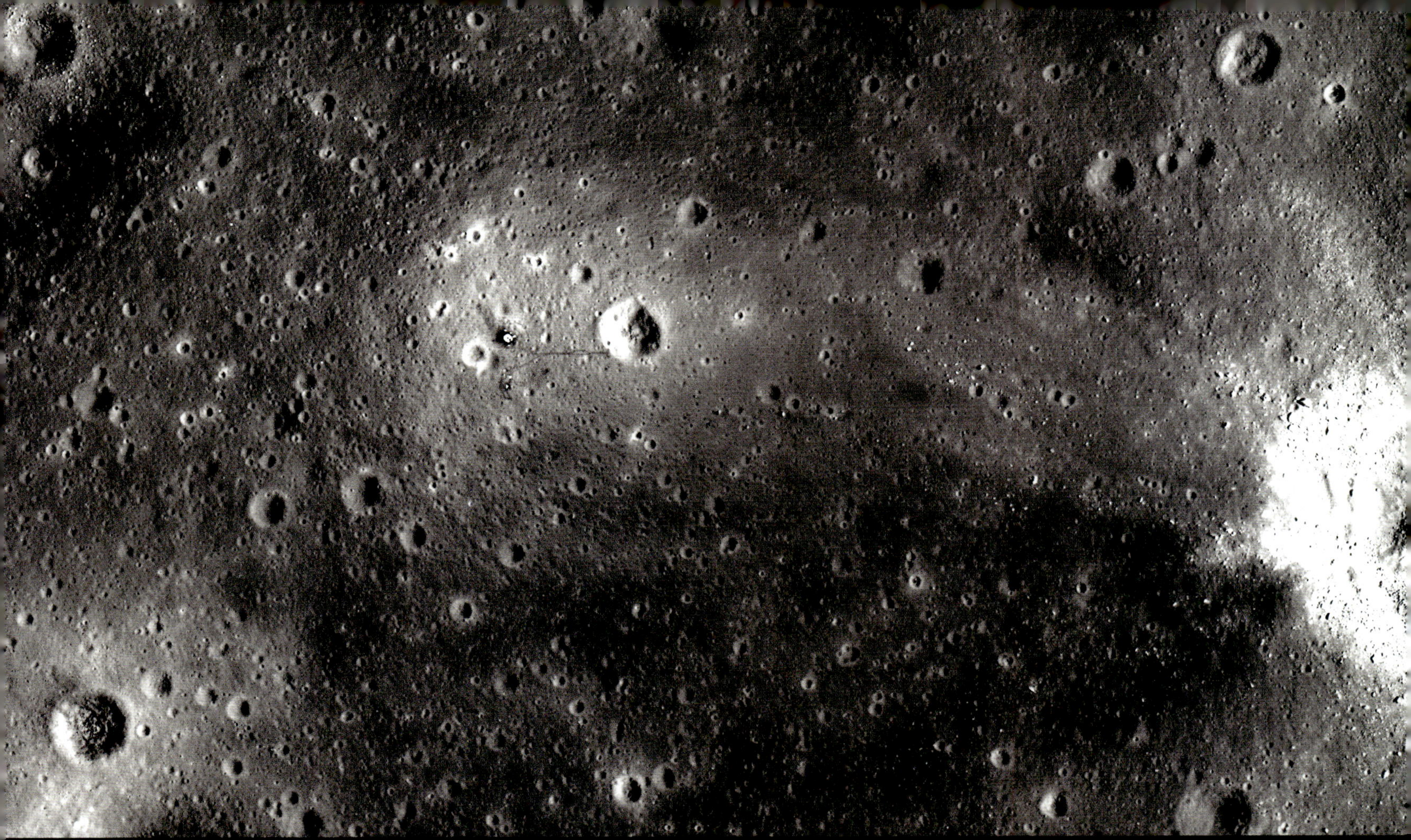

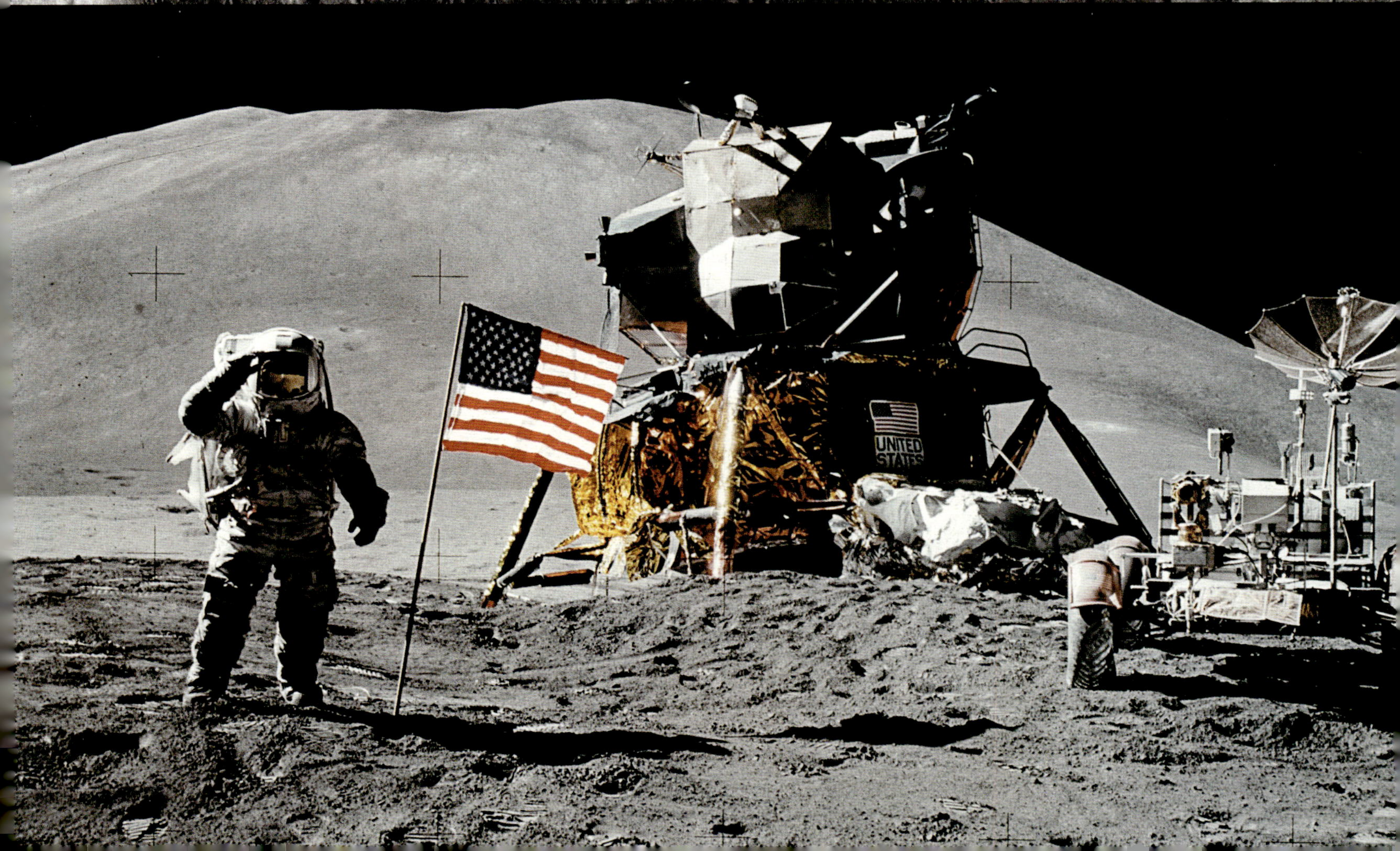
UNITED STATES

DIE LANGE WAND

Entfernung zur Erde: 1,28 Lichtsekunden

Unsere nächste Station auf dem Mond wird sicherlich eines Tages zu einem Touristenmagneten. Dann werden sich Menschen dort ähnlich drängen wie heute am Grand Canyon, aber fürs Erste bleiben wir bei diesem Anblick noch alleine. Um dorthin zu gelangen, müssen wir zunächst die Ptolemaeus-Kraterkette nahe der Mitte der erdzugewandten Seite des Mondes aufsuchen. Der mit rund 150 Kilometer Durchmesser größte Krater dieser Kette ist nach einem der größten griechischen Astronomen benannt; sein Kraterwall erhebt sich aber nur etwa 2,5 Kilometer hoch über den Kraterboden. Ptolemaeus ist eher wie ein großer Pizzateller geformt, nicht wie eine Schüssel.

Auf dem Mond müssen wir ein neues Gefühl für Entfernungen entwickeln. Der Mond ist deutlich kleiner als die Erde, und so ist seine Oberfläche auch stärker gekrümmt als die der Erde. Entsprechend ist der Horizont nur halb so weit entfernt wie bei uns. Dadurch bleibt ein Blick von der Kratermitte zum Rand enttäuschend, denn der Kraterrand liegt für uns bereits unter dem Horizont. Das kann das Fahren auf Sicht erschweren, doch in diesem Fall brauchen wir uns nur in südlicher Richtung zu halten, um die Krater Alphonsus, Arzachel und den benachbarten Thebit zu passieren, ehe wir unser Ziel erreichen – eine seltsame Formation, die „Lange Wand" genannt wird.

Der Name, der auf den ersten großen Mondbeobachter Johann Schröter zurückgeht, ist etwas irreführend, denn es handelt sich eher um eine lange Furche als um eine Steilwand. Sie erstreckt sich über eine Länge von rund 110 Kilometer und liegt am Ostrand des Mare Nubium, des Wolkenmeeres. Wenn wir uns ihr vom Krater Thebit her nähern, senkt sich dort der Boden innerhalb weniger Kilometer um rund 300 Meter ab.

Von der Erde aus gesehen erkennt man bei entsprechender Beleuchtung (kurz nach dem Ersten Viertel) eine mit der Zeit schmaler werdende Schattenlinie auf scheinbar ebener Fläche. Wenn das Sonnenlicht etwa elf Tage später aus der Gegenrichtung auftrifft und den Abhang beleuchtet, erscheint er dagegen als helle Linie. Wer als Mondtourist hier einen Steilhang erwartet, wird allerdings enttäuscht sein, weil der Neigungswinkel nirgendwo größer als 40 Grad ist. Trotzdem kann man bei der richtigen Beleuchtung hier einen unter Mondtouristen beliebten Trick vorführen: sich selbst unsichtbar machen.

Auf der Erde sind die Schatten nirgends pechschwarz, da die irdische Lufthülle auch in den tiefsten Schatten ein wenig Licht hineinstreut. Der Mond besitzt jedoch keine Atmosphäre, und so dringt auch kein Licht in die Schatten auf dem Mond. Alles, was im Schatten verschwindet, wird nahezu unsichtbar. Wo auf dem Mond könnte man also besser Verstecken spielen als im Bereich der Langen Wand?

OBEN: Die Kraterkette aus Ptolemaeus, Alphonsus und Arzachel

OBEN: Der Krater Ptolemaeus, aufgenommen während der APOLLO-16-Mission

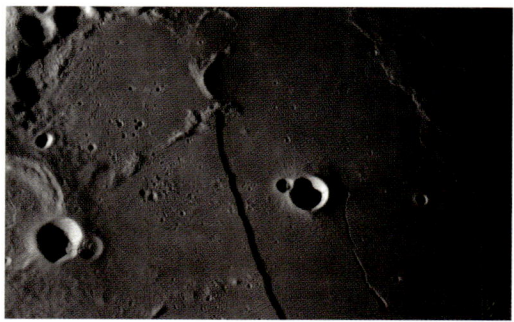

OBEN: Die Lange Wand, fotografiert von der Erde aus von Damian Peach

WASSER AUF DEM MOND

Entfernung zur Erde: 1,28 Lichtsekunden

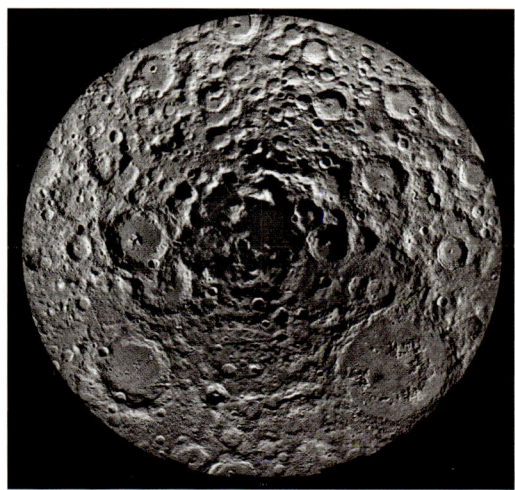

OBEN: Das Mosaikbild der Mondsonde CLEMENTINE zeigt das riesige Südpol-Aitken-Becken des Erdtrabanten.

OBEN: Der Krater Cabaeus war das Ziel der LCROSS-Mission, die nach Wasser in seinem ewigen Schatten suchte.

Wir reisen nun südwärts und gelangen aufgrund der geringen Größe des Mondes schon bald in Regionen, die von der Erde kaum einsehbar sind. Unter uns liegt jetzt das riesige Südpol-Aitken-Becken, einer der größten Einschlagkrater im Sonnensystem. Von der Erde aus erscheint es am Mondrand stark verkürzt, doch unser Raumschiff kann uns mitten hinein tragen.

Das Becken ist etwa 13 Kilometer tief, hat einen Durchmesser von rund 2400 Kilometer und umfasst eine Fläche, die etwa siebenmal so groß wie die der Bundesrepublik Deutschland ist. Wir müssen also schon etwas Abstand gewinnen, um es in seiner Gesamtheit zu überblicken. Vermutlich ist das Südpol-Aitken-Becken durch den Aufprall eines riesigen Meteoriten in der Frühgeschichte des Mondes entstanden. Heute sind solche Treffer extrem selten, aber während des Großen Bombardements muss es mehrere davon gegeben haben. Aus dieser Periode stammen auch weitere interessante Formationen im Innern des Beckens; dazu gehören zum Beispiel Myriaden kleinerer Krater.

Einer von ihnen, der Krater Cabaeus, war 2009 das Ziel der gewagten LCROSS-Mission (**L**unar **C**rater **O**bservation and **S**ensing **S**atellite). Sie sollte nach Wasser auf dem Mond suchen, das für künftige bemannte Mondmissionen genutzt werden könnte. Dies mag zwar wie eine wunschgetriebene Aufgabe erscheinen, denn schließlich haben wir über Generationen hinweg gelernt, dass flüssiges Wasser auf der atmosphärelosen Mondoberfläche nicht überdauern kann. Die Mondmeere bestehen lediglich aus erstarrter Lava, und jeder, der von einem romantischen Bad in der Regenbogenbucht träumt, wird bitter enttäuscht werden. Trotzdem mochten die Wissenschaftler nicht ausschließen, dass die Dinge unter dem dunklen Boden des Cabaeus-Kraters anders sein könnten.

Die Oberstufe der Rakete, die LCROSS zum Mond getragen hatte, prallte wenige Minuten vor dem Satelliten selbst auf den Kraterboden und setzte dabei eine Menge Material frei, das von dem nachfolgenden Satelliten analysiert werden konnte, ehe er selbst ebenfalls am Mondboden zerschellte. Die Untersuchung ergab, dass das aufgewirbelte Material in der Tat größere Mengen an Wasser enthielt. Danach sollte im Kraterboden mehr Wasser zu finden sein, als zukünftige Astronauten auf dem Mond benötigen würden.

Wo aber kommt dieses Wasser her? Es könnte vor Ort entstanden sein, aus der andauernden Wechselwirkung des Sonnenwindes mit der Mondoberfläche. Oder es hat sich als Folge zahlreicher Kometeneinschläge dort gesammelt, wo der Mond am kältesten ist. Immerhin liegt der Boden des Kraters Cabaeus permanent im Schatten seines Kraterrandes und könnte so einer der kältesten Orte im Sonnensystem sein. In Nachbarkratern wurden Temperaturen um –248 Grad Celsius gemessen, tief genug, um Wassereis im Boden dauerhaft festhalten zu können.

KÖNIG DES MONDES

Entfernung zur Erde: 1,28 Lichtsekunden

Wir setzen unsere Tour fort, so hoch, dass wir eine gute Übersicht haben. Das nächste Ziel ist der Krater Copernicus im Oceanus Procellarum, dem Ozean der Stürme. Beide Benennungen stammen von dem italienischen Astronomen Giovanni Battista Riccioli, der Mitte des 17. Jahrhunderts die erste brauchbare Mondkarte erstellte. Als Jesuit hielt er am antiken, geozentrischen Weltbild fest. Nikolaus Kopernikus hatte dagegen die Sonne in den Mittelpunkt gerückt – eine für die Kirche häretische, aus heutiger Sicht aber richtige Vorstellung. Für Kopernikus wählte Riccioli daher voller Verachtung einen Krater im Ozean der Stürme aus. Jedoch ging dieser Schuss gleichsam nach hinten los, denn der nach dem polnischen Astronomen benannte Krater erwies sich als eine der eindrucksvollsten Formationen der gesamten Mondoberfläche und wird gelegentlich auch als der „König des Mondes" bezeichnet.

Wenn wir unser Raumschiff innerhalb des Kraters auf eine Höhe von 1,5 Kilometer sinken lassen, können wir den Blick auf die terrassierten Innenwände genießen, die sich mehr als drei Kilometer über den Kraterboden erheben. Weil der Krater Copernicus recht jung ist, wurde er nicht mehr mit Lava aufgefüllt, ganz anders als der Nachbarkrater Stadius. Wir überqueren den Rand von Copernicus in östlicher Richtung, erblicken dort aber nur einen „Geisterkrater". Er mag ursprünglich tief und beeindruckend gewirkt haben, wurde aber später von Lava überschwemmt, sodass selbst der Kraterrand kaum noch zu erkennen ist. Solche Geisterkrater sind auf dem Mond nicht unüblich.

Wenden wir uns nun dem Strahlensystem zu, das von Copernicus ausgeht und sich über viele Hundert Kilometer in alle Richtungen erstreckt, und folgen einem dieser Strahlen. Da sie alle anderen Formationen und selbst die Strahlen des Kraters Kepler überdecken, kann Copernicus erst sehr spät entstanden sein, vor vielleicht rund 800 Millionen Jahren. Aus unserem Raumschiff haben wir einen ausgezeichneten Überblick, doch die Strahlen werfen keinerlei Schatten. Es handelt sich um Material, das bei der Entstehung von Copernicus aufgewirbelt wurde und sich dann wieder auf der Mondoberfläche abgelagert hat. Uns Erdenbürgern ist der Anblick der beiden Strahlensysteme um Copernicus und Tycho sehr vertraut; beide prägen vor allem das Aussehen des Vollmondes.

Inzwischen ist längst Ruhe auf dem Mond eingekehrt, und das Chaos beim Aufprall der großen Meteorite ist einer absoluten Stille gewichen. Möglicherweise wird es aber schon bald neue Veränderungen auf dem Mond geben – dann nämlich, wenn Astronauten den Erdtrabanten mit Leben erfüllen und betriebsame Mondbasen einrichten.

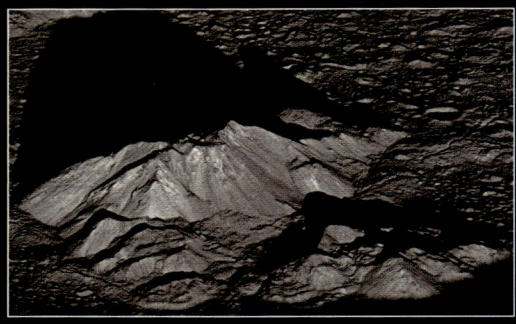

GANZ OBEN: APOLLO-12-Bild des Kraters Kepler. OBEN: Der LUNAR RECONNAISSANCE ORBITER zeigt die langen Schatten des Zentralbergs im Krater Tycho bei Sonnenaufgang.

UNTEN: Zur Vorbereitung der APOLLO-Missionen wurden 1966/67 fünf LUNAR-ORBITER-Satelliten gestartet, um die Mondoberfläche zu kartieren. Diese spektakuläre Ansicht des Kraters Copernicus ist eines der herausragenden Ergebnisse.

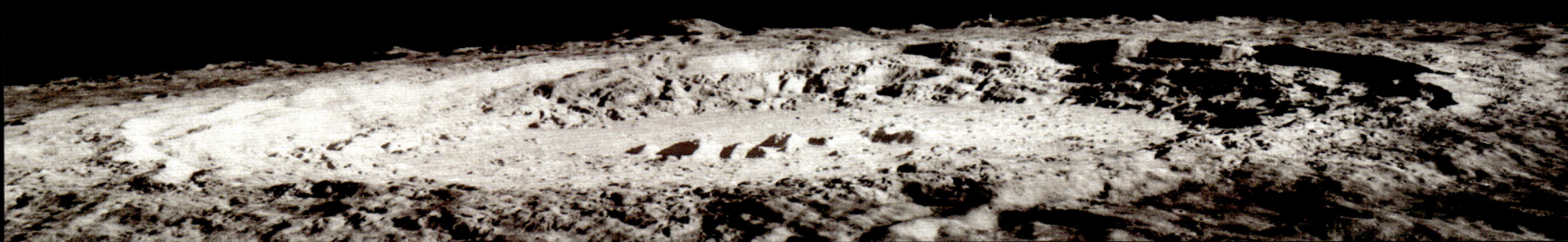

DER LEUCHTENDE

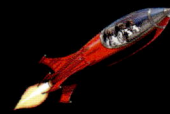

Entfernung zur Erde: 1,28 Lichtsekunden

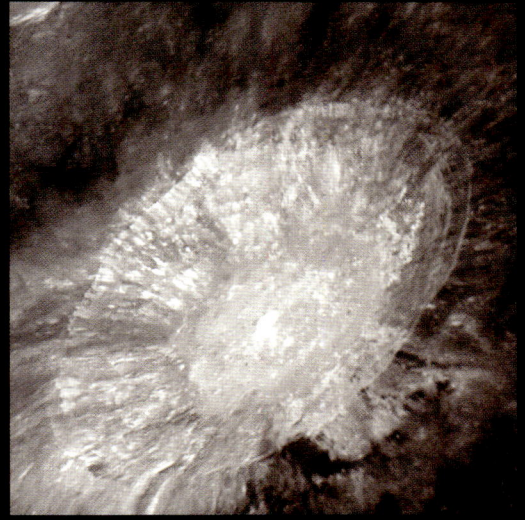

OBEN: Aufnahme des Kraters Aristarchus mit dem HUBBLE-Weltraumteleskop

Der Krater Aristarchus ist das bei weitem hellste Objekt auf der Mondoberfläche; er ist nicht sehr weit von Copernicus entfernt und für unser Raumschiff schnell zu erreichen. Beim Anflug zeigt sich der rund 37 Kilometer große Krater auf einem Felsplateau inmitten der grauen Weiten des Oceanus Procellarum. Aristarchus war als Ziel für die APOLLO-18-Mission ausgewählt worden, doch dazu kam es nicht mehr, weil das APOLLO-Programm aus den verschiedensten Gründen (auch finanzieller Art) im Dezember 1972 mit der APOLLO-17-Mssion auslief.

Von oben sehen wir, dass der terrassierte Innenwall des Kraters etwa 3,2 Kilometer über den Kraterboden aufragt und im Zentrum ein steiler Zentralberg liegt. Die seltsamen Streifen auf dem Kraterboden wurden eine Zeitlang als Anzeichen einer Vegetation gedeutet, bis deutlich wurde, dass Lebensformen jedweder Art auf dem Mond nie eine Chance hatten. Wir können gefahrlos im Innern des Kraters landen, um die Szenerie in Ruhe zu betrachten. Einen Aspekt sollten wir dabei allerdings nicht außer Acht lassen: Der Mond besitzt keine Atmosphäre, in der abstürzende Meteoroide verglühen könnten – sind wir also diesem „Staubregen" schutzlos ausgesetzt? Es stimmt zwar, dass zumindest Mikrometeoriten ständig auf die Mondoberfläche prallen, sie können uns aber nicht gefährlich werden. Über sehr lange Zeiträume lassen sie die Mondoberfläche allmählich dunkler erscheinen, und so spricht die Helligkeit von Aristarchus dafür, dass dieser Krater noch sehr jung ist. Er ist vielleicht kaum 500 Millionen Jahre alt und wäre damit noch jünger als Copernicus.

Gleich neben Aristarchus liegt der ähnlich große Krater Herodotus, der aber deutlich dunkler erscheint. An seiner Flanke beginnt ein großes, vielfach gewundenes Tal, das nach Johann Schröter, dem ersten großen Mondkartografen, benannt ist. Etwas Vergleichbares gibt es sonst nirgends auf dem Mond. Mit unserem Raumschiff können wir in dem Tal landen, und anders als bei großen Kratern sehen wir hier auch die Talwände, wiewohl kein Gefühl der Enge aufkommt.

UNTEN: Der LUNAR RECONNAISSANCE ORBITER fotografierte den Wall des Kraters Aristarchus aus nur rund 26 Kilometern Entfernung.

DIE REGENBOGENBUCHT

Entfernung zur Erde: 1,28 Lichtsekunden

Einen Ort auf dem Mond müssen wir unbedingt besuchen, denn er gilt vielen als der schönste von allen – Sinus Iridum, die Regenbogenbucht. Sie ist unter jeder Beleuchtung zu finden, denn sie liegt am Rande des Mare Imbrium (Regenmeer) und ist sehr charakteristisch. Die Formation erscheint heute als große Bucht, war aber ursprünglich ein etwa 240 Kilometer großer Krater, dessen an das Mare Imbrium grenzender Wall zerstört wurde. Der Rest des Kraterrandes reicht vom Kap Heraclides bis zum Kap Laplace. Nach Norden schließen sich die Berge des Mondjura an, die an das lang gestreckte Mare Frigoris (Meer der Kälte) grenzen.

Für irdische Beobachter bietet die Zeit um den dortigen Sonnenaufgang die besten Voraussetzungen. Dann liegt der Boden der Regenbogenbucht zwar noch im Dunkel, doch die Gipfel des Mondjura werden bereits vom Sonnenlicht erreicht und glänzen dann scheinbar losgelöst vom Rest des Mondes – ein Effekt, der als „Goldener Henkel" bezeichnet wird. Auf Fotos dieser Mondgegend macht sich dies besonders gut, das Phänomen dauert aber immer nur ein paar Stunden an und tritt natürlich nur einmal pro Mondtag (rund ein Erdmonat) auf – oft genug leider gerade dann, wenn der Mond für den jeweiligen Betrachter unter dem Horizont steht.

Wenn wir uns von hier ostwärts bewegen, gelangen wir zu einem besonders dunkelbödigen Krater von etwa 96 Kilometern Durchmesser mit Namen Plato. Auf dem Weg dorthin passieren wir eine weitere auffällige Formation, die Montes Recti, das „Gerade Gebirge". Sie erstreckt sich über eine Länge von 90 Kilometer und erscheint auf den ersten Blick wie eine künstlich angelegte Hügelkette.

OBEN: Sinus Iridum ist der große Krater rechts. Sein Boden verschwindet bereits im Schatten der Mondjura-Berge.

UNTEN: Der Nordrand des Mare Imbrium, von der Regenbogenbucht links bis zum Krater Plato rechts

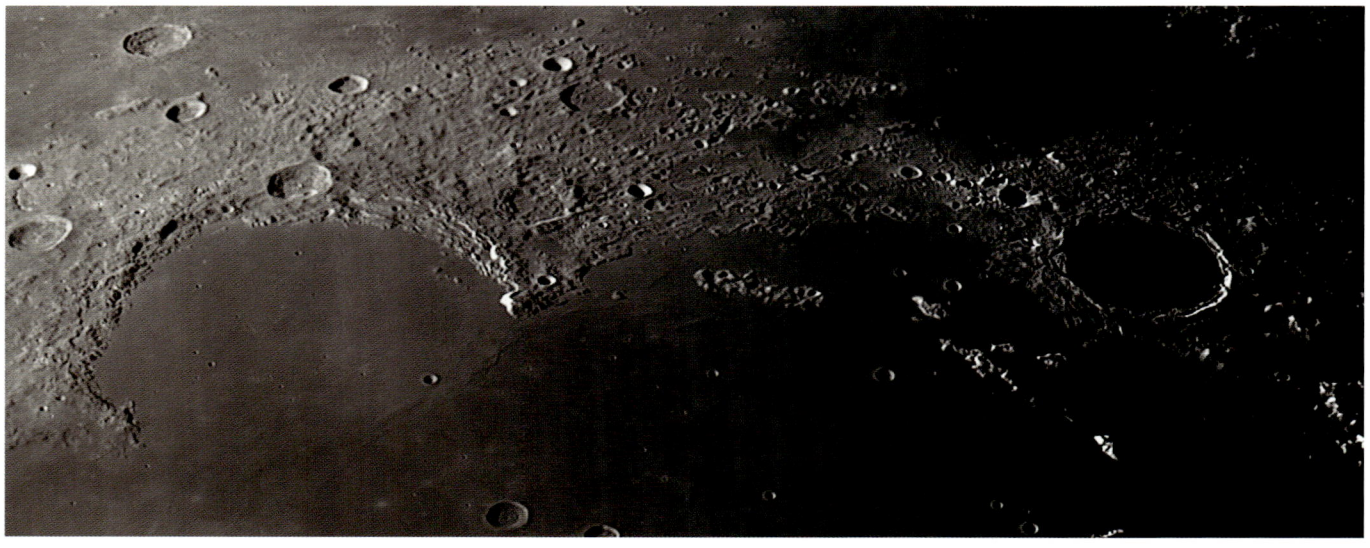

DIE FERNE SEITE DES MONDES

Entfernung zur Erde: 1,28 Lichtsekunden

OBEN: Die Gesamtansicht der Mondrückseite ist aus 15.000 Bildern des LUNAR RECONNAISSANCE ORBITER zusammengefügt.

OBEN: Der Außenring des Mare Orientale hat einen Durchmesser von 950 Kilometern; auch diese Mosaikaufnahme stammt vom LUNAR RECONNAISSANCE ORBITER.

Für irdische Beobachter bleibt ein großer Teil der Mondoberfläche den neugierigen Blicken verborgen. Grund dafür ist ein ständiges Tauziehen zwischen Erde und Mond, das seit über vier Milliarden Jahren andauert. Der Mond besitzt zwar nur 1/81 der irdischen Masse, doch hat er auch damit noch einen messbaren und sichtbaren Einfluss auf unseren Planeten. So ist er der Hauptauslöser der Gezeiten, und natürlich sorgt umgekehrt auch die Erde für Gezeiten auf dem Mond. Heute ist der Mond zwar weitgehend erstarrt, aber in seinen frühen Jahren war er noch zähflüssig und reagierte damit sehr nachgiebig auf die Gezeitenkraft der Erde. Dadurch wurde seine anfangs wesentlich schnellere Rotation so weit abgebremst, dass ein Mondtag heute etwas mehr als 27 Erdentage dauert – und damit genauso lang wie ein Umlauf des Mondes um die Erde. Entsprechend wendet der Mond uns stets die gleiche Seite zu. Zwar gibt es umlaufbahnbedingte Schwankungen, doch 41 Prozent der Mondoberfläche können von der Erde aus nie erfasst werden.

So wussten wir nichts über die Rückseite des Mondes, bis Raumsonden die ersten Fotos von dort zur Erde funkten. Mit unserem Raumschiff Ptolemäus können wir natürlich selbst die Rückseite des Erdtrabanten erkunden und sehen, dass die dortigen Formationen zwar ähnlich, aber doch charakteristisch anders aussehen. So gibt es nur ein richtig großes „Meer", das Mare Orientale, von dem sogar ein winziger Teil auf die Vorderseite des Mondes herüberragt. Während des Überflugs können wir die Krater und Berge auf seinem Boden bewundern. Dahinter treffen wir auf die üblichen Krater und Bergrücken, die wir von der Vorderseite kennen; lediglich extrem hohe Gebirge scheinen dort zu fehlen.

Unser Rundflug über den Erdtrabanten hat uns zu einer Reihe von interessanten Plätzen geführt, und wir könnten noch zahlreiche andere aufsuchen, doch wir sind noch ganz am Anfang unserer Tour. Und ab jetzt sind wir auf die besondere Leistung unseres Raumschiffs angewiesen, denn die nächsten Ziele sind mit herkömmlichen Raumfahrzeugen, wie sie bislang gebaut wurden, kaum zu erreichen. Nach einem letzten Blick auf den Mond geben wir als neues Ziel für Ptolemäus den Riesenscheinwerfer am Himmel ein – die Sonne.

Es erscheint zwar verlockend, gleich bis dahin durchzustarten, doch haben wir aus etwas größerer Distanz eine bessere Übersicht. So halten wir in einer Entfernung von 1,6 Millionen Kilometern zur Erde noch einmal an. Dort sind wir allerdings nicht alleine, denn an diesem Ort wurden schon etliche Satelliten zur Beobachtung der Sonne platziert. Hier befindet sich der sogenannte erste Lagrange-Punkt, L1 – ein besonderer Ort, an dem sich die Anziehungskräfte von Sonne und Erde gerade aufheben. Daher können Raumsonden hier ohne großen Treibstoffverbrauch geparkt werden und ungestört die Sonne ins Visier nehmen.

UNSER STERN

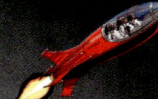

Entfernung zur Erde: 8,3 Lichtminuten

Von der Erde aus sehen wir die Sonne als grell leuchtende gelbe Kugel, deren „Oberfläche", die sogenannte Photosphäre, zumeist mit einigen dunklen Flecken gesprenkelt ist. Doch die Sonnenoberfläche ist alles andere als fest. Die Sonne besteht aus Gas, das weit über die Grenze der Photosphäre hinausreicht. Allerdings bleibt die „Sonnenatmosphäre" in der Regel unsichtbar, weil sie vom hellen Licht der Photosphäre überstrahlt wird. Eine blasse Ahnung von dieser äußeren Gashülle bekommen wir bei einer totalen Sonnenfinsternis, wenn der Mond die grelle Sonnenkugel abdeckt. Hier draußen im Weltraum

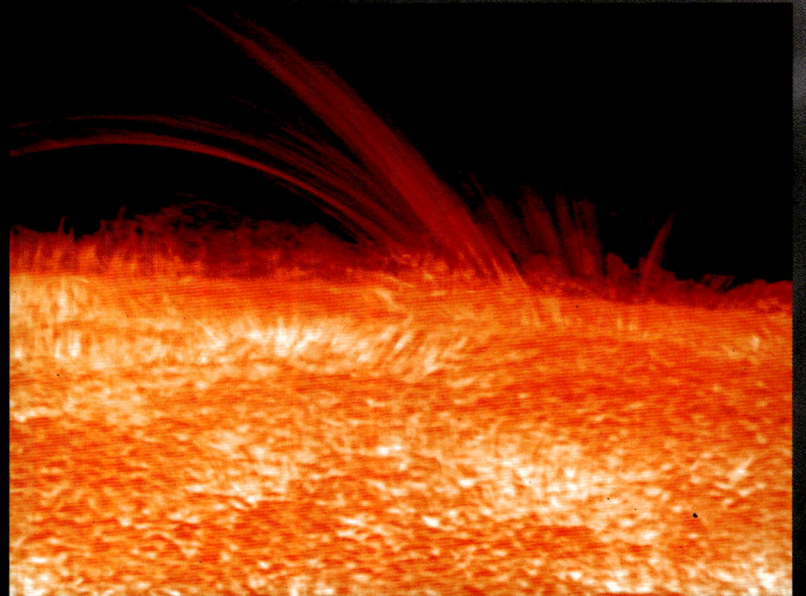

LINKS: Dieses detailreiche Bild der Chromosphäre stammt von dem japanischen HINODE-Satelliten. Die Strukturen setzen das Muster der Granulation (Körnigkeit) aus der darunterliegenden Photosphäre fort.

brauchen wir nicht auf eine totale Sonnenfinsternis zu warten. Wir können die Sonne einfach mit einer Scheibe der richtigen Größe (einem Koronografen) abdecken und sogleich die Prozesse in der Sonnenatmosphäre studieren.

Das unterste Stockwerk erscheint als schmales rötliches Band, das wegen seiner intensiven Farbe auch Chromosphäre genannt wird. Dabei deutet die rötliche Farbe darauf hin, dass die Chromosphäre – wie auch der Rest der Sonne – nahezu vollständig aus Wasserstoff besteht, dem leichtesten und häufigsten chemischen Element im Kosmos. Diese glühende Schicht ist zwar nur gut 3000 Kilometer dick, aber aus ihr wachsen auch die Protuberanzen hervor, riesige Wolken aus Gas, die aus der Sonnenoberfläche hervorquellen, durch das Magnetfeld der Sonne zu langen Schläuchen oder Bögen geformt werden und schließlich wieder zur Oberfläche herabsinken. Aus unserer Entfernung wirken die Protuberanzen klein, doch können diese gigantischen Gaszungen die Erde bequem einhüllen und an Größe um ein Vielfaches übertreffen.

Und es gibt noch mehr. Die äußere Gashülle der Sonne, die sogenannte Korona, erstreckt sich in Form langer, grünlich weiß erscheinender Gasströme bis weit in die Schwärze des umgebenden Weltraums hinaus, die auch uns umgibt.

RECHTS: Ein Sonnenuntergang auf der Erde, aufgenommen von Pete Lawrence

DIE SONNE IN ANDEREM LICHT

Entfernung zur Erde: 8,3 Lichtminuten

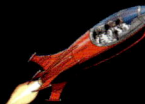

Wir richten unseren Blick weiter auf die Sonne, beschränken uns dabei aber auf bestimmte, sorgfältig ausgewählte Bereiche des Lichts. Wenn wir zum Beispiel einen Filter verwenden, der nur das rote Licht der Chromosphäre durchlässt, sehen wir nur die Strahlung des heißen Wasserstoffgases; nur dieses Gas sendet Strahlung bei der entsprechenden Wellenlänge aus. Mit Hilfe eines solchen Filters können wir also die Verteilung erkennen, die das Wasserstoffgas an der Sonnenoberfläche hat. Einige Sonnenflecken, die zu klein waren, um im Gesamtlicht aufzufallen, treten nun klar hervor, ebenso wie eine fein gekörnte Struktur der gesamten Sonnenoberfläche.

Mit anderen Filtern können wir andere Farben und damit andere chemische Elemente sehen. Wenn wir zum Beispiel das Kalziumlicht herausgreifen, sehen wir eine dünne Schicht der Chromosphäre mit breiten, voneinander getrennt liegenden, helleren Regionen, die zum Teil viel größer als die Erde sind und zumeist im Umfeld ganzer Gruppen von Sonnenflecken auftreten.

Angesichts ihrer schieren Größe ist es nicht verwunderlich, dass man Sonnenflecken auch von der Erde aus sieht, aber man sollte unter gar keinen Umständen versuchen, sie direkt und ungeschützt zu beobachten. Entweder muss man das von einem Teleskop aufgefangene Sonnenlicht auf eine weiße Fläche projizieren oder kräftige, extra für diesen Zweck geschaffene Filter einsetzen. **Es gibt nur eine Regel für die direkte Beobachtung der Sonne mit einem Fernglas oder Teleskop: Niemals! Wer es dennoch versucht, riskiert dauerhafte Augenschäden bis zur Erblindung!**

Ein weiteres Handicap gibt es bei der Sonnenbeobachtung, denn das Auge registriert nur einen sehr kleinen Ausschnitt der Gesamt-

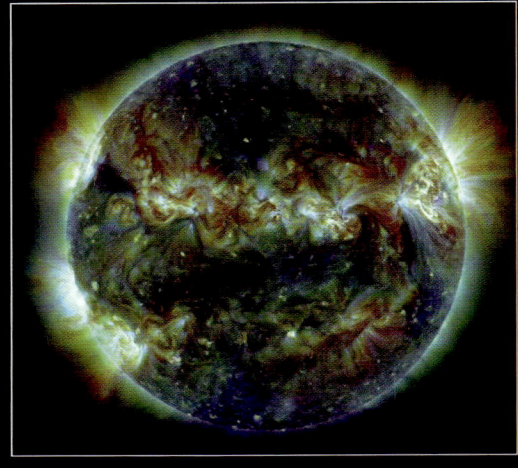

OBEN: Dieses Bild der Sonne ist aus drei Filterbereichen zusammengesetzt: Blau zeigt Gas von einer Million Grad, Grün von 1,5 Millionen Grad und Rot von zwei Millionen Grad.

RECHTS: Die Montage aus Sonnenfotos unterschiedlicher Wellenlängen zeigt von links nach rechts: den vertrauten Anblick der Photosphäre bei 6000 Grad, die Übergangszone zwischen Chromosphäre und Korona bei einer Million Grad (im extremen Ultraviolett erscheinen die aktiven Regionen heller), ein Komposit aus drei Wellenlängen mit Gas bis zu einer Temperatur von zwei Millionen Grad sowie eine dazu passend rekonstruierte Darstellung der Magnetfeldlinien.

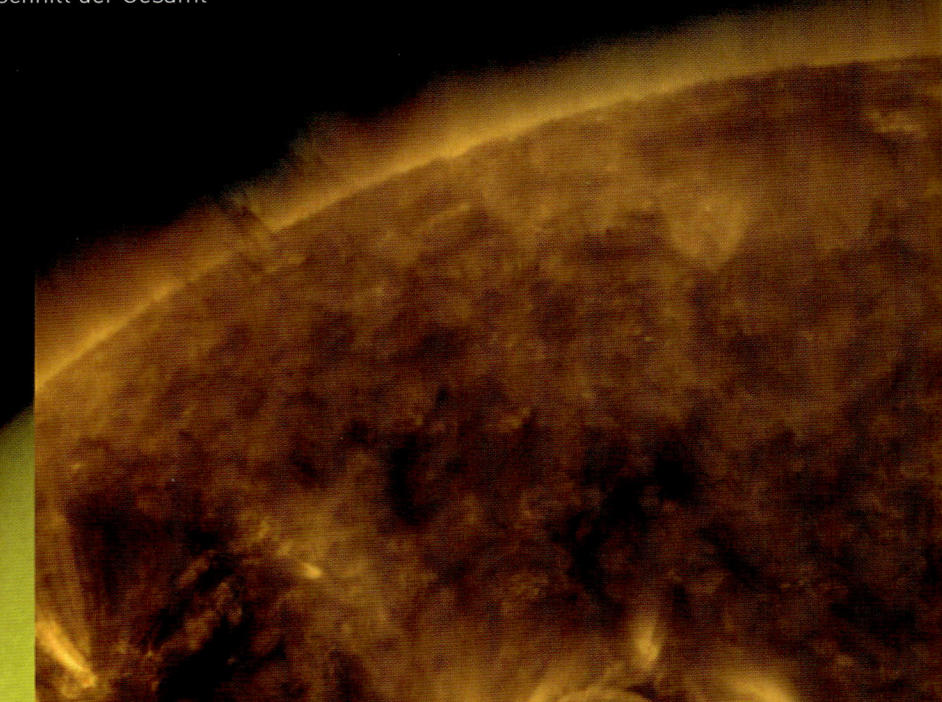

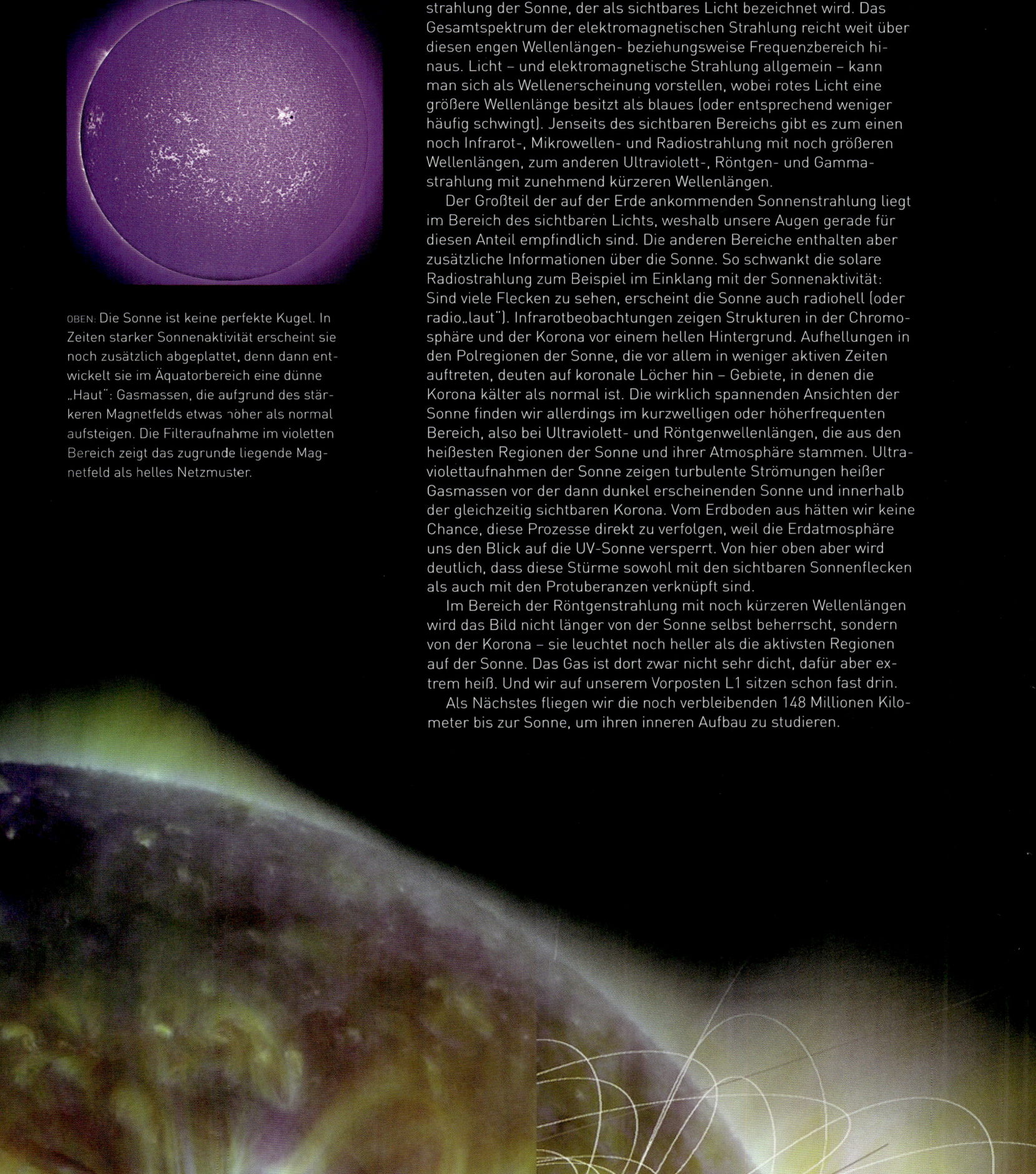

OBEN: Die Sonne ist keine perfekte Kugel. In Zeiten starker Sonnenaktivität erscheint sie noch zusätzlich abgeplattet, denn dann entwickelt sie im Äquatorbereich eine dünne „Haut": Gasmassen, die aufgrund des stärkeren Magnetfelds etwas höher als normal aufsteigen. Die Filteraufnahme im violetten Bereich zeigt das zugrunde liegende Magnetfeld als helles Netzmuster.

strahlung der Sonne, der als sichtbares Licht bezeichnet wird. Das Gesamtspektrum der elektromagnetischen Strahlung reicht weit über diesen engen Wellenlängen- beziehungsweise Frequenzbereich hinaus. Licht – und elektromagnetische Strahlung allgemein – kann man sich als Wellenerscheinung vorstellen, wobei rotes Licht eine größere Wellenlänge besitzt als blaues (oder entsprechend weniger häufig schwingt). Jenseits des sichtbaren Bereichs gibt es zum einen noch Infrarot-, Mikrowellen- und Radiostrahlung mit noch größeren Wellenlängen, zum anderen Ultraviolett-, Röntgen- und Gammastrahlung mit zunehmend kürzeren Wellenlängen.

Der Großteil der auf der Erde ankommenden Sonnenstrahlung liegt im Bereich des sichtbaren Lichts, weshalb unsere Augen gerade für diesen Anteil empfindlich sind. Die anderen Bereiche enthalten aber zusätzliche Informationen über die Sonne. So schwankt die solare Radiostrahlung zum Beispiel im Einklang mit der Sonnenaktivität: Sind viele Flecken zu sehen, erscheint die Sonne auch radiohell (oder radio„laut"). Infrarotbeobachtungen zeigen Strukturen in der Chromosphäre und der Korona vor einem hellen Hintergrund. Aufhellungen in den Polregionen der Sonne, die vor allem in weniger aktiven Zeiten auftreten, deuten auf koronale Löcher hin – Gebiete, in denen die Korona kälter als normal ist. Die wirklich spannenden Ansichten der Sonne finden wir allerdings im kurzwelligen oder höherfrequenten Bereich, also bei Ultraviolett- und Röntgenwellenlängen, die aus den heißesten Regionen der Sonne und ihrer Atmosphäre stammen. Ultraviolettaufnahmen der Sonne zeigen turbulente Strömungen heißer Gasmassen vor der dann dunkel erscheinenden Sonne und innerhalb der gleichzeitig sichtbaren Korona. Vom Erdboden aus hätten wir keine Chance, diese Prozesse direkt zu verfolgen, weil die Erdatmosphäre uns den Blick auf die UV-Sonne versperrt. Von hier oben aber wird deutlich, dass diese Stürme sowohl mit den sichtbaren Sonnenflecken als auch mit den Protuberanzen verknüpft sind.

Im Bereich der Röntgenstrahlung mit noch kürzeren Wellenlängen wird das Bild nicht länger von der Sonne selbst beherrscht, sondern von der Korona – sie leuchtet noch heller als die aktivsten Regionen auf der Sonne. Das Gas ist dort zwar nicht sehr dicht, dafür aber extrem heiß. Und wir auf unserem Vorposten L1 sitzen schon fast drin.

Als Nächstes fliegen wir die noch verbleibenden 148 Millionen Kilometer bis zur Sonne, um ihren inneren Aufbau zu studieren.

STÜRME AUF DER SONNE

Entfernung zur Erde: 8,3 Lichtminuten

Beim Anflug auf die Sonne hat die Außentemperatur stetig zugenommen. Die Korona selbst ist mehrere Millionen Grad heiß, doch heißt dies nicht, dass unser Raumschiff verglüht. Temperatur und Wärme sind nicht dasselbe. Die Temperatur ist ein Maß für die Geschwindigkeit, mit der sich die Atome und Moleküle bewegen: je schneller, desto heißer. In der Korona bewegen sich die Atome sehr schnell und lassen so die Temperatur extrem steigen, doch es gibt dort so wenige Atome, dass dennoch nur wenig Energie auf die Außenhaut unseres Raumschiffs übertragen wird. Das ist ähnlich wie bei den Funken einer Wunderkerze. Jeder dieser Funken ist sehr heiß, aber seine Masse ist so gering, dass er keinen nennenswerten Schmerz verursacht, wenn er etwa auf der Handfläche landet. Wer dagegen die nachglühende Wunderkerze selbst anfasst, kann sich trotz deren deutlich geringerer Temperatur ziemlich verbrennen, weil ihre größere Masse weit mehr Energie gespeichert hat und beim Kontakt abgeben kann.

Wie das Koronagas auf solche hohen Temperaturen gebracht wird, ist noch nicht im Detail verstanden; dass es so viel heißer als die Sonnenoberfläche ist, scheint dem gesunden Menschenverstand zu widersprechen. Vermutlich spielen die komplexen Wechselwirkungen mit dem Magnetfeld der Sonne eine wichtige Rolle, das auch auf der Sonnenoberfläche seine Spuren hinterlässt. Immerhin ist das Magnetfeld für die Entstehung der Sonnenflecken verantwortlich. Mit Ptolemäus manövrieren wir uns nun genau über einen solchen Fleck – eine vergleichsweise kühle Region gegenüber der „blubbernden" Sonnenoberfläche drum herum. Dass die Flecken dunkel erscheinen, liegt am starken Kontrast gegenüber der hellen Sonnenoberfläche in der Umgebung. Könnte man einen Fleck alleine betrachten, so leuchtete er heller als der Vollmond. Der Fleck ist aber nicht einheitlich schwarz: Die dunkle Zentralregion wird Umbra genannt, die hellere Randregion Penumbra. Außerdem ist eine ausgeprägte Detailstruktur zu erkennen, mit hellen und dunklen Streifen und leuchtenden Fäden, die als Fackeln den Fleck überbrücken können. Flecken sind selten Einzelgänger, sondern treten zumeist in mitunter komplexen Gruppen auf.

Was aber ist ein Sonnenfleck? Die Sonne besitzt ein Magnetfeld, dessen Feldlinien zum Teil unterhalb der Sonnenoberfläche verlaufen. Durch die Sonnenrotation werden diese Feldlinien verdrillt und bilden so magnetische „Schläuche", die schließlich an einzelnen Stellen durch die Sonnenoberfläche brechen und dort kühlere Bereiche ausbilden, die Sonnenflecken. Wäre die Sonne ein fester Körper wie die Erde, würden die Magnetfeldlinien mit der Sonnenrotation herumgeführt, und es gäbe keine Magnetfeldstörungen und entsprechend auch keine Sonnenflecken. Wir haben aber gelernt, dass die Sonne kein

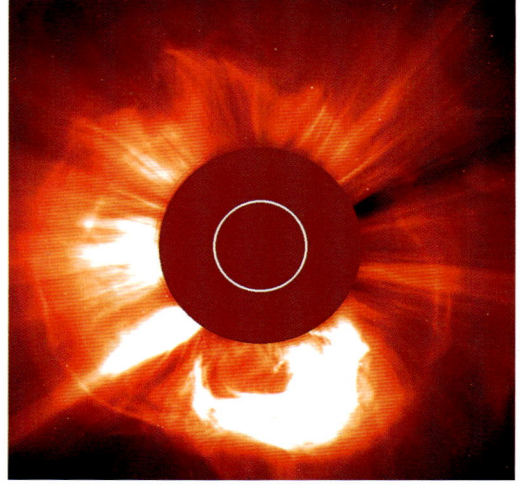

OBEN: Die helle Gaswolke, am 28. Oktober 2003 von SoHo fotografiert, war einer der gewaltigsten Materieauswürfe der Sonnenkorona, die je beobachtet wurden.

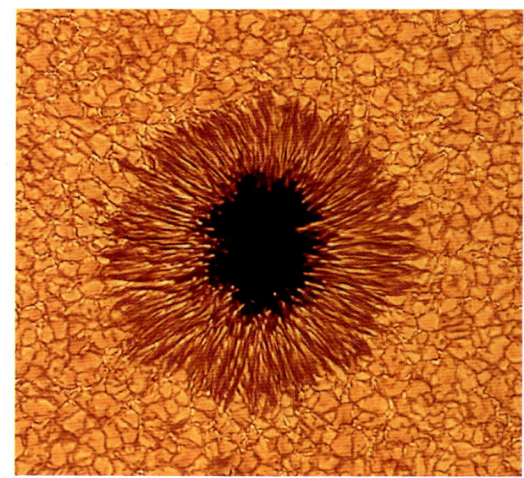

OBEN: Eine äußerst detailreiche Ansicht eines Sonnenflecks, aufgenommen am Big-Bear-Sonnenobservatorium im sichtbaren Licht

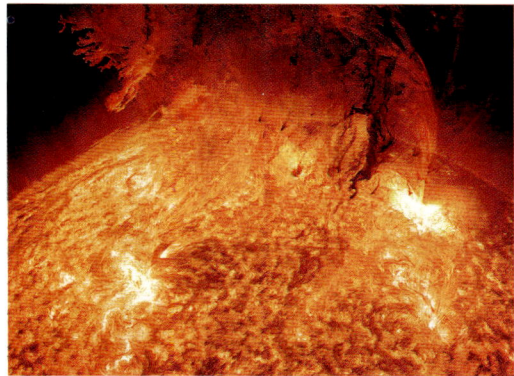

OBEN: Ein koronaler Materieauswurf, aufgenommen vom Solar Dynamics Observatory

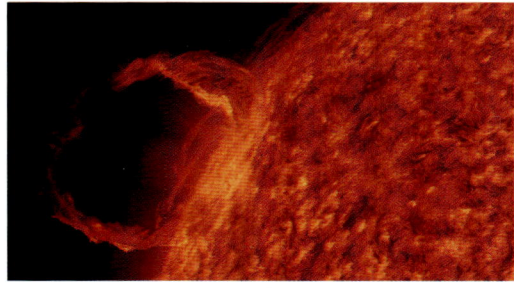

OBEN: Nahaufnahme eines massereichen Gasbogens

OBEN: Im Januar 2012 wurde durch das Solar Dynamics Observatory einer der stärksten Sonnenstürme seit Jahren beobachtet.

fester Körper ist, sondern aus heißem Gas besteht. Das Material im Äquatorbereich dreht sich schneller als in den Polregionen, und dadurch wird das Magnetfeld verdrillt. Alle Versuche, wieder in die ursprüngliche Anordnung zurückzuspringen, führen zu Erscheinungen im Sonnenwetter wie zum Beispiel auch Sonneneruptionen (sogenannten Flares).

Die Sonnenflecken treten aber nicht immer gleich häufig auf. Die Sonnenaktivität unterliegt einem ausgeprägten Zyklus von etwa elf Jahren. Alle elf Jahre um die Zeit des Aktivitätsmaximums können mehrere Sonnenfleckengruppen gleichzeitig beobachtet werden. Im Sonnenfleckenminimum dazwischen bleiben sie dagegen auch schon einmal für längere Zeit ganz aus. Da die Prozesse, die das Auftreten der Sonnenflecken steuern, nicht ganz ungestört verlaufen, ist auch die Zyklusdauer nicht unverändert gleich. Gerade das letzte Fleckenminimum fiel besonders lang und tief aus. Doch auch zur Zeit der ruhigen Sonne ist ihre Oberfläche in ständiger Bewegung.

Ptolemäus erlaubt uns dank extrem wirksamer Filter in den Aussichtsfenstern einen wirklich guten Blick auf die Sonne. Die Flecken treten deutlich hervor, und wer sie über mehrere Tage hinweg beobachtet, wird feststellen, dass sie durch die Sonnenrotation langsam von einer Seite zur anderen wandern. Die Sonne dreht sich ungefähr innerhalb eines Monats einmal um ihre Achse. Entsprechend können wir Sonnenflecken über maximal 14 Tage verfolgen, es sei denn, sie tauchen nach weiteren zwei Wochen am anderen Sonnenrand wieder auf. Die Sonne ist aber gasförmig, und die Sonnenflecken sind nicht von unbegrenzter Dauer. Eine große Fleckengruppe kann durchaus über viele Wochen existieren, aber kleine Flecken können schon nach wenigen Stunden wieder von der Bildfläche verschwinden.

Kein Raumschiff war jemals so nahe an der Sonne wie Ptolemäus jetzt. Bisheriger Rekordhalter war die deutsch-amerikanische Sonnensonde Helios B, die bis auf 43 Millionen Kilometer an die Sonne herangekommen ist. Sie umrundet sie noch immer auf einer lang gestreckten Ellipsenbahn, obwohl man seit Mitte der 1980er-Jahre nichts mehr von ihr gehört hat. Die europäische Weltraumorganisation ESA plant derweil ein ambitioniertes Nachfolgeprogramm, den Solar Orbiter, der die Sonne in einem Abstand von rund 40 Millionen Kilometer umrunden und erkunden soll. Dank der besonderen Fähigkeiten unseres Raumschiffs können wir aber sogar in unser Zentralgestirn eintauchen.

Die Anziehungskraft der Sonne beherrscht das gesamte Sonnensystem und hält die Erde und alle anderen Planeten auf ihren Umlaufbahnen. Man könnte daher meinen, auf die Sonne herunterzufallen wäre eine besonders leichte Aufgabe – schließlich müssen Fallschirmspringer ja auch nicht mit einem Triebwerk nachhelfen, um Richtung Erdboden zu sinken. In Wirklichkeit ist ein Flug in Richtung Sonne keine leichte Aufgabe. Dahinter verbirgt sich das Gesetz vom Erhalt des Drehimpulses. Die Planeten – und mit ihnen auch unser Raumschiff, das von der Erde gestartet ist – schweben nicht ortsfest im Raum, sondern bewegen sich um die Sonne. Um näher an die Sonne heranzukommen, müssen wir einen Teil dieses Drehimpulses verlieren: Wir müssen abbremsen, und das kostet Energie. Der Solar Orbiter wird dazu siebenmal an der Venus vorbeifliegen und jedes Mal etwas Energie verlieren. Wir dagegen können diese Arbeit den Triebwerken unseres Raumschiffs überlassen.

DAS HERZ DER SONNE

Entfernung zur Erde: 8,3 Lichtminuten

Je näher wir der Photosphäre kommen, desto deutlicher wird, warum die Sonnenoberfläche ein so interessanter Ort für die Forscher ist – so ganz anders als die gelbe Scheibe, die Kinder malen, wenn sie die Sonne darstellen wollen.

In Wirklichkeit versperrt keine „Oberfläche" den Weg weiter nach innen – lediglich die Dichte des Gases, seine Helligkeit und seine Temperatur nehmen weiter zu. In einem extrem großen Teleskop sind wir vielleicht noch als schwarzer Punkt vor der hellen Sonne zu erkennen, aber wenn wir die Chromosphäre durchquert haben und in die Photosphäre eintauchen, verschwinden wir von der Bildfläche.

Ein gemütlicher Ort ist dies nicht. Die Energiequelle der Sonne liegt tief in ihrem Innern, und hier außen sorgt nur ein empfindliches Gleichgewicht zwischen der Anziehungskraft der Sonne und dem Druck der abströmenden Energie dafür, dass die Sonne nicht weiter kollabiert. Wir stoppen unseren Abstieg für einen Moment, finden uns aber schon bald von einer starken Strömung davongetragen. In diesem Bereich der Sonne wird die Energie durch Konvektion transportiert. Die Materie wird in größerer Tiefe aufgeheizt und steigt dann wie ein Heißluftballon in die Höhe, wo sie die überschüssige Energie verliert, abkühlt und wieder nach unten sinkt. Auf dem gleichen Konvektionsprinzip basieren die großen Windsysteme der Erde, wo warme Luft am Äquator aufsteigt, sich dabei abkühlt und wieder zu Boden sinkt, um erneut Richtung Äquator zu strömen.

Der Gasstrom, der uns erfasst hat, trägt uns mehr als 160.000 Kilometer tief in die Sonne hinab. Hier unten, an der Basis der Konvektionszone, wird die Quelle des Sonnenmagnetfelds vermutet, dessen Auswirkungen wir weiter draußen schon wiederholt begegnet sind. Die Umgebungstemperatur liegt jetzt bei zwei Millionen Grad, aber das reicht noch nicht, um die Energiequelle der Sonne anzutreiben, und so müssen wir noch tiefer vordringen – jetzt wieder aus eigener Kraft.

Die Sonne enthält mehr als 99 Prozent der Gesamtmasse des Sonnensystems und hat einen Durchmesser von 1.392.000 Kilometern. Ihr Rauminhalt entspricht damit mehr als einer Million Erdkugeln. Der Kern der Sonne ist nicht fest, sondern ebenso gasförmig wie der Rest. Allerdings steigt die Temperatur nach innen immer weiter bis auf zuletzt rund 15 Millionen Grad. Hier wird die Energie der Sonne freigesetzt, aber nicht auf eine uns vertraute Weise, denn die Sonne verbrennt weder Öl noch Kohle oder Gas. Eine reine Kohlensonne wäre bei gleicher Intensität von Licht- und Wärmestrahlung bereits nach weniger als zehntausend Jahren zu Asche verbrannt. Die Erde ist aber bereits 4,6 Milliarden Jahre alt und die Sonne mit Sicherheit älter. Wir müssen also eine andere Energiequelle für die Sonne finden.

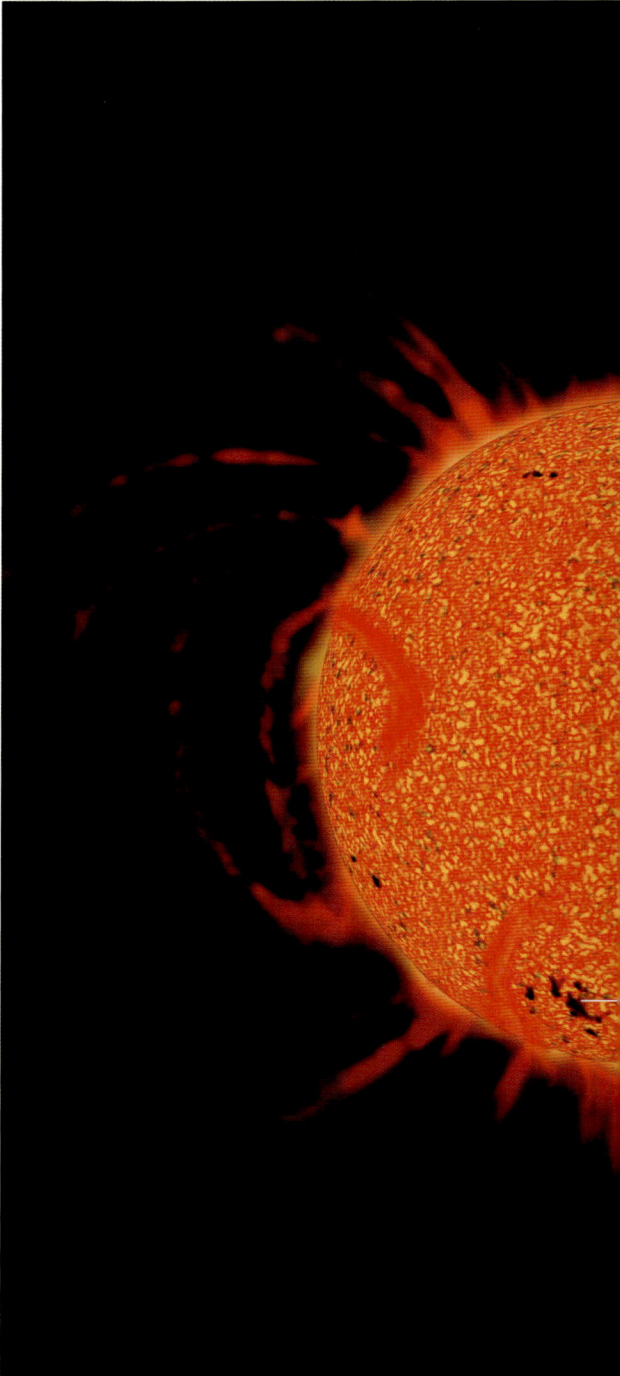

RECHTS: Das Magnetfeld der Sonne und ihr innerer Aufbau

Dieses Kompositbild der Sonne zeigt die Reichweite wissenschaftlicher Forschung. Der innere Aufbau mit Gasströmen unter der Sonnenoberfläche konnte aus Messungen des SoHo-Satelliten abgeleitet werden. Die Oberflächenansicht stammt vom EIT, einem Teleskop im extremen Ultraviolett. Beide Bilder wurden mit einer Aufnahme eines Weitwinkel-Koronaspektrografen kombiniert, der die Korona im sichtbaren Licht zeigt.

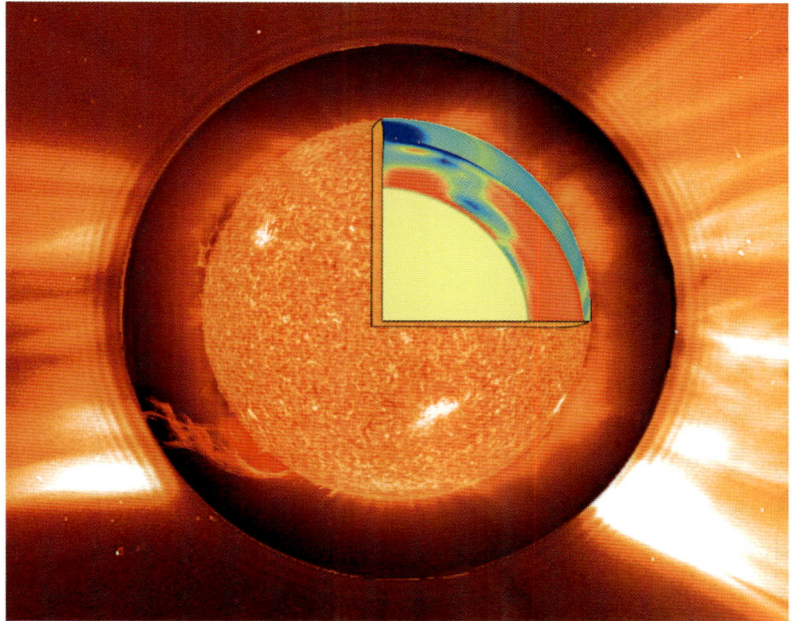

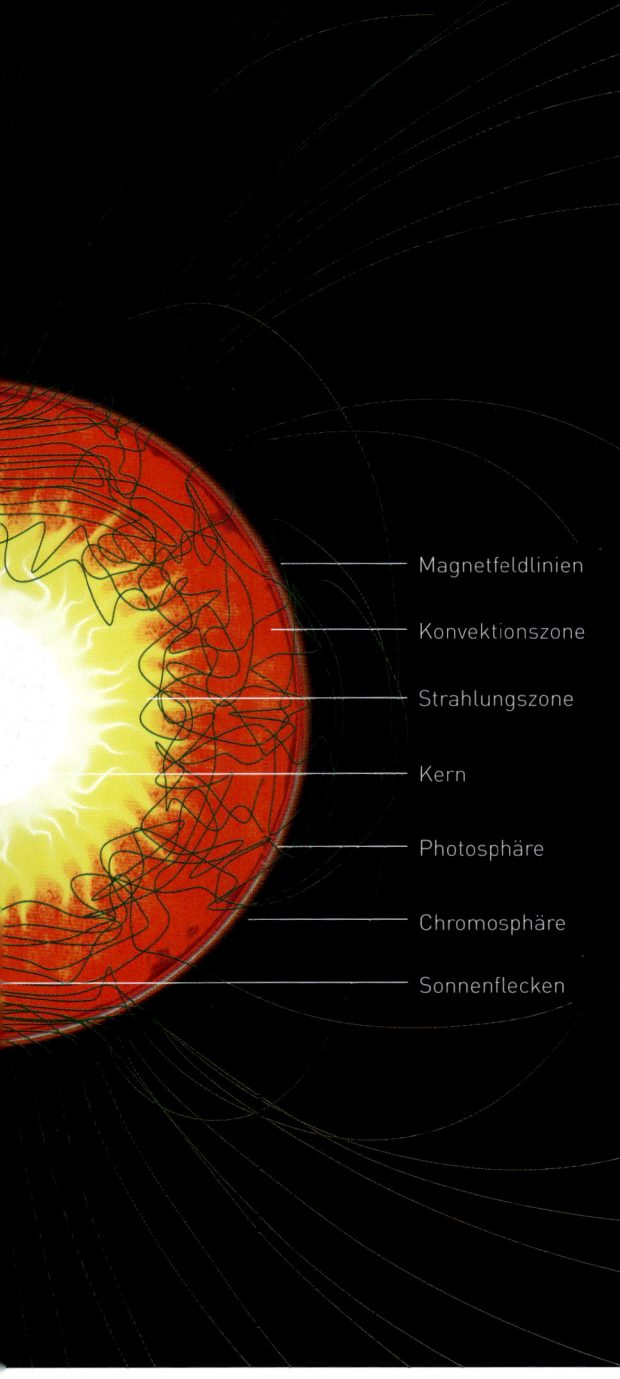

Magnetfeldlinien

Konvektionszone

Strahlungszone

Kern

Photosphäre

Chromosphäre

Sonnenflecken

Die Antwort ist noch keine hundert Jahre alt. Wasserstoff ist das häufigste Element im Kosmos, und die Zahl der Wasserstoffatome übertrifft die aller anderen Elemente um ein Vielfaches. Auch die Sonne enthält große Mengen davon, und im Kern, wo Temperatur und Druck extreme Werte erreichen, passieren wundersame Dinge: Wasserstoffatomkerne verschmelzen miteinander und bilden Atomkerne des nächst schwereren Elements Helium. Dazu werden vier Wasserstoffkerne benötigt, und bei dem Prozess wird ein winziger Anteil Materie in Energie umgewandelt. Der Masseverlust der Sonne liegt bei rund vier Millionen Tonnen pro Sekunde. Das klingt nach viel, und es ist richtig, dass die Sonne deshalb nicht ewig leuchten kann. Es gibt aber aktuell keinen Grund zur Beunruhigung, weil sich die Sonne innerhalb der nächsten Jahrmillionen noch nicht wesentlich verändern wird.

Hier, tief im Innern der Sonne, wird die Energie freigesetzt, von der das Leben auf der Erde abhängt. Aber sie hat es nicht leicht, von hier fort zu kommen. Die gleiche hohe Gasdichte, die die Kernreaktionen erst ermöglicht, steht natürlich auch den dabei entstehenden Strahlungsteilchen im Weg. Ein typisches Photon stößt immer und immer wieder mit anderen Teilchen, zum Beispiel Elektronen, zusammen und kann so erst nach rund zehntausend Jahren entweichen.

Wir schaffen das mit unserem Raumschiff deutlich schneller, werden dabei aber immer noch von anderen Teilchen, sogenannten Neutrinos, überholt. Dabei handelt es sich um elektrisch neutrale, winzige Partikel, die auch bei den Kernreaktionen im Innern der Sonne freigesetzt werden. Neutrinos reagieren kaum mit der übrigen Materie, und nur ein frontaler Zusammenstoß kann sie stoppen. In jeder Sekunde dringen rund 60 Milliarden Neutrinos durch jede Fläche von der Größe eines Daumennagels. Aufgrund ihrer äußerst schwachen Wechselwirkung können sie die Kernregion der Sonne auf direktem Wege verlassen und verraten den Forschern auf der Erde mehr über das Innere unseres Zentralsterns, als sie aus anderen Kanälen erfahren können.

NÄCHSTE DOPPELSEITE: Falschfarbenansicht der Sonne vom 13. März 2012 mit Sonnenflecken, magnetischen Bögen und einem „Sonnenflare" (oben rechts)

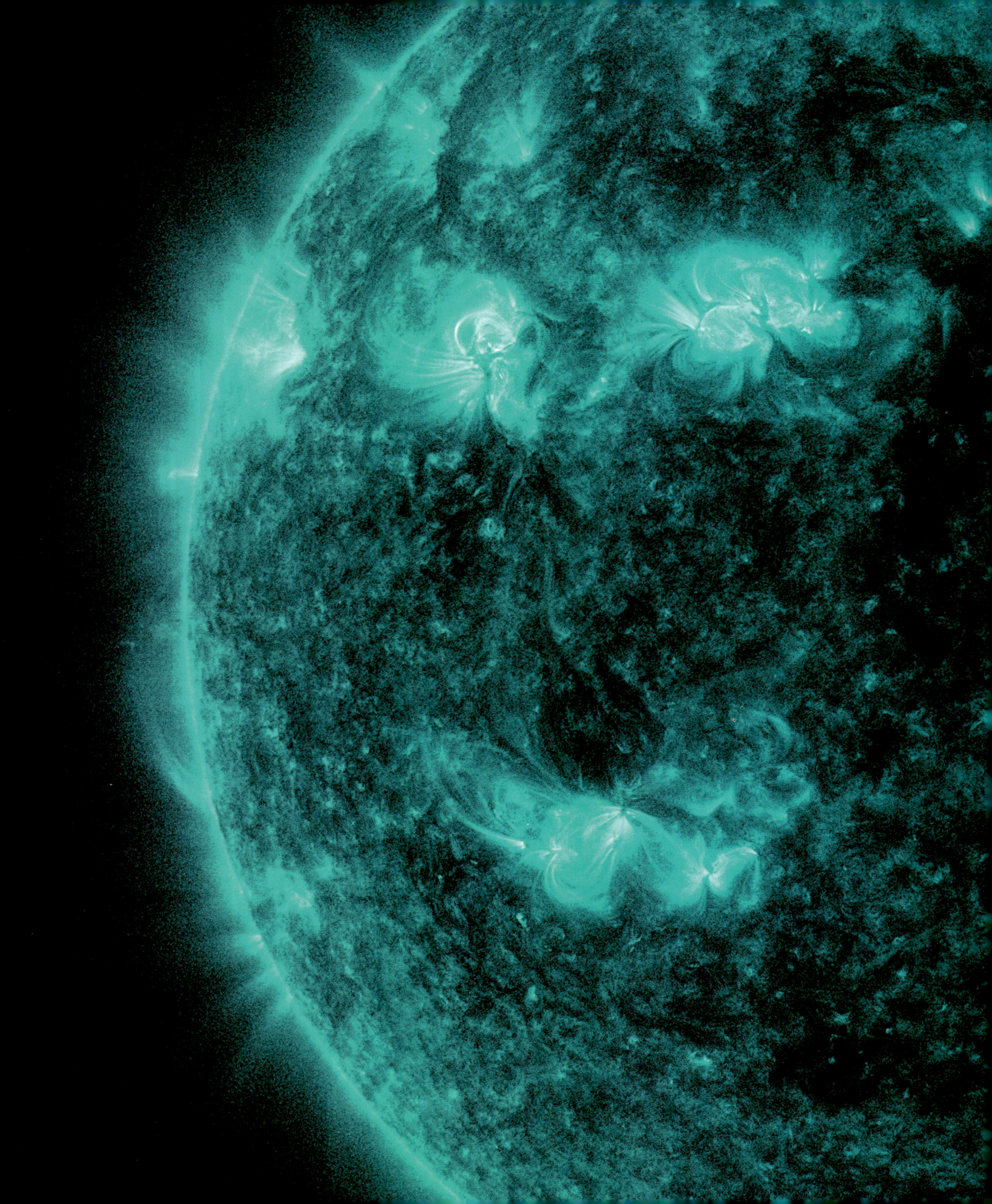

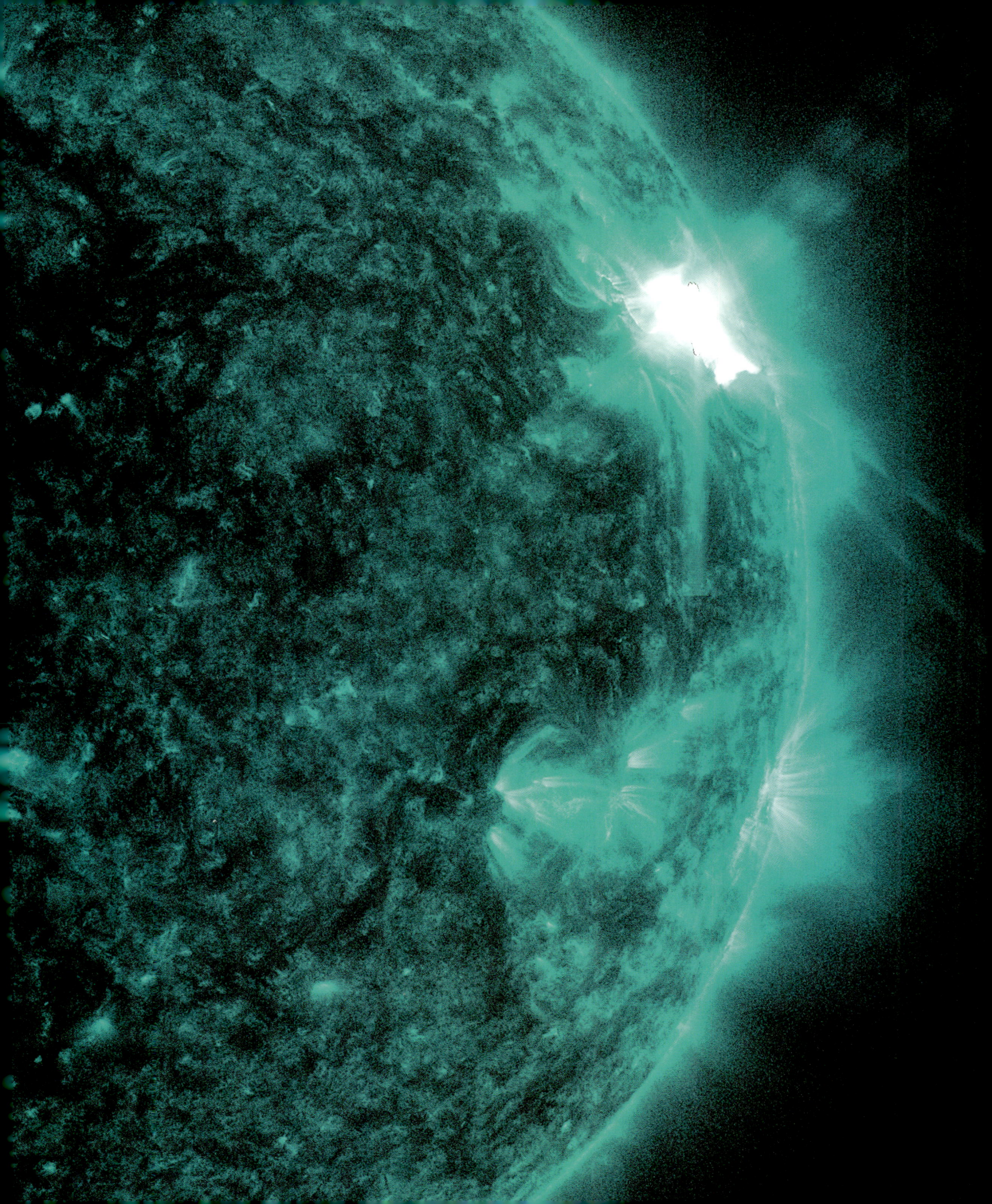

BEGEGNUNG MIT EINEM KOMETEN

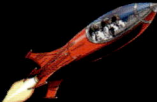

Die Temperatur nimmt beständig ab, je weiter wir uns vom Sonnenzentrum entfernen. Plötzlich haben wir wieder freie Sicht, denn wir haben die Photosphäre durchstoßen. Hier ist das Gas dünn genug, dass sich das Licht ungehindert ausbreiten kann. Inzwischen hat Ptolemäus uns über den inneren Teil der Sonnenatmosphäre hinausgetragen, und wir bewegen uns in Richtung des ersten Planeten. Doch was ist das? Etwas Fremdartiges und sehr Schönes taucht in unserem Gesichtsfeld auf. Es sieht aus wie eine leuchtende Wolke mit zwei Schweifen, die aus ihr hervorbrechen, und es bewegt sich in Richtung Sonne. Es muss ein Komet sein, aber seine Tage sind anscheinend gezählt; sein gewaltiger Schweif ist ein deutliches Zeichen für seinen raschen Zerfall.

Kometen sind ganz anders als Planeten. Die meisten Kometen, die wir beobachten, bewegen sich auf stark elliptischen Bahnen um die Sonne und halten sich die längste Zeit in den eisigen Tiefen des Sonnensystems auf, dort, wo sie fast der Anziehungskraft der Sonne entkommen können. Wenn sie dagegen in Sonnennähe geraten, sind sie ernsthaft gefährdet.

Der Kern eines Kometen ist irgendetwas zwischen einem schmutzigen Eisberg und einem eisigen Schutthaufen – auf jeden Fall eine Mischung aus Eis und Geröll, die sich unter den wärmenden Strahlen des Sonnenlichts langsam aufzulösen beginnt. Wenn der Komet von der Sonne aufgeheizt wird, beginnt das Eis zu sublimieren und wird direkt zu Gas, das dann in den Schweif abströmt und dabei Staub mitreißt.

Ein forschender Blick auf den vorbeiziehenden Kometen zeigt, dass das Material aus einzelnen Austrittsöffnungen an der Kometenoberfläche hervorbricht und die sogenannte Koma bildet, eine Wolke aus Staub und leuchtendem Gas, die wir schon über größere Entfernungen erkennen können. Das Gas wird dann vom Sonnenwind, einem beständigen Strom elektrisch geladener Teilchen, mitgerissen, sodass der Gasschweif immer von der Sonne weggerichtet ist. Eigentlich müssten wir aber von zwei Schweifen reden, weil Gas und Staub unter dem Einfluss des Sonnenwinds beziehungsweise dem Druck des Sonnenlichts unterschiedlich stark reagieren. Deshalb entwickeln die meisten

OBEN: Ein Sonnenkratzer der Kreutz-Gruppe (benannt nach dem Entdecker dieser Kometen) stürzt mit einem beeindruckenden Schweif in die Sonne.

UNTEN: Der Komet Lovejoy, ein heller Sonnenkratzer, überlebte 2011/12 sein Rendezvous mit der Sonne überraschend.

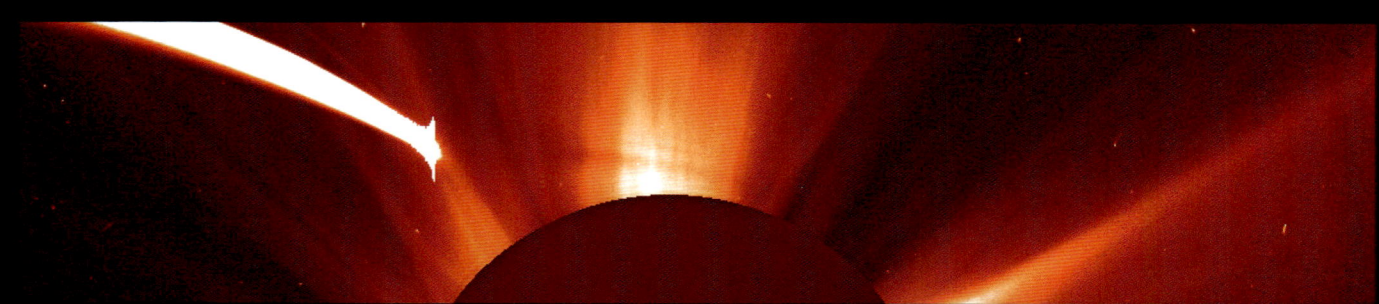

Kometen einen weißlichen, stärker gekrümmten Staubschweif und einen ziemlich geraden, bläulichen Gasschweif.

Angesichts eines solch dramatischen Materialverlusts würde ein normaler Komet im inneren Sonnensystem nicht lange überleben. Zum Glück führen die elliptischen Bahnen sie sehr rasch durch diese wärmeren Regionen, und so können die meisten Kometen ziemlich lange wieder und wieder zurückkehren. Wenn sie dabei allerdings in die Nähe eines der großen Planeten geraten, können sie von ihrem sicheren Kurs abgelenkt werden. Mitunter geraten sie dabei auf Bahnen, die sehr nahe an der Sonne vorbeiführen, und werden so zu „Sonnenkratzern". Das überleben die meisten dieser Kometen nicht, und auch das Objekt, das wir gerade beobachten, gehört dazu. Es wird die extreme Annäherung an die Sonne nicht überdauern, sondern beim Durchgang durch die Photosphäre verglühen. Wir erleben gleichsam die letzten Stunden dieses Kometen.

Früher glaubten die Astronomen, dass solche Kamikaze-Flüge von Kometen sehr selten seien. Satelliten zur Beobachtung der Sonne, wie zum Beispiel Soho, haben sie jedoch eines Besseren belehrt, denn diese erwiesen sich auch als eifrige Kometenentdecker. Die meisten der Kometen, die auf den Soho-Bildern auftauchen, konnten nur während dieser letzten Phase entdeckt werden, weil sie vorher entweder zu schwach leuchteten oder zu weit von der Erde entfernt waren. Dennoch ist die Häufigkeit von Kometen im unmittelbarer Sonnenumgebung heute wesentlich geringer als zu Zeiten des Großen Bombardements.

Was können wir sonst noch in diesem Bereich erwarten? Nicht viel, denn der sonnennächste Planet Merkur ist immerhin 58 Millionen Kilometer von der Sonne entfernt. Natürlich könnten sich kleinere Objekte dort im Glanz der Sonne verstecken, sodass wir sie von der Erde aus nicht aufstöbern könnten. Früher mochte man nicht ausschließen, dass innerhalb der Merkurbahn noch ein weiterer Planet kreist, und man hatte auch schon einen Namen für ihn vorgeschlagen: Vulkan. Ein berühmter französischer Mathematiker, Urbain Le Verrier, bestimmte aus Unregelmäßigkeiten der Merkurbewegung sogar eine mögliche Position von Vulkan. Später zeigte sich allerdings, dass diese Ungereimtheiten durch die Relativitätstheorie erklärt werden konnten. So blieb jede noch so sorgfältig angelegte Suchaktion erfolglos, gab es doch eigentlich nur zwei Möglichkeiten: Während einer totalen Sonnenfinsternis wird der Himmel dunkler, sodass ein sonnennaher Planet dann am ehesten zu entdecken sein sollte. Alternativ könnte es Gelegenheiten geben, zu denen Vulkan als dunkler Fleck genau zwischen Sonne und Erde hindurchwandert und dann beobachtet wird. Sowohl Merkur als auch Venus ziehen regelmäßig vor der Sonne her, aber ein weiterer Planet ist nie bei einem Sonnentransit beobachtet worden. So ist man heute ziemlich sicher, dass Vulkan nicht existiert.

Auf unserem Weg von der Sonne weg halten wir nun Ausschau nach kleineren Objekten. Ein paar kleine Asteroiden können sich dorthin verirren, doch es sind so wenige, dass unsere Suche ohne Erfolg bleibt. Dieser Bereich des Sonnensystems erscheint nahezu leer, und so müssen wir warten, bis wir die Umgebung Merkurs erreichen.

LINKS: Der Komet Lovejoy über dem Horizont der Erde, aufgenommen vom NASA-Astronauten Dan Burbank an Bord der Internationalen Raumstation ISS

DER GÖTTERBOTE

Entfernung zur Erde: 8,64 Lichtminuten

Allmählich können wir Merkur in der Ferne erkennen. In der Erwartung, endlich wieder festen Boden unter die Füße zu bekommen, seit wir den Mond verlassen haben, planen wir eine Landung ein, wollen uns aber zunächst aus der Distanz einen Überblick verschaffen. Vor dem Zeitalter der Raumfahrt wussten die Astronomen nicht viel über den Planeten, weil er ein schwieriges Beobachtungsobjekt ist. Er hält sich immer in der Nähe der Sonne auf und kann nur gelegentlich mit bloßem Auge abends tief über dem Westhorizont oder morgens tief über dem Osthorizont erspäht werden. Vermutlich haben die meisten Menschen ihn noch nie gesehen. Merkur bewegt sich sehr rasch vor dem Hintergrund der Sterne, gerade so, wie man es von dem Götterboten mit den geflügelten Schuhen erwarten darf.

Ein Blick aus dem Fenster zeigt, dass Merkur rein äußerlich dem Mond ähnelt. Es gibt Krater, Berge und Täler, und die Oberfläche ist ähnlich zernarbt wie die Mondoberfläche. Viel größer als der Mond ist er auch nicht, und so ist er mit einem Durchmesser von 4880 Kilometern der kleinste Planet. Allerdings bewegt er sich in einer ganz anderen Umgebung.

Der mittlere Sonnenabstand beträgt nur 58 Millionen Kilometer – gegenüber 150 Millionen Kilometern bei Erde und Mond. Seine Bahn ist ziemlich elliptisch, daher schwankt seine Sonnenentfernung zwischen 70 und 46 Millionen Kilometern. Vor allem in Sonnennähe ist er extremen Temperaturen ausgesetzt, während die fehlende Atmosphäre auf der Nachtseite keinen Schutz gegen starke Auskühlung bietet. Um die Mittagszeit steigt die Temperatur auf bis zu 430 Grad, und eine auf dem Boden abgestellte Blechdose würde dahinschmelzen. Ein Merkurjahr – die Zeit für einen vollständigen Umlauf um die Sonne – dauert knapp 88 Erdentage, doch die Sterne stehen nach jeweils 58,7 Tagen wieder im Süden – so lange dauert ein Sterntag oder eine Umdrehung um die

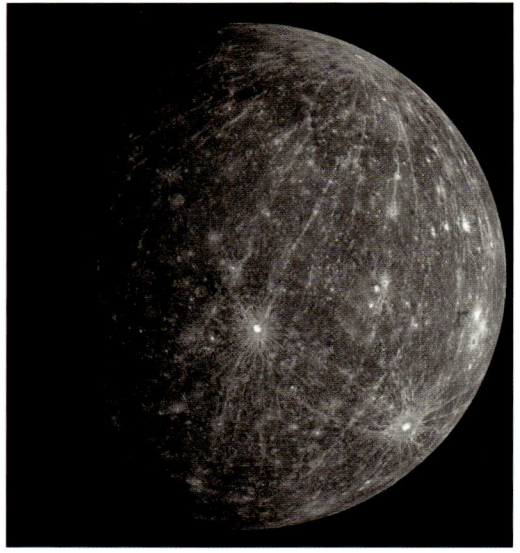

OBEN: 2008 flog MESSENGER erstmals an Merkur vorbei und übermittelte unter anderem dieses Foto. Damals wurden rund 30 Prozent des zuvor unerforschten Oberflächenbereichs erfasst.

LINKS: Rechts unterhalb der Bildmitte fällt ein kleiner Krater mit einem ausgeprägten Strahlensystem auf. Solche Strahlen entstehen, wenn beim Aufprall eines Asteroiden das Oberflächenmaterial weggesprengt wird. Es muss sich um einen ziemlich jungen Krater handeln, weil die Strahlen noch sehr auffällig sind.

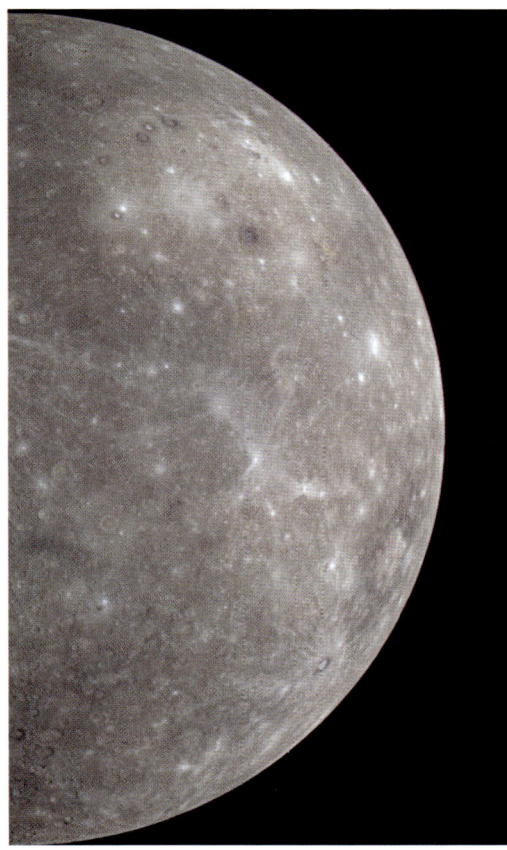

OBEN: Die Farbunterschiede auf Merkur sind gering, aber sie verraten wichtige Informationen über die Zusammensetzung der Oberfläche. Diese Aufnahme aus dem Jahr 2008 zeigt eine Vielzahl heller Flecken in einem bläulichen Farbton.

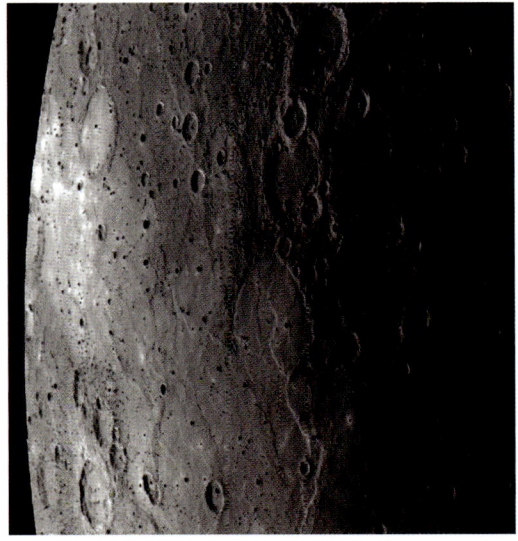

OBEN: Der Rand des Planeten, aufgenommen beim Vorbeiflug 2008

eigene Achse. Die Überlagerung dieser beiden Drehungen führt zu einem eigenartigen Kalender, denn ein Sonnentag auf Merkur – die Zeit zwischen zwei Südstellungen der Sonne – dauert zwei Merkurjahre.

Falls zukünftige Besucher keinen Langzeitaufenthalt auf Merkur planen, sollten sie sich auf der Tagseite des Planeten niederlassen. Die gute Nachricht für Reiseveranstalter wäre, dass es keine bevorzugten Saisonzeiten auf Merkur gibt, denn es gibt dort keine Jahreszeiten. Während bei uns der Nordpol der Erdachse im Juni am stärksten Richtung Sonne zeigt (und im Winter der Südpol), steht die Drehachse des Merkur quasi senkrecht auf seiner Umlaufbahn. Trotzdem gibt es wegen der exzentrischen Merkurbahn deutliche Temperaturschwankungen während des Tages.

Es war immer klar, dass Merkur aufgrund seiner geringen Anziehungskraft keine nennenswerte Atmosphäre besitzen kann. Die Beobachtungen der MESSENGER-Sonde, die den Planeten seit März 2011 umrundet, zeigten aber, dass durchaus Atome und Moleküle in der Umgebung des Merkur anzutreffen sind: Natrium, Kalium, Kalzium und andere Elemente, die durch den Aufprall von Sonnenwindteilchen und Mikrometeoriten aus der Planetenoberfläche herausgelöst werden. Der Gasdruck dieser „Atmosphäre" ist vernachlässigbar klein, und wenn wir eine Flasche davon „abfüllen" würden, so hätten wir darin ein besseres Vakuum als man mit einer normalen Vakuumpumpe auf der Erde erreichen kann. Aber die Atome und Moleküle sind dort und müssen entsprechend ständig nachgeliefert werden, denn so, wie das Gas eines Kometen vom Sonnenwind mitgerissen und zu einem Schweif geformt wird, reagiert der Sonnenwind auch mit der „Atmosphäre" des Merkur. Tatsächlich besitzt auch dieser sonnennahe Planet einen Gasschweif.

Und er verfügt über ein Magnetfeld, das allerdings deutlich schwächer als das irdische Magnetfeld ist. Sorgfältige Beobachtungen der MESSENGER-Bahn um Merkur stützen die Vorstellung, dass der Planet einen flüssigen Kern besitzt. Dies ist eigentlich überraschend, denn Modellrechnungen zur Abkühlrate eines solch kleinen Planeten lassen eher einen ausgekühlten, erstarrten Planetenkern erwarten. Somit stehen die Forscher jetzt vor der Herausforderung, die flüssige Konsistenz des Merkurkerns auch 4,6 Milliarden Jahre nach der Entstehung des Sonnensystems zu erklären.

Touristen wie uns interessiert dies weniger, und so werden wir als Nächstes einen Rundflug über die Merkuroberfläche unternehmen, ehe wir dort landen.

OBEN: Diese Darstellung zeigt die Sonde MESSENGER bei der Umrundung des Planeten Merkur.

MERKURS WÄRMEPOL

Entfernung zur Erde: 8,64 Lichtminuten

Ein guter Ausgangspunkt für unsere Tour ist eines der klar umrissenen Lavabecken auf Merkur, das Caloris-Becken. Es wurde bereits vor mehr als 35 Jahren von der ersten Merkursonde, MARINER 10, entdeckt. Weil es während der drei Vorbeiflüge jeweils aber nur halb zu sehen war – der stets gleiche Rest lag jeweils im Schatten –, hatte man lange Zeit hindurch keine genaue Vorstellung von seinen Ausmaßen. Erst die MESSENGER-Sonde erfasste auch den Rest der rund 1500 Kilometer großen Formation und nahe der Mitte einen etwa 40 Kilometer großen Krater, von dem ein Netz von Bodensenken ausgeht. Weil das Ganze an ein Spinnennetz erinnerte, nannte man den Krater zunächst Spinne. Die Internationale Astronomische Union hielt diesen Namen allerdings für unpassend und benannte ihn nach Apollodorus, einem griechischen Architekten des 2. Jahrhunderts, während das Grabensystem den Namen Parthenon Fossae erhielt.

Das Caloris-Becken ist natürlich ein Einschlagkrater, der vor rund vier Milliarden Jahren durch den Aufprall eines großen Asteroiden entstand. Es ist von einer Hügellandschaft mit Tälern und vielen Sekundärkratern umgeben. Wenn wir um die Mittagszeit dort landen, geraten wir schnell ins Schwitzen, denn das Thermometer wird dann rund 430 Grad anzeigen. Offenbar haben wir uns für den heißesten Ort auf Merkur entschieden – „Calor" ist schließlich das lateinische Wort für Hitze.

Die Bahn von Merkur ist ja vergleichsweise stark elliptisch, und wie alle anderen Planeten auch bewegt er sich in Sonnennähe besonders schnell. Andererseits dreht er sich mit konstanter Geschwindigkeit um seine eigene Achse, und beides zusammen sorgt für recht ungewöhnliche Verhältnisse, die zwei Hitzepole auf Merkur entstehen lassen. Einer dieser Punkte liegt auf der Länge des Caloris-Beckens. Wenn wir dort landen und einen Merkurtag verfolgen wollen, sehen wir eine relativ kleine Sonne aufgehen, wenn Merkur am weitesten von ihr entfernt ist. Sie klettert zunächst schnell, dann immer langsamer werdend höher und wird dabei allmählich größer. Schließlich bleibt sie unweit des Zenits zunächst stehen, kehrt ihre Bewegungsrichtung um und läuft für eine Woche langsam zurück, wobei sie ihre größte Ausdehnung erreicht. Danach kehrt sie erneut um und sinkt dann zunächst langsam, dann immer schneller und kleiner werdend, zum Westhorizont herunter, wo sie 88 Tage nach ihrem Aufgang wieder verschwindet.

Würden wir das Ganze von einem Ort 90 Grad weiter östlich oder westlich verfolgen, so sähen wir eine große Sonne am Horizont auftauchen und wieder verschwinden, ehe sie im zweiten Anlauf langsam, dann immer schneller werdend, an Höhe gewinnt und dafür immer kleiner wird, sehr klein durch den Zenit läuft und dann wieder – größer werdend – zum Westhorizont herabsinkt, wo sie zunächst kurz verschwindet, noch einmal auftaucht und dann endgültig versinkt.

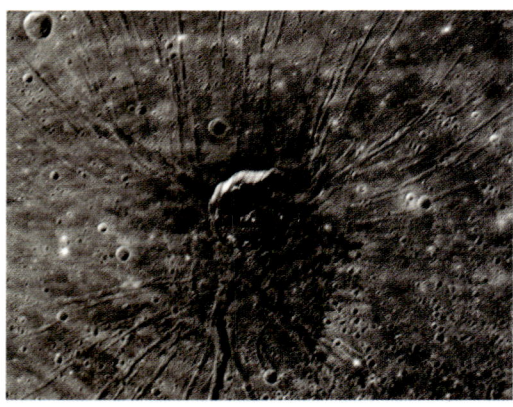

OBEN: Aus einer Höhe von 200 Kilometern fotografierte MESSENGER diese nie zuvor gesehene, an ein Spinnennetz erinnernde Struktur im Caloris-Becken.

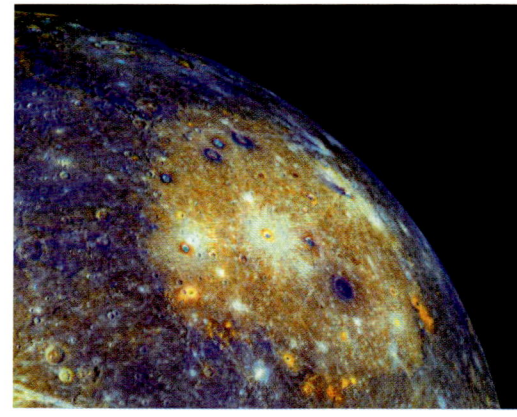

OBEN: Die MESSENGER-Sonde lieferte dieses Farbbild des riesigen Caloris-Beckens. Orangefarbene Flecken entlang des Außenrandes werden als vulkanische Spalten gedeutet; sie stützen die Annahme, dass der Boden des Beckens von Lavaströmen bedeckt ist. Darüber hinaus fand MESSENGER ein globales Magnetfeld, das im großen Kern des Planeten verankert ist.

LANDUNG AUF MERKUR

Entfernung zur Erde: 8,64 Lichtminuten

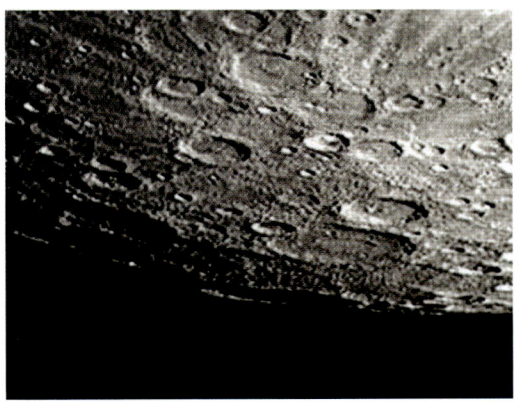

OBEN: Der Merkursüdpol wurde erstmals 1974 von MARINER 10 fotografiert. Er liegt am rechten Ende des großen Kraters Chao Meng-Fu, bei dem nur der Rand vom Sonnenlicht getroffen wird.

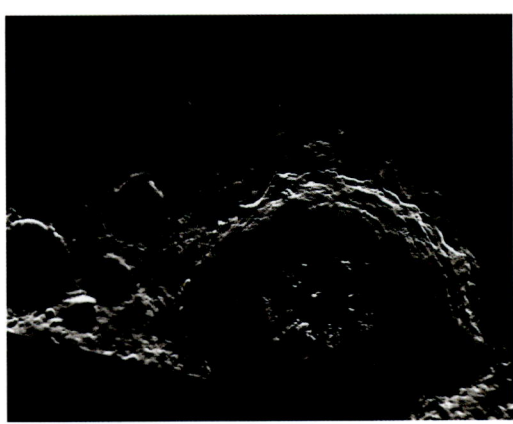

OBEN: Chao Meng-Fu wird nur streifend vom Sonnenlicht getroffen. MESSENGER-Aufnahmen zeigen, dass weite Teile des Kraterbodens im ewigen Schatten liegen. Auch einige der zentralen Berggipfel werden von der Sonne beschienen und werfen lange Schatten.

Wir lassen die extremen Temperaturen des Caloris-Beckens hinter uns und wenden uns einem Ort zu, an dem die Verhältnisse ganz anders sind. Unter uns liegt nun der Krater Chao Meng-Fu, benannt nach einem chinesischen Maler und Kalligrafen des 13. Jahrhunderts. Er hat einen Durchmesser von 160 Kilometern und besitzt wie viele andere große Merkurkrater ein zentrales Ringgebirge statt eines einzelnen Zentralbergs. Die hohen Kraterränder werden von der Sonne beschienen, doch weite Teil des Kraterbodens liegen im ewigen Schatten: Etwa 40 Prozent der Fläche werden nie von einem Sonnenstrahl erreicht; die Verhältnisse ähneln also denen im Krater Cabaeus am Mondsüdpol. Beim Blick aus dem Fenster erscheint der Kraterboden in der Tat sehr dunkel. Doch der Krater birgt ein Geheimnis, denn er erscheint im Radarbild als „heißer Fleck".

Radarbeobachtungen von der Erde aus zeigen diesen Krater als besonders hellen Bereich. Solche Beobachtungen werden zum Beispiel mit dem 305-Meter-Radioteleskop auf Puerto Rico vorgenommen, um die Oberfläche des Merkur zu untersuchen. Radarechos verraten etwas über die Rauigkeit der Oberfläche, sie können aber auch bestimmte Materialeigenschaften unter der Oberfläche aufdecken. Offenbar verbirgt sich in den Tiefen des Kraters Chao Meng-Fu ein Material, das Radarstrahlen besonders gut reflektiert. Was könnte das sein?

Viele Forscher vermuten, dass sich dort größere Mengen an Eis verbergen, gerade so, wie wir es von den Kratern am Mondsüdpol kennen. Die Vorstellung, dass sich Eis auf einem derart heißen Planeten halten kann, klingt auf den ersten Blick unwahrscheinlich, aber die Temperatur am Boden dieses Kraters steigt nie über –171 Grad, sie bleibt also tief genug, um einen gefrorenen See überdauern zu lassen. Das Rätsel ist noch nicht endgültig geklärt, denn die Radarechos sind nicht hell genug, um auf reines Eis hinzudeuten. Vielleicht ist dieses Eis also mit Gestein durchmischt, das den größten Teil der Merkuroberfläche ausmacht. Wo aber könnte dieses Eis herkommen? Es scheint ziemlich „neu" dort zu sein, zumindest erst nach dem Caloris-Einschlag abgelagert, denn jüngere Krater der Region liefern ein stärkeres Radarecho als ältere. Vielleicht ist es vor Ort entstanden, durch Ausgasungsprozesse an der Oberfläche. Vielleicht ist es aber auch von Kometen direkt dort abgelagert worden, die auf dem Weg Richtung Sonne mit Merkur zusammengestoßen sind.

Vielleicht können die MESSENGER-Sonde oder ihr Nachfolger, BEPI-COLOMBO, dieses Rätsel lösen. Die vollständige Entschleierung dieses faszinierenden Planeten wird die Forscher jedenfalls noch länger beschäftigen. Wir aber haben andere Ziele, denn Ptolemäus trägt uns schon Richtung Venus.

DER VERSCHLEIERTE PLANET

Entfernung zur Erde: 9,45 Lichtminuten

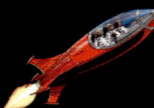

Schon aus großer Distanz wird deutlich, dass Venus eine ganz andere Welt als Merkur ist. Sie ist wesentlich größer – fast so groß wie die Erde, und ganz offensichtlich wird sie von einer dichten Atmosphäre eingehüllt. Nach den lebensfeindlichen, trockenen und von Kratern zernarbten Landschaften auf Mond und Merkur steuern wir also erstmals einen Planeten an, bei dem Wolken den Blick auf Oberfläche versperren – dies allerdings so nachhaltig, dass wir keine Chance haben, auch nur einzelne Wolkenlücken zu finden: Die Venus erscheint gleißend hell und nahezu völlig ohne Strukturen.

Ähnlich enttäuscht waren schon die ersten Teleskopbeobachter, die versuchten, irgendwelche Details auf der Venus zu erkennen. In Ermangelung harter Fakten schossen die Spekulationen ins Kraut. Besonders eine Erscheinung verlangte nach Erklärung, ein rätselhaftes Leuchten, das von manchen Beobachtern auf der Nachtseite der Venus bemerkt wurde. Wir kennen einen ähnlichen Anblick beim Sichelmond: das aschgraue Licht, das hier allerdings vom Erdschein in der dunklen Mondnacht stammt. Eine solche Erklärung hätte bei der mondlosen Venus keine Chance. Der deutsche Astronom Franz von Paula Gruithuisen glaubte vor fast 200 Jahren, es handele sich dabei um Freudenfeuer nach der Wahl eines neuen Herrschers.

Immerhin hatte er damit den Ort des geheimnisvollen Leuchtens richtig vermutet, nämlich auf der festen Oberfläche des Planeten.

UNTEN: Ultraviolettaufnahme der Wolkendecke unseres inneren Nachbarplaneten aus dem Jahr 1979 vom PIONEER-VENUS-Orbiter

Doch bevor wir dazu kommen, wollen wir uns noch die Zusammensetzung der Atmosphäre ansehen. Sie besteht zum größten Teil aus Kohlendioxid, mit nur weniger als vier Prozent Stickstoffanteil. Die übrigen, noch kleineren Anteile wie Schwefeldioxid und sogar Schwefelsäure machen die Venusatmosphäre zu einem recht ungemütlichen Ort.

Da die Wolken unseren Augen den Blick auf die Oberfläche versperren, setzen wir die Infrarotsensoren unseres Raumschiffs ein, um die Wärmeabstrahlung des Planeten zu „sehen". Jetzt erkennen wir ein schwaches Leuchten der Atmosphäre, dessen Spektrum auch Spuren von Stickoxid aufweist. Außerdem wird deutlich, dass die Oberfläche selbst offenbar sehr warm sein muss – ihre Infrarotstrahlung entspricht einer Temperatur von mehr als 450 Grad. Entsprechend nimmt man heute an, dass dieses „Glühen" der Venusoberfläche das rätselhafte Leuchten der dunklen Venusseite erklärt.

Im weitgehend gleichmäßigen Infrarotglühen der Oberfläche treten trotzdem einzelne Strukturen und besonders helle, heiße Flecken hervor, die auf Höhenunterschiede an der Venusoberfläche schließen lassen. Zugleich wird deutlich, wie langsam die Venus um ihre eigene Achse rotiert. Eine vollständige Umdrehung dauert 243 Tage und damit länger als ein Umlauf der Venus um die Sonne; ein „Sterntag" ist also länger als ein Venusjahr. Weil sich die Venus aber andersherum dreht als die übrigen Planeten im Sonnensystem, dauert ein Sonnentag nur rund 117 Tage. Wie aber kann die Drehrichtung der Venus umgekehrt worden sein? Vielleicht hat sich der Planet anfangs – ähnlich wie Uranus heute noch – mit einer starken Achsneigung eher „seitwärts" gedreht, zum Beispiel als Folge einer frühen Kollision. Dann könnten chaotische Effekte zusammen mit der Reibung der dichten Atmosphäre den Rest übernommen haben. Doch so interessant diese Hypothese klingt – wir sind noch weit davon entfernt, die wahren Vorgänge mit Sicherheit rekonstruieren zu können.

Mit Hilfe unseres Raumschiffs können wir die Wolkendecke nun durchstoßen und uns mit eigenen Augen einen Eindruck von den Verhältnissen darunter machen.

UNTEN: Um durch die Wolken hindurch die Venusoberfläche zu erfassen, kartierte die MAGELLAN-Sonde den Planeten in den frühen 1990er-Jahren mit einer Radarantenne und lieferte diese Ansicht der Venus. Das helle Gebiet oberhalb des unteren Bildrandes entspricht der Hochlandregion Aphrodite Terra.

UNTER DEN VENUSWOLKEN

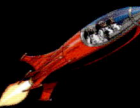

Entfernung zur Erde: 9,45 Lichtminuten

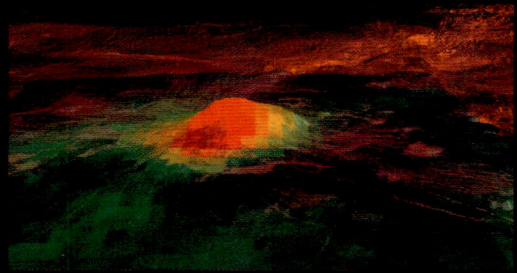

Beim Abstieg durch die Venusatmosphäre wecken die gelben Wolken unsere Aufmerksamkeit. Sie bestehen aus Schwefelsäuretröpfchen, die als saurer Niederschlag abregnen können. Eigentlich dürfte es sie aber gar nicht geben!

Auf der Erde werden atmosphärische Schwefelverbindungen rasch durch deren Wechselwirkung mit Oberflächengestein abgebaut, aber warum geschieht dies auf der Venus nicht? Vielleicht ist das Oberflächenmaterial der Venus ganz anders zusammengesetzt, sodass dieser Prozess dort wesentlich langsamer abläuft. Vielleicht gibt es auf der Venus aber auch einen ständigen Nachschub an Schwefeldioxid, etwa in Gestalt großer und aktiver Vulkane.

Tatsächlich können wir nach dem Durchstoßen der Venuswolken am Boden Anzeichen für ausgeprägte Vulkanismusphasen erkennen: Wir sehen weite Lavaebenen und gewaltige Berge, die genau wie irdische Vulkane aussehen und deren Gipfel von mächtigen Calderen zerklüftet sind – teilweise eingestürzten Lavaauswurfkratern. Mit Sicherheit hat es in der Venusgeschichte Phasen mit sehr aktivem Vulkanismus gegeben, aber wie lange liegen sie zurück? Aus dem auffälligen Fehlen von Einschlagkratern (nur rund 900 wurden auf der gesamten Oberfläche identifiziert) kann man ableiten, dass die Lavaströme erst

OBEN: Der Vulkan Idunn Mons in der Imdr Regio auf Venus. Die topografische Ansicht wurde aus den MAGELLAN-Daten erstellt, die farbigen (Temperatur-)Details aus den Infrarotdaten der VENUS-EXPRESS-Sonde.

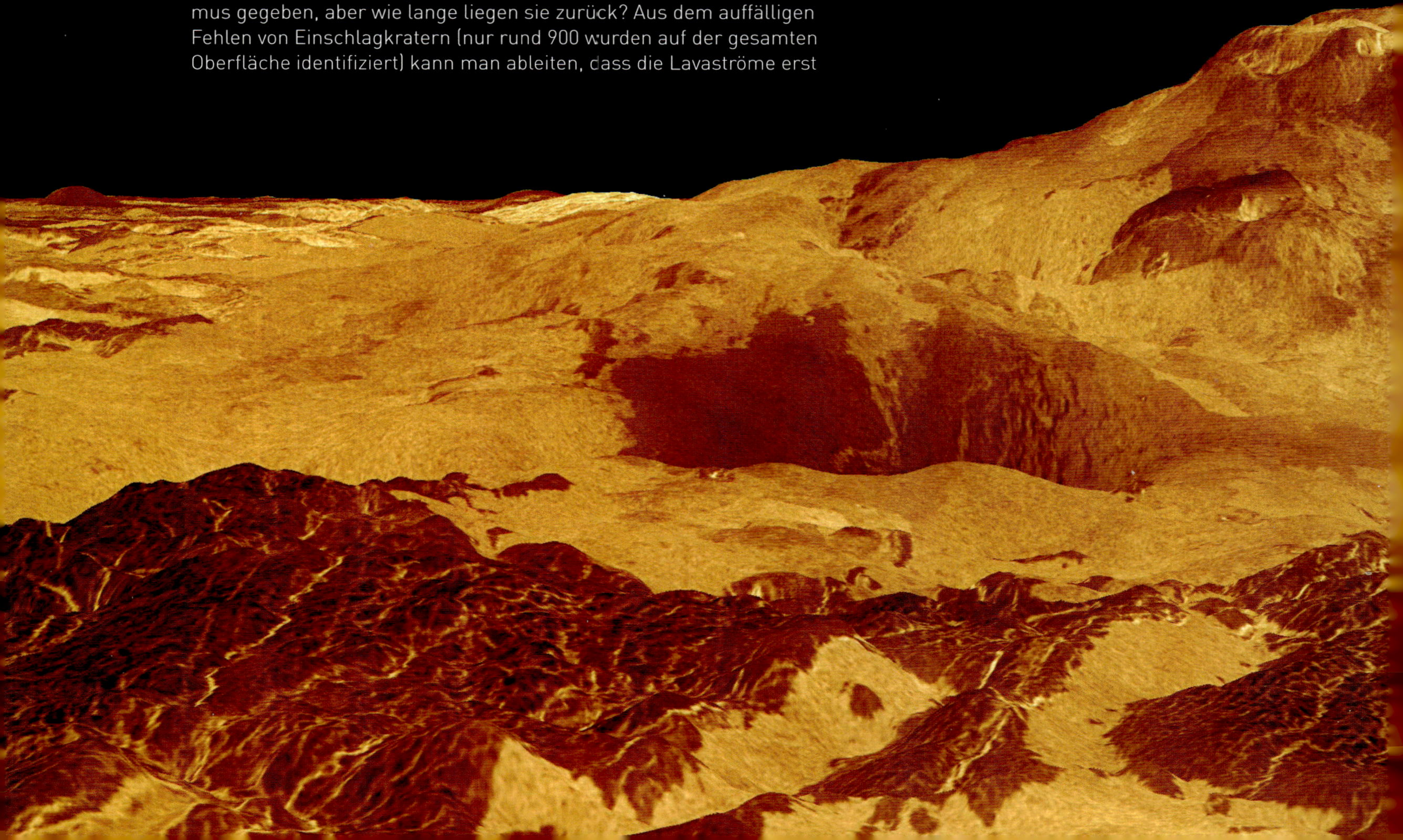

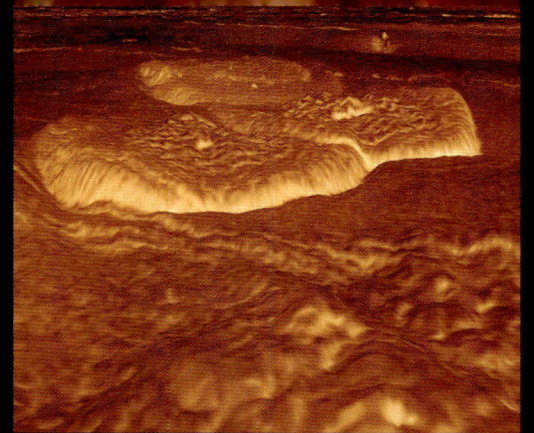

OBEN: Dreidimensionale Ansicht von „Pfannkuchenlava" am Ostrand der Alpha Regio. Die drei Plateaus dürften beim Austritt besonders dickflüssiger Lava aus dem Venusboden entstanden sein.

UNTEN: Maat Mons ist mit acht Kilometern Höhe einer der größten Vulkane auf der Venus.

in jüngerer Zeit die Venusoberfläche neugestaltet haben. Venus zeigt nur wenige der Narben, die Mond und Merkur übersäen. Selbst wenn wir die starke Verwitterungskraft der sauren Umgebung in Rechnung stellen, bleibt der Verdacht, dass einzelne Venusvulkane noch heute aktiv sein könnten. Hier kommen nun die infrarothellen, heißen Regionen ins Spiel, die wir aus der Umlaufbahn gesehen haben.

Eine von ihnen ist Idunn Mons auf der Südhalbkugel, benannt nach der nordischen Göttin der Jugend und Unsterblichkeit. Der Berg ragt aus der Ebene auf und ist von hellem Material umgeben, das aus dem Gipfelkrater stammt und in alle Richtungen davonströmte; die Ähnlichkeit mit den Vulkanen auf Hawaii ist unübersehbar. Auf der Erde sorgt die Plattentektonik dafür, dass die Erdkruste sich über der aufsteigenden Lava langsam weiterschiebt und das heiße Gestein immer wieder neue Löcher durch die Kruste aufschmelzen muss. So ist zum Beispiel die hawaiianische Inselkette nach und nach entstanden. Auf der Venus scheint diese Plattentektonik zu fehlen, sodass die Vulkane dort immer weiter wachsen können. Die Tatsache, dass dieser Berg im Infraroten sehr hell leuchtet, weist seine Oberfläche als noch verhältnismäßig jung aus. Entsprechend gering sind die Verwitterungseffekte.

Aus den Messdaten von der europäischen Venus-Express-Sonde lässt sich ableiten, dass die letzte Eruption dieses Vulkans zwischen ein paar Hundert und einigen Hunderttausend Jahren zurückliegt. Ein Ausbruch vor ein paar Hundert Jahren könnte bedeuten, dass ein weiterer nicht lange auf sich warten lässt. Wäre dies das letzte Schnaufen nach einer langen Phase der planetaren Neugestaltung, oder gehören Vulkanausbrüche zur Normalität eines erdgroßen Gesteinsplaneten? Trotz der deutlichen Unterschiede zwischen den vermeintlichen Zwillingsplaneten Venus und Erde wird uns die weitere Erkundung der Venus helfen, „Normalität" und Besonderheiten unseres eigenen Planeten Erde zu erkennen und zu verstehen.

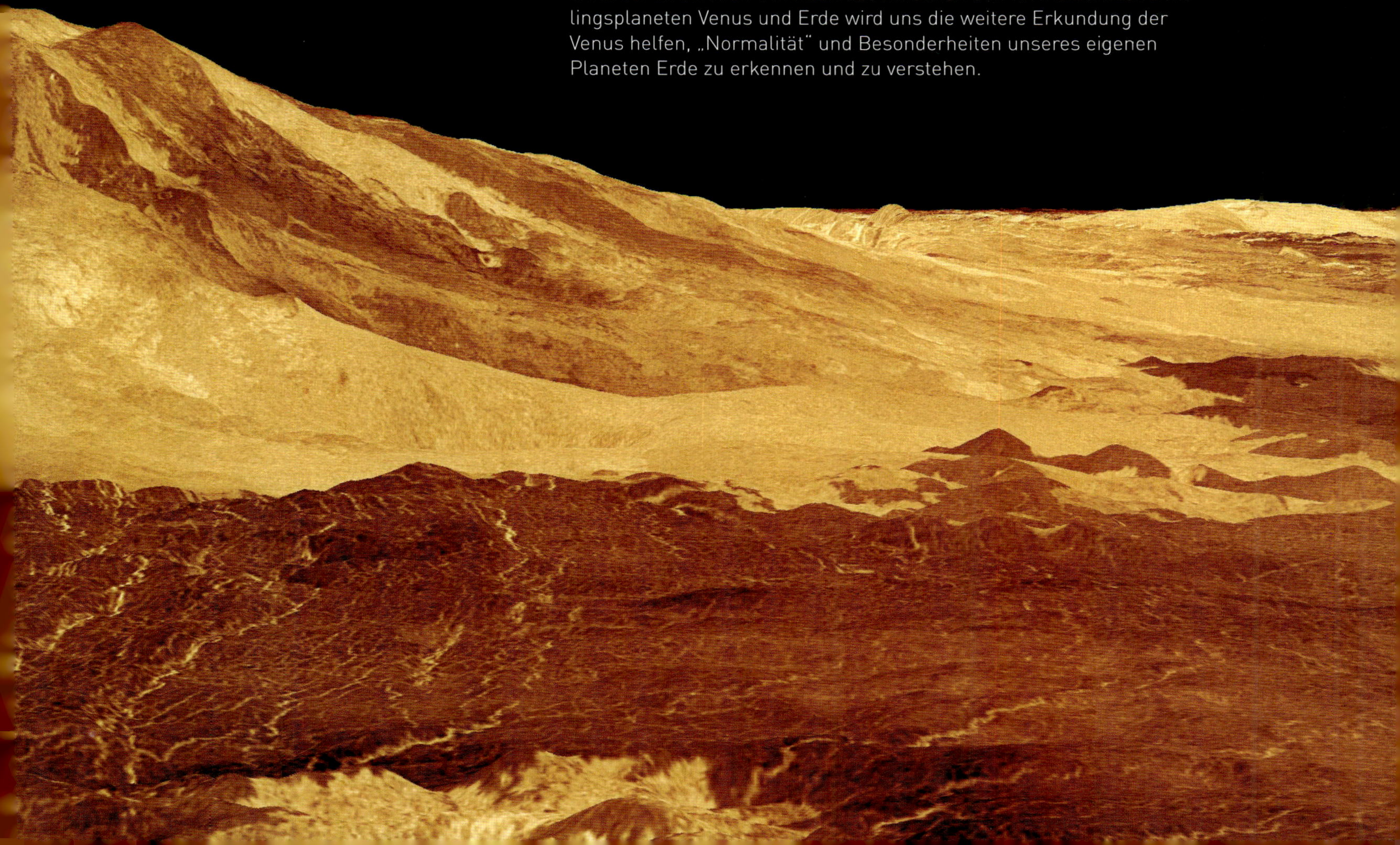

EINE KÜNSTLICHE SONNENFINSTERNIS

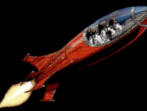

Entfernung zur Erde: 10 Lichtminuten

Wir unerschrockenen Weltraumtouristen wachten heute Morgen mit einer neuen Idee auf. Bevor wir die Umgebung der Erde endgültig verlassen, könnten wir unseren Heimatplaneten doch nutzen, um eine eigene, künstliche Sonnenfinsternis zu erzeugen. Eine totale Sonnenfinsternis ist schon auf der Erde ein spektakulärer Anblick, bei dem wir ungeblendet vom gestreuten Sonnenlicht auch in die inneren Bereiche des Sonnensystems blicken können. Hier draußen gibt es zwar keinen hellen Taghimmel, aber ohne hilfreiche Finsternis fällt auch hier der Blick in die unmittelbare Umgebung der Sonne schwer.

Also steuern wir unser Raumschiff so weit von der Erde weg, dass unser Planet genauso groß erscheint wie die Sonne, und positionieren uns dann in der Mitte des Schattens. Dafür werden wir mit einem unglaublichen Anblick belohnt. Weil die Erde die gleißend helle Sonnenoberfläche gerade abdeckt (wie der Mond bei einer irdischen Sonnenfinsternis), erblicken wir um die Sonne herum einen hell leuchtenden Feuerring – die Chromosphäre, die äußere „Haut" der Sonne, die in der typischen Rotfärbung des Wasserstoffs leuchtet, der so für ihre auffällige Farbe verantwortlich ist. Am äußeren Rand der Chromosphäre sind in gleicher Farbe ein paar spektakuläre Flammenzungen zu sehen – Protuberanzen, die jede für sich groß genug sind, um Dutzende Erdkugeln einzuhüllen.

Diese Gegenden haben wir mit unserem Raumschiff auf dem Weg zum Sonneninnern bereits durchquert, aber jetzt sehen wir sie aus einem gänzlich neuen und einmaligen Blickwinkel. Um sie herum schließt sich die Korona an, deren perlweißes Leuchten sich über viele Sonnendurchmesser nach außen erstreckt und deren strahlige Struktur sich im Rhythmus der allgemeinen Sonnenaktivität verändert.

Dieses System aus hell leuchtenden Gaswedeln, die vom Magnetfeld der Sonne geformt werden, erscheint bei einer Finsternis von der Erde aus vor einem blass schimmernden, aufgehellten Himmel, und sein Rand täuscht das Ende der sichtbaren Sonnenmaterie vor. Hier

HINTERGRUND: Die leuchtende Korona und das Zodiakallicht, aufgenommen von der Raumsonde CLEMENTINE. Das Bild der Erde wurde hineinkopiert, um den Anblick der beschriebenen künstlichen Sonnenfinsternis an Bord unseres Raumschiffs Ptolemäus zu simulieren.

draußen dagegen erscheint die Korona hell leuchtend, und dieses Leuchten setzt sich über die Grenzen der Korona hinaus fort – in einem Lichtschimmer ähnlich der Milchstraße, der uns in der Ebene der Ekliptik vollständig einhüllt. Hier draußen haben wir einen einzigartigen Blick auf das Zodiakallicht, ein Phänomen, das wir von der Erde aus vornehmlich in den Tropen als blassen Lichtkegel vor Sonnenaufgang am Morgenhimmel oder nach Sonnenuntergang am Abendhimmel erkennen können, aber nie in einem solchen Ausmaß wie hier.

Und was verbirgt sich hinter dem Zodiakallicht? Der italienisch-französische Astronom Giovanni Domenico Cassini äußerte schon 1683 die Vermutung, dass es sich dabei um Sonnenlicht handelt, das von winzigen Staubteilchen in einer ausgedehnten Wolke rund um die Sonne reflektiert und gestreut wird; danach bewegte sich die Erde unweit des äußeren Randes dieser in der Ekliptikebene angesiedelten Staubwolke. Viel wurde seither darüber geforscht und argumentiert, und unsere Vorstellungen über den interplanetaren Staub konnten konkretisiert werden, doch im Großen und Ganzen scheint Cassini Recht zu behalten. Allerdings hält die Diskussion über Zusammensetzung und Ursprung des Staubs noch immer an.

Ein Teil dieser Materie stammt sicher von Kollisionen innerhalb des Asteroidengürtels, von wo aus er innerhalb vieler Zehntausend Jahre langsam nach innen spiralt. Und natürlich verlieren auch die Kometen ständig Staub, wenn sie sich der Sonne nähern und das abdampfende Gas auch feste Bestandteile mitreißt, die sich dann über den langen Staubschweif davonstehlen und längs der Kometenbahn verteilen. Wenig Beachtung wurde dagegen bislang einer möglichen dritten Komponente geschenkt, interstellarem Staub zwischen den Sternen, durch den sich das Sonnensystem als Ganzes hindurchbewegt.

Immerhin treiben wir mit einer Geschwindigkeit von rund 20 Kilometern pro Sekunde auf einen Punkt unweit des hellen Sterns Wega zu, den sogenannten Sonnenapex. Wenn wir also Staubkörner antreffen, die mit dieser Geschwindigkeit in der Gegenrichtung durch das Sonnensystem treiben, können wir ziemlich sicher sein, dass es sich um interstellaren Staub handelt. Der Anteil dieses Materials dürfte zeitlich variabel sein, je nachdem, ob wir gerade durch eine dicht oder weniger dicht mit Staub erfüllte Umgebung treiben. Aber auch die von der Sonnenaktivität abhängige Blockwirkung der Heliopause am Rande des Sonnensystems spielt eine Rolle.

Einer von uns, Brian May, ist sehr daran interessiert, solche Partikel hier draußen aufzuspüren, denn er glaubte bereits in den 1970er-Jahren, Hinweise für interstellares Material gefunden zu haben. Damals schrieb er seine Doktorarbeit dazu allerdings nicht zu Ende ...

OBEN LINKS: Das Zodiakallicht, aufgenommen an der Europäischen Südsternwarte (ESO) auf La Silla in Chile

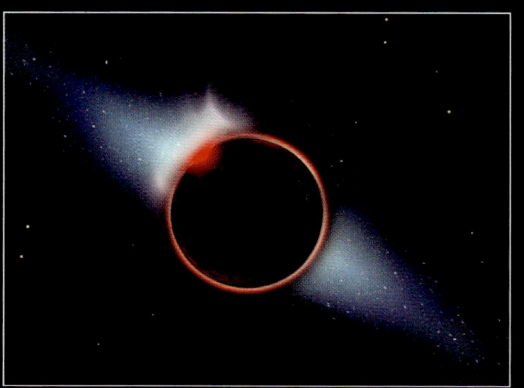

LINKS: Die künstliche Sonnenfinsternis an Bord von Ptolemäus enthüllt die Ausdehnung des Zodiakallichts in nie zuvor gesehener Weise.

EIN HIMMLISCHES STAUBKORN

Entfernung zur Erde: 10 Lichtminuten

Das Streulicht des ekliptikalen Staubs interessiert die meisten Astronomen nur als etwas, das ihre Beobachtungen weiter entfernter Objekte beeinträchtigt. Sie möchten diese „Lichtverschmutzung" gerne aus ihren Beobachtungen herausrechnen, und dazu genügt es, möglichst viel über die Staubverteilung zu wissen. So wurde eine Untersuchung der Staubzusammensetzung lange vernachlässigt, gerade so, als sei dieser Staub, wie auf der Erde, lediglich ein Störfaktor.

Neuere Untersuchungen der ständig wachsenden Zahl an Planetensystemen um andere Sterne ließen jedoch deutlich werden, dass Staubwolken eine wichtige Grundlage für die Stern- und Planetenentstehung darstellen. Tatsächlich sind diese luftigen Staubkörner die Bausteine, aus denen alles um uns herum entstanden ist, uns eingeschlossen. Der Weltraum ist nirgendwo ganz leer. Staub ist überall anzutreffen und am Werden und Vergehen eines jeden Objekts im Universum beteiligt: „Staub zu Staub".

Können wir solche Staubteilchen auffangen? Ja, unser Raumschiff verfügt über entsprechende Einrichtungen, und wir können einige dieser Körner unter dem Mikroskop beobachten. Sie erscheinen sehr verschiedenartig – einige ähneln der Materie, die wir von Gesteinsmeteoriten in irdischen Museen her kennen, andere wirken mehr metallisch. Doch ihre Struktur ist immer sehr ähnlich – eine lockere Anhäufung von Einzelteilen wie jene, die aus dem Schweif eines Kometen aufgefangen und zur Erde gebracht wurden. Diese flockige Struktur ist entscheidend für die Rolle der Staubteilchen als Katalysatoren bei der Entstehung von Sternen. Auf ihren unregelmäßig geformten Oberflächen können chemische Verbindungen aus einzelnen Atomen heranwachsen, und wenn der Staub später durch die Temperaturstrahlung verdampft, bleiben die Moleküle zur Bildung der Sterne und Planeten erhalten. Obwohl solche Staubkörner nicht wirklich spektakulär aussehen, stellt die Begegnung mit ihnen doch einen bedeutenden Moment unserer Reise dar.

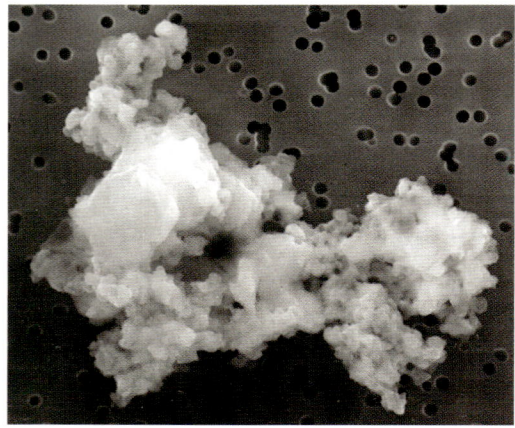

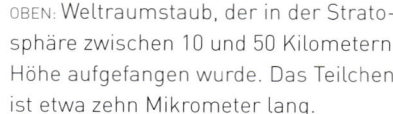

OBEN: Weltraumstaub, der in der Stratosphäre zwischen 10 und 50 Kilometern Höhe aufgefangen wurde. Das Teilchen ist etwa zehn Mikrometer lang.

MITTE: Der Komet Lovejoy, aufgenommen 2011 an der Europäischen Südsternwarte, entwickelte einen langen Staubschweif.

RECHTS: Der Komet Halley 1986 vor der Milchstraße im Hintergrund. Kometen verteilen ihren Staub durch das gesamte Sonnensystem und darüber hinaus.

EIN KOSMISCHER STREIFSCHUSS?

Entfernung zur Erde: 10,4 Lichtminuten

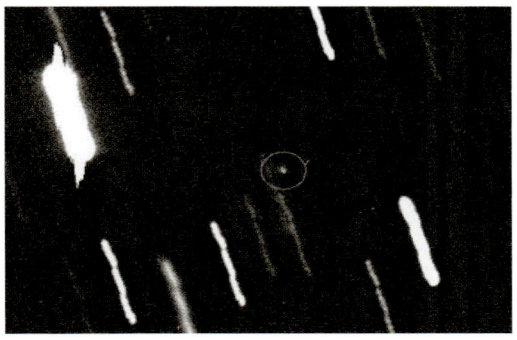

OBEN: Der Asteroid Apophis (im Kreis) auf dem Weg Richtung Erde

OBEN: Bei der Explosion des Tunguska-Meteoroiden wurden Bäume im Umkreis von mehr als 30 Kilometern umgeknickt.

OBEN: Nahansicht des Asteroiden Itokawa, aufgenommen von der japanischen Raumsonde HAYABUSA

Nach unserer Untersuchung des zodiakalen Staubs können wir uns weiter von der Sonne entfernen. Dabei treffen wir unweit der Erdbahn auf einige Objekte, die zum Besuch einladen. Es sind die sogenannten erdnahen Asteroiden, von denen einer eines – hoffentlich erst fernen – Tages die Aufmerksamkeit der Erdenbürger auf dramatische Weise fesseln könnte, weil er sich auf Kollisionskurs mit unserem Planeten befindet.

Zum Glück sind solche größeren Einschläge heute eher selten – der letzte liegt mehr als ein Jahrhundert zurück und ereignete sich glücklicherweise über einem unbewohnten Teil Sibiriens. Bei diesem Tunguska-Ereignis wurden Bäume in einem Gebiet von mehr als 2000 Quadratkilometer umgeknickt und durch die freiwerdende Hitze verkohlt. Man kann sich vorstellen, welche Folgen ein solches Ereignis über einer dicht besiedelten Großstadtregion hätte.

Einen dieser erdnahen Asteroiden wollen wir besuchen – den rund 300 Meter großen Apophis. Er ist wirklich kein „Hingucker" mit seiner unregelmäßig geformten, von Kratern zernarbten Gesteinsoberfläche. Es handelt sich vermutlich nicht einmal um einen kompakten Gesteinsbrocken, sondern um einen lockeren Schutthaufen, rund 40 Prozent seines Volumens sind wahrscheinlich leer. Gesteinsproben von ihm dürften viele Chondrulen enthalten, millimetergroße, rundliche Mineralkörner, die sich im freien Weltraum zusammengelagert haben – und ein solcher Körper wird Chondrit genannt.

Die meisten Asteroiden gelten als Chondrite, und Apophis dürfte eine gewisse Ähnlichkeit zu Itokawa aufweisen, der vor ein paar Jahren von der Raumsonde HAYABUSA besucht wurde. Apophis könnte eines Tages auch Besuch von der Erde erhalten, denn er wurde als Ziel der ESA-Mission DON QUIJOTE ausgewählt. Mit ihr will man die Möglichkeit testen, gefährliche Asteroiden durch gezielte Manöver von ihrem Kollisionskurs abzubringen.

Und warum der ganze Wirbel um Apophis? Er stellt eine mögliche Bedrohung für uns dar, denn er wird uns in weniger als zwei Jahrzehnten ziemlich nahekommen, noch näher als die geostationären Satelliten in rund 35.800 Kilometern Höhe. Diese enge Begegnung wird am Freitag, den 13. April 2029 stattfinden. Zum Glück kennen wir seine derzeitige Bahn gut genug, um die Gefahr einer Kollision ausschließen zu können. Allerdings wird die Bahn durch den engen Vorbeiflug verändert, und das macht Prognosen für spätere Begegnungen etwas schwieriger. Bereits 2036 steht ein neuerliches Rendezvous an, und im Augenblick liegt die Chance für einen Volltreffer dann bei eins zu 45.000.

Eigentlich reicht dieser Wert, um uns auch in Zukunft absolut ruhig schlafen zu lassen, und so werden wir Apophis jetzt verlassen und seine enge Begegnung im April 2029 einfach mit großer Spannung erwarten.

ZWISCHENSTOPP BEI DEIMOS

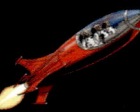

Entfernung zur Erde: 14,1 Lichtminuten

Als Nächstes nähern wir uns dem Planeten Mars und suchen einen Aussichtsplatz, von dem aus wir diesen interessantesten aller Planeten erst einmal in Ruhe anschauen können. Mars wird von zwei kleinen Monden umkreist, Phobos und Deimos (Furcht und Schrecken, so benannt nach den Söhnen des Kriegsgotts). Einen von ihnen werden wir ansteuern. Möglicherweise werden dies auch Astronauten tun, wenn sie eines Tages zum Mars fliegen – solche Missionen werden jedenfalls schon ernsthaft von den großen Raumfahrtagenturen untersucht. Auf jeden Fall wären diese Monde ideale Orte, von denen aus man automatische Fahrzeuge auf dem Mars steuern könnte – ohne die Zeitverzögerung, die dabei von der Erde aus auftritt.

Beim Anflug auf Deimos, den kleineren der beiden Marsmonde, staunen wir über seine seltsame Form, die an eine zerdrückte Birne erinnert. Dieser Mond hat an der dicksten Stelle nur einen Durchmesser von 15 Kilometern und besitzt daher nicht genügend Anziehungskraft, um sich selbst in eine Kugelform zu zwingen. Deimos umrundet den Mars in einer Höhe von 23.500 Kilometern und bewegt sich daher sehr schnell: Für einen Umlauf braucht er rund 30 Stunden. Wir erkennen einige wenige größere Krater. Zwei von ihnen sind nach Swift und Voltaire benannt sind, Autoren des 18. Jahrhunderts, die beide lange vor der Entdeckung der Marsmonde annahmen, dass es zwei

OBEN: Der Mars Reconnaissance Orbiter (MRO) in der Marsumlaufbahn

UNTEN: Diese farbverstärkten Ansichten von Deimos, dem kleineren der beiden Marsmonde, wurden von der hochauflösenden MRO-Kamera HiRISE gewonnen.

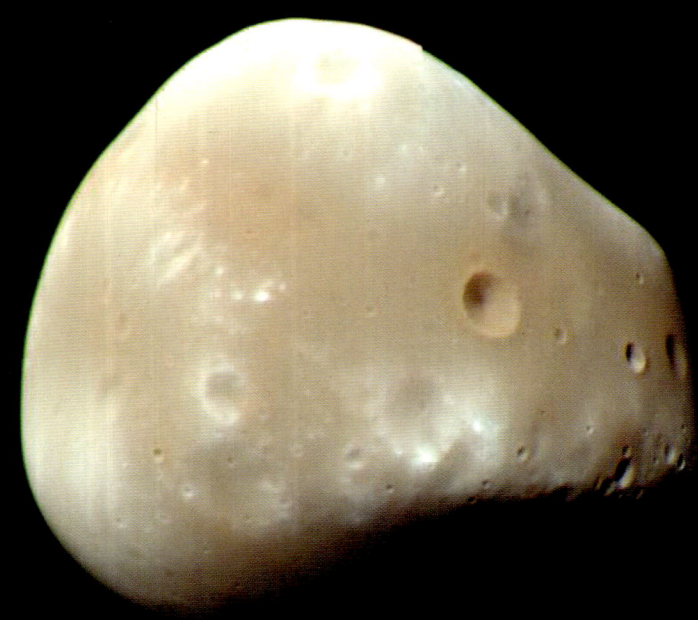

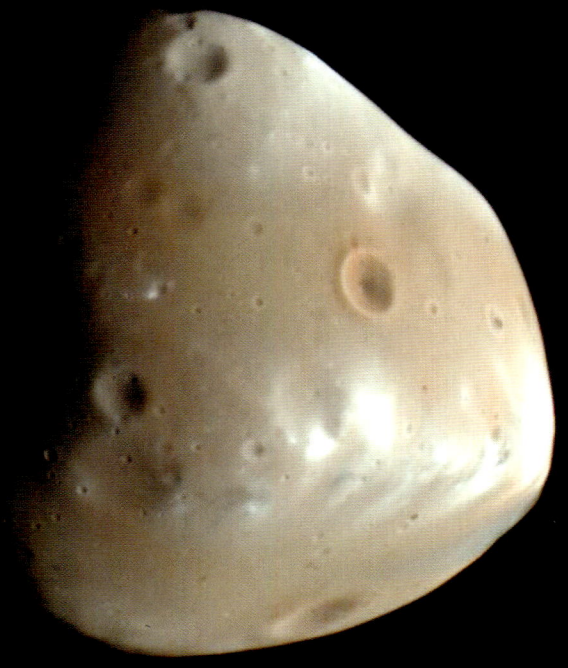

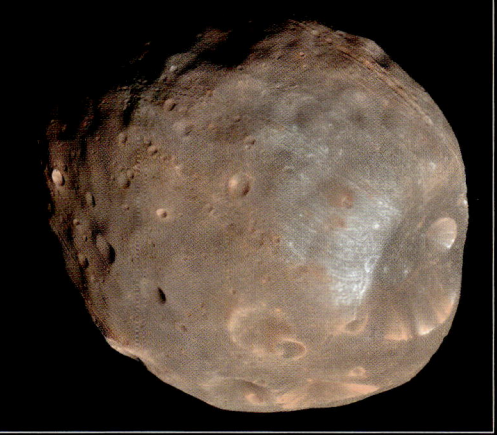

OBEN: Auch Phobos, der größere Bruder von Deimos, wurde vom MRO fotografiert.

UNTEN: Der Krater Stickney auf Phobos, aufgenommen vom MRO

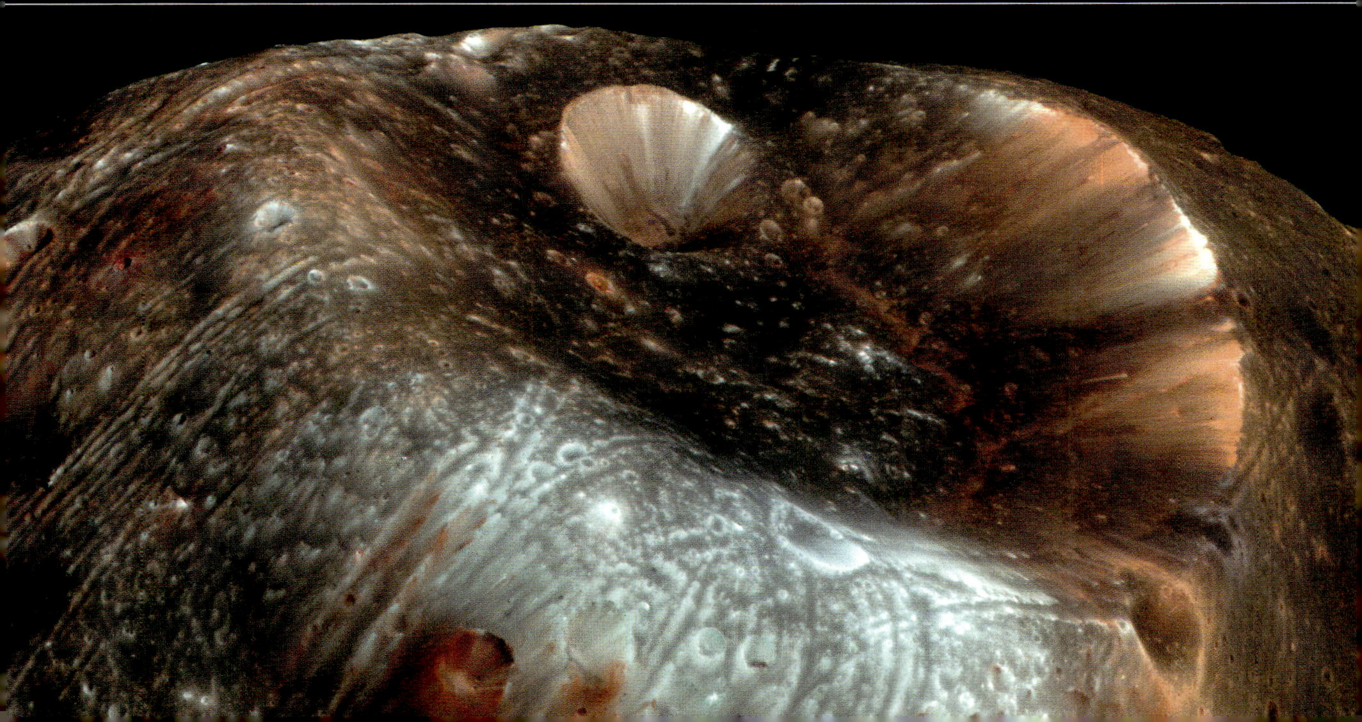

davon gebe. Insgesamt erscheint der winzige Mond aber auffällig glatt, weil er von einer dicken Regolithschicht bedeckt ist, feinem Staub, der kleinere Krater zudeckt.

Die Zusammensetzung der Oberfläche ähnelt der einer sehr großen Gruppe von Asteroiden, und tatsächlich wird allgemein angenommen, dass Deimos ein solcher Körper ist, der vom Schwerefeld des Mars eingefangen wurde. In diesem Fall würden wir allerdings erwarten, dass Deimos sich auf einer stark elliptischen Umlaufbahn bewegt, doch ist diese in Wirklichkeit nahezu kreisförmig. Phobos, der größere Mond, der Mars in noch geringerer Distanz umrundet und auch als eingefangener Asteroid gilt, bewegt sich ebenfalls auf einer nur wenig elliptischen Bahn. Bei ihm können die dort wesentlich stärkeren Gezeitenkräfte des Mars aber mäßigend eingewirkt haben. Somit bleibt die Umlaufbahn von Deimos ein Rätsel.

Von Phobos können wir uns ein Bild machen, wenn er Deimos auf der Innenbahn überholt – ein Umlauf um Mars dauert nur etwa 7,5 Stunden. Phobos ist eine seltsame Welt, an deren einem Ende ein Stück fehlt: Dort sitzt der große Krater Stickney, dessen Entstehung durch einen gewaltigen Einschlag den Mond fast zerstört haben muss. Obwohl auch Phobos' Zusammensetzung der gewöhnlicher Asteroiden ähnelt, ist seine mittlere Dichte sehr gering – gerade so, als wäre Phobos hohl. Handelt es sich möglicherweise um einen locker zusammenhängenden Schutthaufen, der nur nach außen das Bild eines festen Körpers abgibt, oder enthält er vielleicht größere Mengen an Eis?

Wir wissen es nicht, doch bleiben Zweifel am Ursprung der Monde. Sind sie am Ende aus Material geformt, das bei der Entstehung des Mars übrig geblieben ist oder bei späteren Einschlägen aus der Marsoberfläche herausgeschleudert wurde? Denkbar wäre dies, zumal ja auch der Erdmond aus einer Kollision der Erde mit einem großen Asteroiden hervorgegangen zu sein scheint. Aber warum ähnelt ihre Zusammensetzung dann jener gewöhnlicher Asteroiden?

ABSTIEG ZUM ROTEN PLANETEN

Entfernung zur Erde: 14,1 Lichtminuten

Von Deimos aus betrachtet bietet Mars einen überwältigenden Anblick, erscheint er doch tausendmal größer als der Vollmond! Der Planetenname geht auf den römischen Kriegsgott zurück und bezieht sich auf die blutrote Farbe, die Mars am irdischen Nachthimmel zeigt. Aus unserer Position dagegen sehen wir, dass die Färbung der Marsoberfläche nicht einheitlich ist. Die ausgedehnten rötlichen Bereiche werden vielfach von dunklen Flecken unterbrochen, und die Polgebiete am oberen und unteren Rand erschienen bei unserem Anflug weißlich, dort bedeckt Eis den Marsboden.

Die nördliche Polkappe war bei unserer Ankunft deutlich größer als die südliche, denn dort herrscht gerade Winter, und die Größe der Polkappen schwankt mit dem Lauf der Jahreszeiten. Da der Marsäquator um etwa 24 Grad gegen seine Bahnebene geneigt ist (und damit ähnlich stark wie der Erdäquator), gibt es dort ebenfalls wechselnde Jahreszeiten, sie dauern jedoch länger. Die Länge des Tages hingegen kommt uns mit gut 24,5 Stunden sehr vertraut vor.

Gelegentlich entwickeln sich lokale Staubstürme zu einer globalen Erscheinung und verhüllen dann weite Teile der Marsoberfläche. Für Astronomen mag dies ärgerlich sein, für solargetriebene Mars-Rover ist es sogar bedrohlich, denn sie sind auf eine klare Atmosphäre angewiesen, damit ihre Solarpaneele genügend Strom produzieren können. Im Augenblick sind zwar einige lokale Eintrübungen zu erkennen, aber alle touristischen Attraktionen des Mars sind zu sehen.

Mars bietet eine erstaunliche Vielfalt an unterschiedlichen Formationen, von Kratern über riesige Vulkane bis zu gewaltigen Talsystemen. Dabei wird ein klarer Unterschied zwischen Nord- und Südhalbkugel erkennbar: Während sich in den nördlichen Regionen weite Tiefebenen erstrecken, die von Lavamassen bedeckt sind, findet man auf der Südhalbkugel vorwiegend von Kratern übersätes Hochland, das offenbar deutlich älter ist. Woher dieser Unterschied stammt, ist noch unklar, aber es gibt Hinweise darauf, dass Mars in einer frühen Phase mit einem größeren Objekt zusammengestoßen sein könnte – etwa halb so groß wie der Erdmond. Anscheinend treffen wir überall im Sonnensystem auf Indizien dafür, dass die Frühgeschichte des Planetensystems sehr stürmisch verlief.

Von unserem überragenden Standort aus sehen wir auch viele Anzeichen dafür, dass auf Mars früher einmal Wasser in größeren Mengen geflossen sein muss. Flussähnliche Vertiefungen schlängeln sich durch die Landschaft und enden in Formationen, die verblüffende Ähnlichkeit mit einem Flussdelta zeigen. Überall erkennt man die Spuren einer strömungsbedingten Erosion, und wir wissen, dass auch

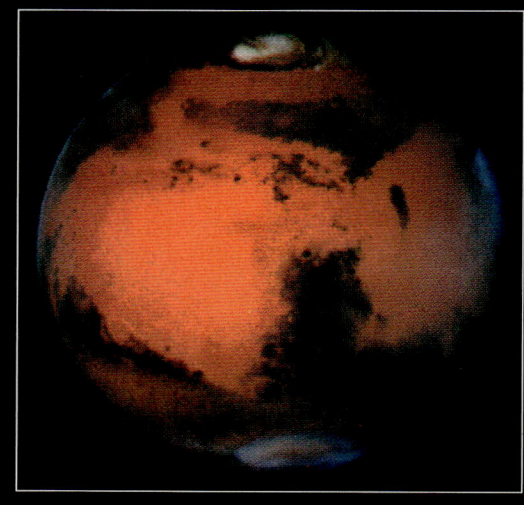

OBEN: Mars, aufgenommen mit dem HUBBLE-Weltraumteleskop

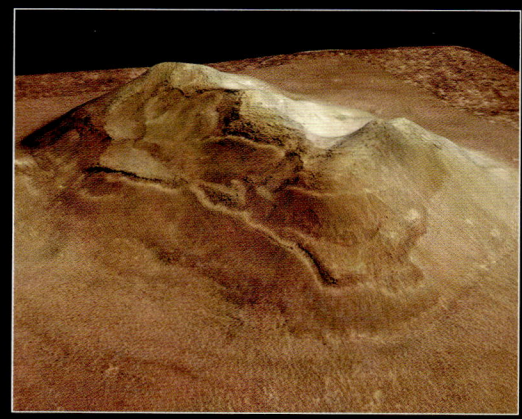

OBEN: So sah MARS EXPRESS das berühmte „Marsgesicht" in der Cydonia-Region.

OBEN: Der rund 470 Kilometer große Krater Schiaparelli nahe der Bildmitte liegt etwas südlich des Marsäquators.

OBEN: Diese hellen Berggrate auf Mars entstanden möglicherweise, als Wasser durch Risse im Untergrund floss und dabei das umgebende Gestein aufhellte und scharfe Kanten schliff.

heute noch Wasser in Form von Eis unter den Polkappen aus Trockeneis (gefrorenem Kohlendioxid) ruht. Um flüssiges Wasser zu ermöglichen, muss die Kohlendioxidatmosphäre des Mars einst dichter gewesen sein als heute, wo sie nirgends auch nur ein Hundertstel des irdischen Luftdrucks erreicht.

Weitere Hinweise auf einen früher wärmeren und feuchteren Mars finden wir vielleicht auf seiner Oberfläche. Ehe wir dort landen, wollen wir mit unserem Radarsystem noch die Polkappen auf langfristige Klimawechsel hin untersuchen, die sich in den dort abgelagerten Eisschichten widerspiegeln könnten. Ähnliche Untersuchungen wurden bereits vom europäischen MARS EXPRESS und dem MARS RECONNAISSANCE ORBITER der NASA durchgeführt. Wir sehen keine zusammenhängende Eisdecke, sondern einzelne Eisschichten, die durch Lagen aus anderem Material getrennt sind. Es scheint also nicht so, als ob es auf Mars langsam, aber stetig kälter geworden sei; vielmehr sprechen die Daten für einen zyklischen Wechsel von Warm- und Kaltzeiten.

Während der Kaltzeiten war Mars – wie heute auch – kalt genug, um Eis an den Polen abzulagern und zu erhalten. Während der Warmzeiten dagegen könnte das Eis teilweise verdampft sein, und der dadurch erhöhte Luftdruck könnte flüssiges Wasser ermöglicht haben. Eine Ursache dafür könnte zum Beispiel sein, dass die Neigung der Marsachse nicht stabil ist. Bei größerem Neigungswinkel wären die Pole längere Zeit im Jahr stärker zur Sonne gekippt und würden entsprechend stärker aufgeheizt. Ähnlich starke Schwankungen gibt es bei der Erdachse nicht, weil ihre Lage durch die Umlaufbewegung des Mondes stabilisiert wird.

Die Erkundung des Marsklimas ist für sich genommen schon eine interessante Sache, aber die Resultate sind auch für jene Forscher von Bedeutung, die auf dem Planeten – und darüber hinaus – nach Spuren von Leben suchen. Bei der Abschätzung der Möglichkeiten, Leben anderswo im Universum zu finden, ist der größte unbekannte Faktor, wie groß die Chancen dafür sind, dass es überhaupt entsteht. Dass es Leben auf der Erde gibt, ist in diesem Zusammenhang wenig hilfreich, weil wir ohne seine Entstehung gar nicht darüber nachdenken könnten. Natürlich ist die Vorstellung verlockend, dass ein feuchter Mars mit einer dichten Atmosphäre alle wesentlichen Zutaten bereitgestellt haben könnte, aber wir haben leider noch keine konkreten Vorstellungen davon, welche Prozesse und Entwicklungen zur Entstehung der ersten Lebensformen überhaupt geführt haben könnten. Entsprechend würde ein negatives Ergebnis bei der Suche nach Lebensspuren auf dem Mars nicht viel ändern. Fände man dagegen fossile Überreste oder sogar lebendige Exemplare jedweder Form, so würde die Wahrscheinlichkeit für Leben irgendwo im Kosmos dramatisch zunehmen.

Tatsächlich wurde ja schon einmal die Existenz fossiler Lebensformen auf Mars gemeldet – oder besser: auf einem Meteoriten, der mit ziemlicher Sicherheit vom Mars zur Erde geschleudert wurde. Eine Forschergruppe verwies in den 1990er-Jahren darauf, dass winzige Strukturen im Innern eines solchen Meteoriten große Ähnlichkeiten mit irdischen Bakterien zeigten, obschon sie etwa zehnmal kleiner waren. Viele Wissenschaftler zweifeln an dieser Deutung, doch die Diskussion darüber hält an. Einig ist man lediglich darüber, dass Mars genauer erforscht werden sollte. Zeit für uns, dort zu landen.

DER STUNDENGLAS-SEE

Entfernung zur Erde: 14,1 Lichtminuten

Wir wollen unsere Tour über den Mars an einem unter Fernrohr-beobachtern ganz bekannten Ort beginnen, der trotz seiner nahezu dreieckigen Form zunächst als Stundenglas-See bezeichnet wurde. Natürlich verbirgt sich auch kein See dahinter, sondern eine ziemlich glatte, dunkle Hochebene, die heute den Namen Syrtis Maior Planitia trägt und als Überrest eines alten Schildvulkans gilt. Mit einem Durchmesser von rund 1300 Kilometern ist sie eine der markantesten Strukturen auf dem Mars.

Was erwartet uns dort? Nun, auf jeden Fall wird es ziemlich frisch dort sein, denn trotz der äquatornahen Lage steigt die Temperatur nie weit über null Grad an und sinkt schon lange vor Sonnenuntergang unter den Gefrierpunkt. Die dunkle Färbung des Gebiets stammt von basaltischem Vulkangestein, das nur von einer dünnen Staubschicht überdeckt ist. Der typisch rötliche Staub der Marsoberfläche, der vornehmlich Eisenoxid enthält und sich auch als Rost bezeichnen lässt, sammelt sich eher in tiefer liegenden Regionen. Allerdings schwebt er auch in der Marsatmosphäre und verleiht ihr so einen orangebraunen Farbton, der so ganz anders wirkt als das vertraute Blau des irdischen Himmels; dafür legen sich in der Dämmerung Purpur- und Blautöne über die fremde Landschaft. Der Blick zum Himmel zeigt eine deutlich kleinere und weniger helle Sonne als auf der Erde, was die Fremdheit des Ortes noch verstärkt. Vor allem aber ist es ungewohnt still, da die dünne Marsatmosphäre als Schallüberträger weitgehend ausfällt.

OBEN: Farbverstärkte Ansicht eines Grabenteils in der Nili-Fossae-Region, aufgenommen mit der HiRISE-Kamera des MARS RECONNAISSANCE ORBITER. Das Gebiet nordöstlich von Syrtis Maior ist reich an Mineralen.

UNTEN: So sah der MARS GLOBAL SURVEYOR die Große Syrte während des Südsommers auf dem Mars.

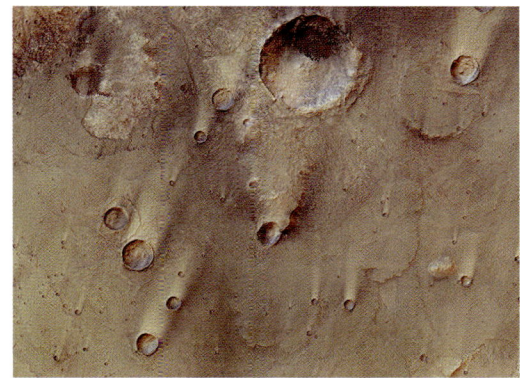

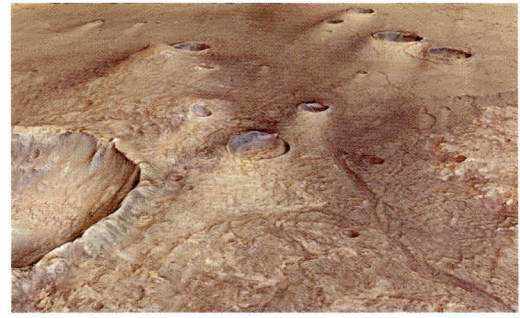

OBEN: Diese Detailansichten aus der Syrtis-Maior-Region stammen von MARS EXPRESS: Das alte Hochland wurde von Lavaströmen überflutet, aus denen nur noch einzelne Berggipfel mit steilen Flanken, sogenannte „Buttes", aufragen.

UNTEN: Übersichtsaufnahme von Syrtis Maior Planitia (dunkles Gebiet rechts) und Arabia Terra (hell, links)

Wenn wir das Raumschiff verlassen wollen, müssen wir einen Raumanzug tragen, denn aufgrund des extrem niedrigen Luftdrucks beginnen Flüssigkeiten, einschließlich unseres Bluts, bereits bei sehr viel tieferen Temperaturen zu sieden. Durch den Raumanzug geschützt brauchen wir uns darum aber nicht zu sorgen. Wir sind im nördlichen Teil von Syrtis Maior gelandet, unmittelbar südlich der Nili Fossae. Diese Region enthält etliche jener Formationen, die uns aus der Umlaufbahn zur Spekulation über flüssiges Wasser auf der Marsoberfläche angeregt haben. Hier wandern wir durch ein ausgetrocknetes Flusstal, das sich mancherorts verzweigt und tief in das Lavagestein eingegraben hat. Mit einer Breite von rund 800 Metern ist es immerhin etwa halb so breit wie der südliche Mississippi. Am Eingang zu einem tiefen Krater bricht es plötzlich ab, setzt sich aber auf der gegenüberliegenden Seite fort – offenbar ist der Krater jüngeren Datums. Als das Tal schließlich flacher wird, passieren wir stromlinienförmige Inseln, wo härteres Gestein sich dem Strom in den Weg gestellt hat.

Eine derart dramatische Landschaft muss durch ein dramatisches Ereignis geschaffen worden sein, und genau davon berichtet die Geologie des Geländes. Das Tal kann kaum über Tausende von Jahren durch einen träge dahinströmenden Fluss entstanden sein. Vielmehr müssen dramatische Flutwellen gewirkt haben, ähnlich wie nach dem Bruch oder der Sprengung eines Staudamms, mit Hunderten von Millionen Litern Wasser, die sich binnen kürzester Zeit dort entlanggewälzt haben. Ähnliche Megafluten werden auf der Erde für die Entstehung der Scablands im US-Bundesstaat Washington verantwortlich gemacht.

Wo aber sind diese Wassermengen hergekommen? Wir wissen es nicht, vielleicht stammen sie von den Polkappen oder große Mengen an Wassereis wurden unter der Marsoberfläche zum Beispiel durch Vulkane aufgeheizt, um in der Folge solch dramatische Fluten zu verursachen. Untersuchungen des Gesteins lassen vermuten, dass der Canyon etwa zur gleichen Zeit entstand, als der einstige Syrtis-Maior-Vulkan aktiv war, und das würde diese Annahme stützen.

Es gibt weitere Hinweise auf Vulkanismus, und so werden wir uns als Nächstes den größten Marsvulkan anschauen – Olympus Mons.

DER GRÖSSTE MARSVULKAN

Entfernung zur Erde: 14,1 Lichtminuten

Die Syrtis-Maior-Formation könnte Wissenschaftler ein ganzes Leben lang beschäftigen, aber wir wollen schließlich den gesamten Planeten erkunden. Von unserem Landeplatz aus können wir nur einen kleinen Ausschnitt erfassen; aufgrund der geringeren Größe des Mars liegt der Horizont deutlich näher als bei uns. Also wählen wir das Raumschiff, um Olympus Mons anzusteuern, den größten Vulkan im Sonnensystem: An seiner Basis hat er einen Durchmesser von mehr als 560 Kilometern, und seine Höhe über dem mittleren Marsradius wird mit etwa 22 Kilometern angegeben. Damit durchstößt er gleichsam die gesamte Marsatmosphäre, und seine Gipfelcaldera liegt praktisch im Weltraum; sie wäre also ein idealer Platz für ein zukünftiges Observatorium.

In seiner Nähe gibt es noch drei weitere Vulkanriesen: Arsia Mons, Pavonis Mons und Ascraeus Mons, die in einer Reihe auf der Tharsis-Aufwölbung sitzen und ebenfalls hoch genug sind, um selbst globale Staubstürme zu überragen. Keiner der zahlreichen anderen Marsvulkane kommt an diese vier Monsterexemplare heran.

Auch der Gipfelkrater von Olympus Mons ist gewaltig: 85 Kilometer groß und 3,2 Kilometer tief, enthält er sechs verschiedene Ebenen und zahllose kleinere Krateröffnungen. Seine Steilwände stellen vermutlich eine größere Herausforderung an Bergsteiger dar als der gesamte restliche Aufstieg, denn die Neigung der Flanken ist ziemlich gering. Mit Geduld und Ausdauer würde man vermutlich bis zum Gipfel wandern können.

Ein sanfter Anstieg ist typisch für mächtige Schildvulkane, deren ziemlich dünnflüssige Lava sich über weitere Strecken ergießt. Die schiere Größe von Olympus Mons lässt vermuten, dass er über lange Zeit aktiv gewesen ist. Wann mag er erloschen sein? Ist er überhaupt schon erloschen? Vielleicht schläft er ja auch nur. Das Fehlen von Kratern auf seinen Hängen und in der unmittelbaren Umgebung deutet auf junge Lavaströme während der letzten Millionen Jahre hin. Um dies in die übrige Marsgeschichte einordnen zu können, brauchen wir eine genauere Inspektion der Marsoberfläche.

OBEN: Olympus Mons, aufgenommen vom MARS GLOBAL SURVEYOR

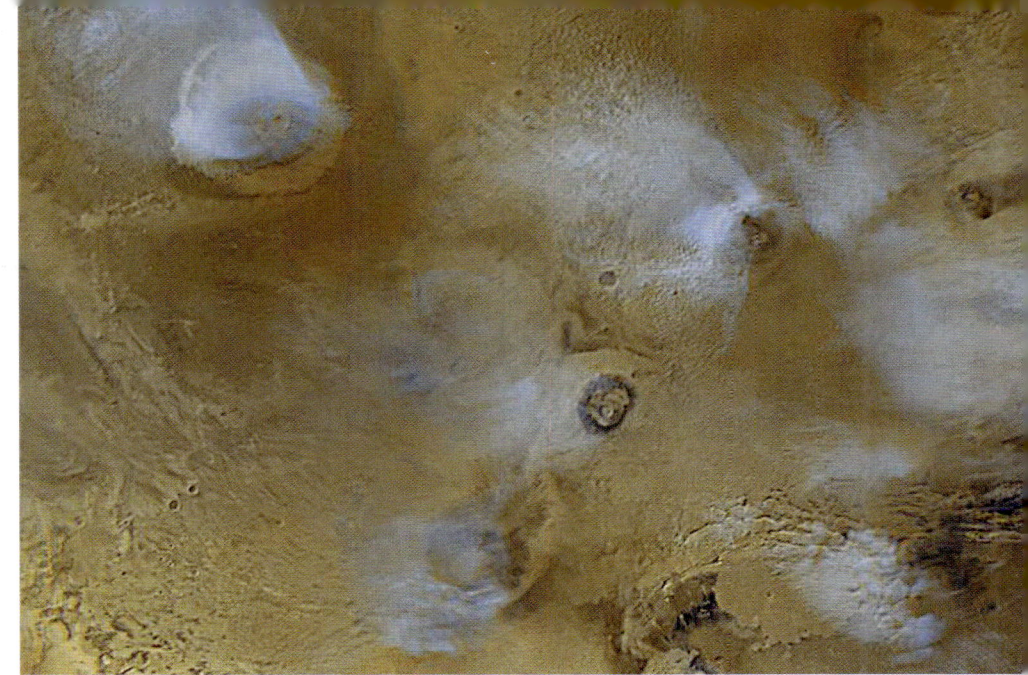

RECHTS: Wolken haben sich im Windschatten der großen Vulkane der Tharsis-Aufwölbung gebildet. Olympus Mons (oben links) beherrscht die Szene.

GANZ UNTEN: Olympus Mons, der größte Vulkan im Sonnensystem, übertrifft den größten irdischen Vulkan volumenmäßig um etwa das Hundertfache.

UNTEN: Diese Schrägansicht von Olympus Mons stammt vom MARS GLOBAL SURVEYOR.

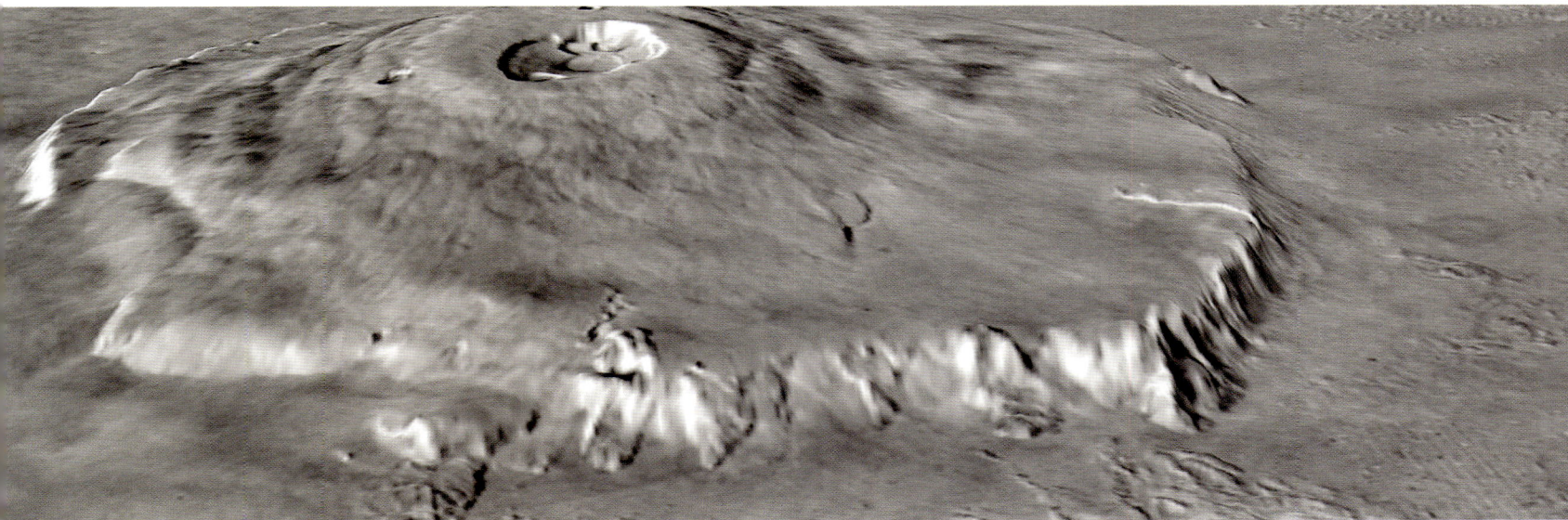

DER FLUG DES PHOENIX

Entfernung zur Erde: 14,1 Lichtminuten

Die eisigen Tiefebenen des hohen Nordens auf dem Mars sind selbst zu ihren besten Zeiten trostlose Gegenden. Riesige Gebiete zeigen ein nahezu strukturloses Gelände, das von einem eigenartigen, sechseckigen Muster geprägt wird. Aus der Umlaufbahn erscheint diese Gegend wie eine Maxiversion des Giant's Causeway, einer faszinierenden Basaltformation in Nordirland. Das Muster entsteht hier durch das andauernde Frieren und Wiederauftauen des Bodens, das die Kruste aufbricht. Jeden Winter verschwindet die Gegend unter der vorrückenden Eiskappe, bis sie im nächsten Frühjahr wieder freigelegt wird.

Die Planetenforscher hatten in diesem Bereich schon vorher mit Hilfe eines Radarsystems in der Umlaufbahn Hinweise auf mächtige Eisvorkommen unter der Oberfläche gefunden. Aber solche „Hinweise" reichen nicht, eine Bestätigung bekommt man nur, wenn man das Eis sieht und untersuchen kann. Wir sind aber nicht die Ersten, die hier vorbeischauen. Beim Überflug stoßen wir auf den Landeplatz des PHOENIX, der am 25. Mai 2008 hier aufsetzte. Damals wäre die Sonde leicht zu erkennen gewesen mit ihren bläulichen Solarpaneelen, die einen starken Kontrast zum ockerfarbigen Boden bildeten. Jetzt, im Winter, liegt alles unter einer eintönigen, weißen Decke.

PHOENIX war ausgesandt worden, die Geschichte des Wassers in den Polregionen des Mars zu ergründen und herauszufinden, ob das Eis unter dem Marsboden dort vielleicht lebensfreundliche Bedingungen ermöglicht hat. Angesichts des kurzen Marssommers vor Ort hatte man auf die Entsendung eines Rovers verzichtet, zumal die Landschaft dort wohl überall die gleichen Voraussetzungen bietet. So konnte sich der Lander auf die Erforschung seiner unmittelbaren Umgebung konzentrieren und gut fünf Monate oder 155 Marstage (= 155 Sol) lang Daten zur Erde funken. Mit ausgeklappten Solarpaneelen erreicht er eine Länge von 5,5 Metern, während der Mast für die meteorologischen Messinstrumente 2,2 Meter hoch aufragt.

Die Umgebung des Landeplatzes erwies sich auf den Fotos als flach und erscheint heute noch wie damals: mit kleinen Steinen und der auffälligen Kachelstruktur, die bereits erwähnt wurde. PHOENIX nutzte seinen Greifarm, um den Marsboden anzukratzen und Bodenproben zu entnehmen, die dann an Bord analysiert wurden. Dieser Greifarm

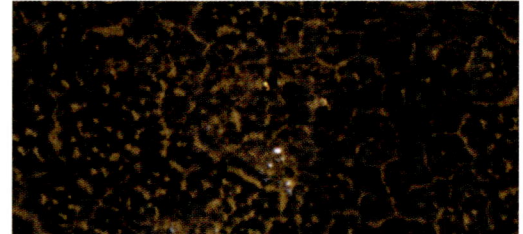

OBEN: Diese Aufnahme aus dem Jahr 2012 zeigt den Lander PHOENIX inmitten der eisigen nördlichen Tiefebene. Wenn das Eis sublimiert, also direkt in den gasförmigen Zustand übergeht, entstehen sechseckige und polygonale Muster im Boden.

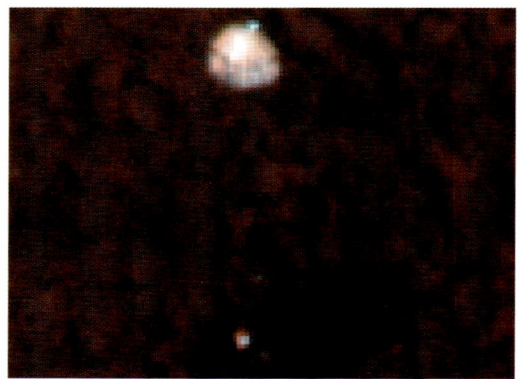

OBEN: Der Abstieg des PHOENIX-Landers am Fallschirm konnte vom MARS RECONNAISSANCE ORBITER aus fotografiert werden.

UNTEN: Panorama der Umgebung des PHOENIX-Landeplatzes

OBEN: Selbstportrait des PHOENIX-Landers

SOL 20   SOL 24

OBEN: Unter der Oberfläche stieß PHOENIX beim Graben auf Eis, das nach dem Freilegen langsam sublimierte.

erwies sich als etwas schwerfällig beim Verfüllen der vom Eis verklebten Bodenproben in die Messapparatur, doch irgendwann klappte es, und die Daten konnten aufgenommen und übertragen werden.

Es gab eine Menge Eis vor Ort, das zunächst unterhalb des Landers entdeckt wurde, wo der schützende Staub zuvor von den Bremstriebwerken während der Landung weggeweht worden war. Der Boden selbst erwies sich als leicht basisch – mit dem richtigen pH-Wert für den Anbau von Spargel; allerdings sind die Aussichten, eines Tages Ackerbau auf Mars zu betreiben, sicher weit hergeholt. Überraschend war der Nachweis sehr reaktionsfreudiger Moleküle, sogenannter Perchlorate.

Da PHOENIX die Bodenproben nur an einem Punkt der Marsoberfläche entnehmen konnte, wird seitdem heftig diskutiert, wie häufig diese Perchlorate sein mögen und welche Bedeutung sie für die Wahrscheinlichkeit haben, dass Leben auf dem roten Planeten entstanden ist. Auf der einen Seite könnte die Anwesenheit reaktionsfreudiger Moleküle eine potenzielle Energiequelle für einfachste Lebensformen gewesen sein; auf der anderen Seite könnten diese Moleküle die Entstehung komplexerer Lebensbausteine zumindest beeinträchtigen.

Doch was immer auch früher auf dem Mars abgelaufen sein mag – ein Jahrzehnte altes Rätsel hat der Nachweis der Perchlorate möglicherweise gelöst. Die VIKING-Lander, die Mitte der 1970er-Jahre auf Mars gelandet waren, hatten einzigartige Experimente an Bord, die gezielt nach Anzeichen für Leben auf dem roten Planeten suchen sollten. Die Ergebnisse waren damals allerdings nicht eindeutig. Zwar konnten zunächst heftige Reaktionen beobachtet werden, wie man sie von einfachen Lebensformen erwarten würde, doch andere Untersuchungen verliefen negativ. All dies würde verständlich, wenn statt der gesuchten Mikroorganismen Perchlorate für die ersten Reaktionen verantwortlich waren. Natürlich können wir aber nicht sicher sein, dass der Boden der Marsarktis ähnlich zusammengesetzt ist wie der in der Umgebung der VIKING-Landeplätze.

Für PHOENIX gab es während des langen Polartags genug zu tun, doch als die Zeit der Mitternachtssonne zu Ende ging und die Sonne für PHOENIX zum ersten Mal hinter einem Felsen verschwand, zog allmählich Kälte auf, und die Sonneneinstrahlung reichte nicht mehr, um die Batterien ausreichend aufzuladen. Gut fünf Monate nach der Landung erreichte uns das letzte Funksignal von PHOENIX, und seither ist seine Mission beendet. Kameras anderer Marssatelliten beobachteten den Landeplatz auch weiterhin und sahen, wie er allmählich vom Eis der Polkappe erfasst und zugedeckt wurde – und viele Monate später wieder auftauchte, als sich das Eis zurückzog. Die Sonde steht noch heute an ihrem Ort, und es ist eine interessante Vorstellung, sich auszumalen, wie sie dereinst einen Ehrenplatz in einem Museum der Marsgeschichte findet. Wenn sie an ihrem Ort bleibt, werden ihre Spuren eines Tages verschwunden sein. Ihr Erbe dagegen, die wissenschaftlichen Daten, die sie zur Erde gefunkt hat, bleibt auch dann erhalten.

BESUCH BEI SPIRIT UND OPPORTUNITY

Entfernung zur Erde: 14,1 Lichtminuten

Krater bieten den Forschern die willkommene Gelegenheit, Gestein unter der unmittelbaren Oberfläche des Planeten zu untersuchen.

Wir wählen den Krater Gusev aus, einen wenig auffälligen Krater auf der kälteren, weil höher gelegenen Südhemisphäre des Mars. Schon beim Überflug bekommen wir den Eindruck, dass der rund 160 Kilometer große Krater früher möglicherweise einen See enthielt, der von einem langen Kanal aus dem Süden gespeist wurde. Dieser Kanal, Ma'adim Vallis, ist heute völlig ausgetrocknet, muss aber einmal große Wassermengen geführt haben. Im Kraterboden gibt es eine Reihe kleinerer Krater, die in den Jahrmilliarden nach seiner Entstehung dazugekommen sein müssen und heute sein hohes Alter bezeugen. Der restliche Kraterboden ist von Lava bedeckt, die alle Sedimentablagerungen aus der See-Episode zugedeckt hat.

In der Mitte des Kraters treffen wir auf Radspuren, die zunächst auf eine kleine Hügelgruppe ein paar Kilometer entfernt zuführen. An ihrem Startpunkt befindet sich ein seltsam geformter Sockel, der an eine getrocknete Blüte erinnert und von fallschirmähnlichem Material umgeben ist. Dies ist der Landeplatz des Marsrovers SPIRIT, der 2004 auf dem roten Planeten aufsetzte. Auch er wurde hierher entsandt, um den Kraterboden nach Spuren von Sedimenten abzusuchen. In diesem Zusammenhang blieb das Ergebnis zwar enttäuschend, dafür aber blieb der Rover statt der erhofften 90 Tage viele Jahre hindurch im Einsatz.

Seine Spuren, die wegen der dünnen Marsatmosphäre noch lange Bestand haben werden, führen zu der Hügelgruppe, die in Erinnerung an die Spaceshuttle-Tragödie von 2003 den Namen Columbia Hills trägt. SPIRIT arbeitete sich die rund 100 Meter hohe Anhöhe des Husband Hill hinauf und wurde mit einer fantastischen Rundumsicht über die Umgebung belohnt. Beim Abstieg auf dem gegenüberliegenden Hang endet die Spur plötzlich, und dort steht SPIRIT noch heute –

OBEN: So könnte einer der beiden Marsrover auf der Marsoberfläche aussehen.

UNTEN: OPPORTUNITY am Rande des Kraters Endeavour

OBEN: Hinter dem Felsengarten „Longhorn" erstreckt sich die weite Ebene des Kraters Gusev. SPIRIT nahm diese Ansicht mit seiner Panoramakamera auf.

OBEN: SPIRITS Blick vom Husband Hill

umgeben von einer Sanddüne, in die er im April 2009 geraten und in der er stecken geblieben war.

Auf der anderen Seite des Planeten treffen wir auf das Schwesterfahrzeug OPPORTUNITY, das im Sommer 2012 – nach mehr als acht Jahren Einsatz – immer noch aktiv war und auf der Ebene Meridiani Planum einen Krater nach dem anderen erkundet. Dabei konnte es schon wichtige Daten über die Geschichte des Mars übermitteln. Die Kraterwände erweisen sich vielfach als Steilwände, deren Schichtungen nach unten immer frühere Phasen der Marsgeschichte freilegen

Die Rover waren zunächst an Fallschirmen durch die dünne Atmosphäre des roten Planeten abgestiegen. Kurz vor dem Erreichen der Oberfläche wurden die Leinen gekappt, und die Rover stürzten – gesichert durch riesige Airbags – die letzten Meter im freien Fall, schlugen mehrfach auf und kamen schließlich zur Ruhe. OPPORTUNITY fand sich in einem kleinen Krater wieder, an dessen Rand erste Hinweise auf Gesteinsschichten erkennbar waren. Sein nächstes Ziel war der 130 Meter große und etwa 20 Meter tiefe Krater Endurance. Im September 2006 erreichte er den Rand des 800 Meter großen und 70 Meter tiefen Kraters Victoria. Nach einer ersten Umrundung fuhr er an der sogenannten Entenbucht in den Krater hinein, was nicht ohne Risiko war, aber – einschließlich des späteren Wiederaufstiegs – trotz einiger Probleme gelang. Anschließend ging es weiter zu einem noch größeren Krater, Endeavour, mit einem Durchmesser von 22 Kilometern und 300 Metern Tiefe. Die Gesteine, die an seinem Innenwall freigelegt wurden, können uns viele Millionen, wenn nicht Milliarden Jahre in der Geschichte des Planeten zurückführen.

Der tapfere kleine Rover OPPORTUNITY, kaum größer als ein Mini, muss auf dem Weg dorthin einen seltsamen Anblick geboten haben: Weil eines der Räder seinen Dienst versagt, kommt er nur im Rückwärtsgang vorwärts, und sein Roboterarm lässt sich auch nicht mehr ordnungsgemäß ablegen, sondern ragt unter einem ungünstigen Winkel heraus und schlägt daher immer wieder auf den Boden. An einem besonders guten Tag schaffte der Rover immerhin rund 100 Meter, aber jetzt konzentriert er sich auf die Erforschung dieses geologischen Hauptgewinns.

Neben vielen anderen Daten haben die beiden Rover genügend Beweise dafür gesammelt, dass weite Teile des Mars früher mit Wasser bedeckt waren. Trotzdem müssen die ursprünglichen Ozeane des Mars nicht notwendigerweise lebensfreundlich gewesen sein: Immerhin deutet das Fehlen von Karbonaten am Landeplatz von SPIRIT darauf hin, dass das Wasser ziemlich sauer gewesen sein mag.

UNTEN: Der Marsrover OPPORTUNITY in der Entenbucht am Westrand des Victoria-Kraters. Im Vordergrund erkennt man die auffälligen Solarpaneele.

AUF DER SUCHE NACH WASSER

Entfernung zur Erde: 14,1 Lichtminuten

Jede gute Besichtigungstour schließt auch Orte von aktueller Bedeutung ein, und deshalb gehört der Krater Newton dazu – als einziger Ort unserer Tour, an dem wir mit etwas Glück flüssiges Wasser an der Oberfläche sehen können. Im August 20´1 verkündeten NASA-Wissenschaftler, sie hätten Anzeichen für mögliche aktuelle Aktivitäten einer salzigen Flüssigkeit entdeckt.

Die entsprechenden Aufnahmen der HiRISE-Kamera an Bord des MARS RECONNAISSANCE ORBITER stammen von verschiedenen Orten der Südhalbkugel, einschließlich dem Krater Newton. Die dunklen Streifen, die im Fachjargon „wiederkehrende Hanglinien" genannt werden, sind schmal – zwischen einem halben und fünf Metern breit – und treten während der warmen Phasen an steilen Hängen mit Neigungen zwischen 25 und 40 Grad auf. Bilder, die in größeren Abständen gewonnen wurden, zeigen, dass diese Linien während des Sommers länger werden und während der kalten Jahreszeit wieder verschwinden. Sie setzen gleich an den obersten Gesteinsschichten an, sind oft mit kleinen Gräben verknüpft und entstehen an einzelnen Orten zu Hunderten, vorwiegend an äquatorwärts geneigten Hängen. Als Erklärung wird salzhaltiges Wasser vermutet, doch die Quelle ist unklar. Der Salzgehalt senkt den Gefrierpunkt von flüssigem Wasser, und Meerwasser könnte an den beobachteten Orten zumindest im Sommer durchaus überdauern.

Natürlich beweist dies nicht, dass tatsächlich auch heute noch Salzwasser an diesen Stellen fließt, aber die Chancen dafür sind größer geworden – und damit auch die Chancen, irgendeine Form von Leben auf dem Mars zu finden. So wurde vermutet, dass vielleicht robuste Mikroben die Pausen zwischen den Schmelzwasserphasen überdauern könnten. Wir sollten uns allerdings davon hüten, solche Spekulationen für bare Münze zu nehmen. So spannend und wichtig diese Beobachtungen auch sein mögen: Sie zeigen nicht sicher, dass Wasser heute auf dem Mars fließt, und sie liefern erst recht keinen Beweis für Leben auf dem Mars. Aber es ist schon ein faszinierender Gedanke, sich vorzustellen, dass man am Ende eines solchen Abflusses steht und sich nur zu bücken braucht, um einen „feuchten" Marsboden zu berühren.

OBEN: Fließstrukturen, die im Frühjahr und Sommer auf einem Hang im Innern des Kraters Newton erscheinen

OBEN: Die dunklen Streifen an den Wänden des Kraters Newton könnten durch fließendes Material erzeugt werden.

LINKS: Auch diese Strukturen lassen Strömungseinflüsse erkennen – ähnlich wie bei einem ausgetrockneten Flussbett.

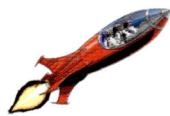

EIN ERDNAHER ASTEROID

Entfernung zur Erde: 13,9 Lichtminuten

OBEN: Der Asteroid Eros, aufgenommen von der NEAR-SHOEMAKER-Sonde

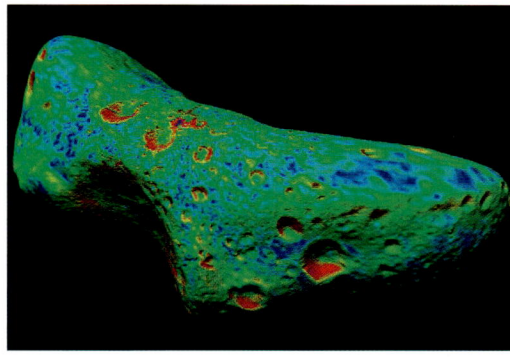

OBEN: Falschfarbenansicht von Eros. Die Farben geben die unterschiedliche Dichte des Oberflächenmaterials wieder, rote Flächen weisen auf dichteres Material hin.

Es ist Zeit, den Mars zu verlassen und das äußere Sonnensystem anzusteuern. Dabei müssen wir den dicht bevölkerten Asteroidengürtel zwischen Mars- und Jupiterbahn durchqueren. Dort treiben Hunderttausende von kleineren Objekten um die Sonne, angefangen von einem Zwergplaneten, der eine eigene Welt repräsentiert, bis herunter zu Felsbrocken und kieselsteingroßen Bröckchen. Die meisten von ihnen bleiben dauerhaft im sogenannten Hauptgürtel, der schon bald jenseits der Marsbahn beginnt.

In dieser Gegend treffen wir auf ein vertrautes Objekt, das aussieht wie eine längliche Kartoffel – den Asteroiden Eros, der auf seiner exzentrischen Bahn nicht nur die Marsbahn kreuzt, sondern sich auch der Erdbahn bis auf rund 24 Millionen Kilometer nähert. Obwohl er nur 32 Kilometer lang und rund 15 Kilometer dick ist, hätte eine Kollision mit der Erde globale Zerstörungskraft. Zum Glück ist eine solche Kollision nicht absehbar.

Schon beim Anflug erkennen wir viele Krater, Vertiefungen, Hügel und Bergrücken. Große Gebirgszüge kann man auf einem solch kleinen Körper nicht erwarten, denn sowohl die Tragkraft als auch das Bindungsvermögen hängen von der Größe des Körpers ab. Entsprechend beschränkt sich der Höhenunterschied zwischen dem höchsten und dem tiefsten Punkt auf rund zwei Kilometer. Am Rande der sattelähnlichen Formation Himeros (so benannt nach einem Bruder des Eros) glitzert die Raumsonde NEAR-SHOEMAKER, die dort am 12. Februar 2001 gezielt zum „Absturz" gebracht wurde, nachdem sie den Asteroiden zuvor rund ein Jahr erkundet hatte.

Auf Eros gibt es kaum kleine Krater, und seine Oberfläche erscheint ziemlich gleichförmig. Die stark elliptische Bahn des Asteroiden legt nahe, dass er ursprünglich Teil eines größeren Körpers war und von diesem abgesprengt wurde. Bei einer solchen Kollision könnte Eros auf seine lang gestreckte, chaotische Bahn ins innere Sonnensystem gebracht worden sein, auf der wir ihn heute antreffen. Zusammenstöße unter Asteroiden scheinen keine Seltenheit zu sein – etliche dieser Objekte bewegen sich auf einander ähnlichen Bahnen und zeigen darüber hinaus eine ähnliche Zusammensetzung. Sie werden als „Familien" bezeichnet, die auf solche Weise entstanden sein dürften. Wir werden sehen, dass die Asteroiden noch zahlreiche weitere Überraschungen bereit halten. Einige der größten Vertreter wollen wir besuchen, und dazu beginnen wir bei Vesta, dem hellsten Asteroiden.

DER HELLSTE ASTEROID

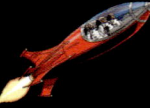

Entfernung zur Erde: 20,6 Lichtminuten

Vesta ist der hellste Asteroid, und so verwundert es nicht, dass sie bereits von einer irdischen Raumsonde angesteuert wurde. Mit Ptolemäus wollen wir dort ebenfalls Station machen. Die Raumsonde Dawn hat ungefähr ein Jahr hier verbracht und die Oberfläche dieses faszinierenden Himmelskörpers kartiert, der mit einem Durchmesser von 530 Kilometern groß genug ist, um als ähnlich abwechslungsreiche Welt zu erscheinen wie ein Planet. Man kann allerdings nicht gerade sagen, dass Vesta ein gastfreundlicher Ort sei. Die Temperatur an der Oberfläche reicht von −20 Grad am Äquator bis zu −190 Grad an den Polen, und ihre Masse ist natürlich zu klein, um eine Atmosphäre festhalten zu können.

Vesta hat eine turbulente Vergangenheit. Während der letzten Milliarde Jahre verlor sie wohl rund ein Prozent ihrer Masse bei einem Einschlag; dabei blieb ein etwa 465 Kilometer großer Krater zurück, der weite Teile ihrer Südhalbkugel einnimmt. Vesta gilt als der Mutterkörper einer Klasse von Meteoriten, die aufgrund ihrer Zusammensetzung als Howardit-Eukrit-Diogenit-Meteorite (HED-Meteorite) bezeichnet werden. Gibt es noch weitere Überreste dieser Kollision? Ja, einige andere Asteroiden haben eine ganz ähnliche Zusammensetzung wie Vesta. Zu ihnen gehört das vergleichsweise große Objekt Kollaa, das ursprünglich tief unter der früheren Kruste von Vesta verborgen lag. Vesta sollte daher vielleicht besser als verhinderter Planet denn als wahrer Asteroid angesehen werden.

Man nimmt an, dass Vesta – wie die erdähnlichen Planeten – einen metallischen Kern aus Eisen und Nickel enthält, der von einem Gesteinsmantel und der Kruste umgeben wird. Wir können sogar durchaus spekulieren, dass Vesta kurz nach ihrer Entstehung weitgehend aufgeschmolzen war, denn erst dabei kann sich der metallische Kern gebildet haben. Als Wärmequelle kommt vermutlich eine Mischung aus Aluminium-26 und Eisen-60 in Frage, radioaktive Elemente, die im Zuge einer nahen Supernova gebildet worden sein müssten. Sie hätten dann bei ihrem Zerfall die notwendige Wärme freigesetzt, die für das Aufschmelzen erforderlich war. Anschließend wäre Vesta dann abgekühlt und hätte schließlich den heutigen Zustand erreicht.

Der riesige Krater am Vesta-Südpol ist von besonderem Interesse. Sein Durchmesser erreicht immerhin mehr als 80 Prozent des Gesamtdurchmessers, und der Kraterboden liegt etwa 13 Kilometer unter der umgebenden Landschaft, während sich der Kraterrand rund 12 Kilometer hoch aufwölbt. Auch hier – wie zuvor schon beim Mars – kann die Erkundung der Kraterwände wichtige Informationen über das Material tief im Innern von Vesta zu Tage fördern: Der Einschlag hat diverse Schichten der Gesteinskruste und vielleicht sogar die Grenze zum Gesteinsmantel durchschlagen. Unser Besuch bei Vesta hat uns einen Himmelskörper offenbart, der kaum Ähnlichkeit mit einem anderen Objekt im Sonnensystem aufweist.

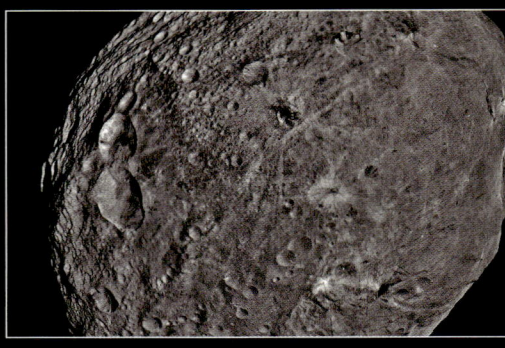

OBEN: Die zerkraterte Oberfläche von Vesta, aufgenommen von der Raumsonde Dawn

OBEN: Die drei Krater auf der Nordhälfte von Vesta wurden aufgrund ihres Erscheinungsbildes als „Schneemann" bezeichnet.

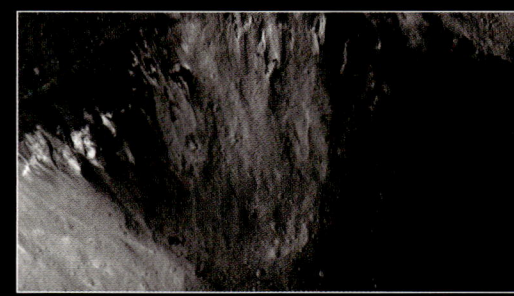

OBEN: Die Kraterwände zeigen hier helles und dunkles Material

DER GRÖSSTE ASTEROID

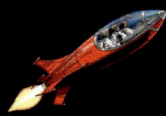

Entfernung zur Erde: 23,8 Lichtminuten

OBEN: Ceres auf einem Foto des HUBBLE-Weltraumteleskops. Ceres wird manchmal als verhinderter Planet bezeichnet. Die störende Schwerkraft von Jupiter vereitelte vor Milliarden von Jahren ihre letzte Wachstumsphase zum ausgewachsenen Planeten, und so strandete sie gleichsam zwischen den Überresten der Planetenentstehung, die heute den Asteroiden-Hauptgürtel zwischen Mars- und Jupiterbahn bevölkern.

Ceres ist unter den Hauptgürtel-Asteroiden der größte und wird von der Internationalen Astronomischen Union (IAU) inzwischen als Zwergplanet eingestuft. Mit einem Durchmesser von 930 Kilometern ist Ceres aber deutlich kleiner als der Erdmond. Für einen Umlauf um die Sonne benötigt sie 4,6 Jahre. Ihre Zusammensetzung entspricht dem Standard von rund drei Viertel aller Hauptgürtel-Asteroiden, die hier im äußeren Bereich des Gürtels sogar einen noch größeren Anteil stellen. Die Oberfläche ist dunkel und von Kratern zernarbt. Kein anderer Asteroid ist auch nur annähernd so groß wie sie, die meisten sind im Vergleich zu ihr eher winzig. Dazu passt, dass sie allein rund ein Drittel der Gesamtmasse des Asteroidengürtels in sich vereint.

Über ihren Aufbau wissen wir noch nicht sehr viel. Das beste Modell geht von einem Gesteinskern aus, der von einem 60 bis 200 Kilometer dicken eisigen Mantel umgeben ist. In diesem Mantel werden durchaus Wassereis und Tonminerale vermutet. Schließlich ist es hier draußen bitter kalt, und die Temperatur steigt niemals über –40 Grad Celsius. Möglicherweise war Ceres anfangs unter der Kruste von einem Ozean umgeben, und es gibt sogar eine kleine Chance, dass dieser Ozean noch heute existiert.

Mehr Aufschlüsse darüber werden von der Raumsonde DAWN erwartet, die nach ihrer Erkundung von Vesta Ceres als nächstes Ziel ansteuert. Die Ankunft dort wird für 2015 erwartet, doch wird es selbst im Nachhinein schwer sein, den genauen Zeitpunkt der Ankunft anzugeben. Raumsonden, die zu größeren Körpern wie etwa dem Mars fliegen, werden dort sicher und genau vorhersagbar vom Schwerefeld eingefangen oder nutzen sogar die Atmosphäre zum gezielten Abbremsen (Aerobraking). Beide Möglichkeiten bietet Ceres dagegen nicht, und so müssen DAWN (und Ptolemäus) versuchen, sich langsam an Ceres heranzuschleichen und dann deren Geschwindigkeit aufzunehmen.

Die Existenz von Ceres war bereits vor ihrer Entdeckung vorhergesagt worden. Eine mathematische Beziehung, die sogenannte Titius-Bode-Reihe, ging von einem weiteren Planeten zwischen Mars und Jupiter aus, wo eine auffällige Lücke klafft. Am 1. Januar 1801 wurde Ceres genau an dieser Stelle entdeckt. Innerhalb weniger Jahre wurden drei weitere Objekte in dieser Gegend gefunden, und so tauchte die Idee auf, dass es sich um Trümmer eines ursprünglich größeren Planeten handeln könne.

Seit wir die Eigenarten einzelner Asteroiden kennen, ist das Bild aber noch komplexer. Der Asteroidengürtel könnte aus Überresten einer Reihe von Planetenbausteinen entstanden sein, die sich nicht zu einem oder mehreren großen Planeten vereinen konnten. Schuld daran trägt vermutlich der größte Planet, Jupiter. Auf dem Weg dorthin wollen wir noch einen Kometen und einen letzten Asteroiden aufsuchen.

DEEP IMPACT

Entfernung zur Erde: 32 Lichtminuten

Der nächste Stopp auf unserer kosmischen Reise ist ein kleiner, gewöhnlicher Komet. Er trägt den Namen Tempel 1 und umrundet die Sonne auf einer elliptischen Bahn. Dabei kann er sich ihr bis auf eine Distanz von 12,48 Lichtminuten nähern und sich andererseits bis auf 39,1 Lichtminuten entfernen. Wenn wir genau hinschauen, können wir vielleicht einen ungewöhnlichen, weil von Menschenhand geschaffenen Krater erkennen, und genau deswegen kommen wir hier vorbei. Dieser Komet wurde bereits von zwei Raumsonden besucht, von denen die erste ihn unter Beschuss genommen hat.

Tempel 1 ist ein periodischer Komet, er wurde 1867 von Wilhelm Tempel entdeckt und besaß damals eine Umlaufperiode von 5,5 Jahren. 1873 und 1879 kehrte er wieder und galt danach für viele Jahrzehnte als verschollen. Wie sich später zeigte, hatte er sich 1881 dem Planeten Jupiter genähert und war von dessen Schwerkraft auf eine neue Bahn geschleudert worden, wodurch seine Umlaufzeit auf 6,5 Jahre verändert wurde. Nach zwei weiteren Jupiterannäherungen gelangte er schließlich wieder auf eine 5,5-Jahre-Umlaufbahn, auf der er vor rund 40 Jahren wiedergefunden wurde. Für einen Kometen auf einer solchen Bahn ist er mit 7,5 x 5 Kilometern Durchmesser überraschend groß.

Im Juli 2005 zog die Raumsonde DEEP IMPACT an dem Kometen vorbei. Kurz vor der Passage stieß sie einen etwa 370 Kilogramm schweren Kupferblock aus, der am 4. Juli mit dem Kometenkern zusammenprallte und dabei eine Explosion auf der Kometenoberfläche auslöste. Insgesamt wurden bei diesem Aufprall mehr als 4000 Tonnen Eis und bis zu fünfmal so viel Staub aufgewirbelt, der der später in 500 Kilometer Abstand vorbeifliegenden DEEP-IMPACT-Sonde den Blick auf die Einschlagstelle versperrte. Trotz dieser unerwarteten Sichttrübung galt das Experiment insgesamt als sehr erfolgreich, auch wenn das Ergebnis überraschend war: Zumindest der Kern des Kometen Tempel 1 erschien weniger als schmutziger Schneeball, sondern vielmehr als vereister Geröllhaufen.

Damit war das Experiment aber noch nicht beendet. Die NASA schickte vielmehr eine zweite Raumsonde mit Namen STARDUST in die Verlängerung, die zuvor schon den Asteroiden Annefrank besucht und später Staubteilchen aus der Gashülle des Kometen Wild 2 aufgefangen und bei einem anschließenden Vorbeiflug an der Erde per Rückkehrkapsel „zu Hause" abgeliefert hatte. Mit einem neuerlichen Vorbeiflug an der Erde und einer letzten großen Triebwerkszündung wurde sie zu einem Rendezvous mit Tempel 1 gebracht: Am 15. Februar 2011 zog sie in einem Abstand von 181 Kilometern an dem Kometen vorbei und konnte dabei auch den künstlich erzeugten Einschlagkrater identifizieren. Jetzt konnte sein Durchmesser zu rund 150 Metern abgeschätzt werden, was interessante Rückschlüsse auf die Struktur und Festigkeit des Kometenkerns ermöglichte und die Vorstellung von einem zumindest nahe der Oberfläche weitgehend ausgegasten Objekt bestätigte.

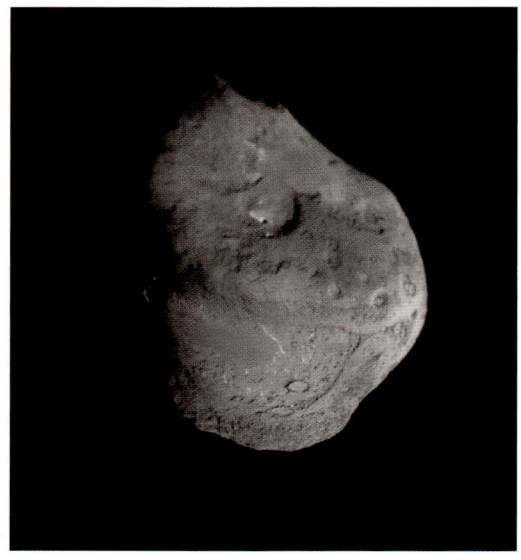

OBEN: Der Komet Tempel 1 unmittelbar vor dem Aufprall des Impaktors, aufgenommen von dessen Kamera

OBEN: Die Explosionswolke, die beim Aufprall des Impaktors auf Tempel 1 entstand

DER LETZTE ASTEROID

Entfernung zur Erde: 35,8 Lichtminuten

OBEN: So stellt James Symonds sich den Blick
von Thule zurück in Richtung Sonne vor.

Bevor wir den Hauptgürtel der Asteroiden verlassen, müssen wir noch bei einem Objekt vorbeischauen, das noch von keiner Raumsonde besucht wurde und so bald wohl auch keinen anderen Besuch erhält. Obwohl der Asteroid Nummer 279, Thule, offiziell noch zum Hauptgürtel gezählt wird, scheint er dessen äußeren Rand zu markieren, und es gibt einige interessanten Fakten über ihn zu vermelden.

Mit einem Durchmesser von 127 Kilometern gehört er durchaus zu den größeren Vertretern seiner Klasse und besteht vermutlich aus einer Mixtur von Silikaten und kohlenstofffreien organischen Verbindungen, die möglicherweise einen Eiskern umhüllen. Solche Asteroiden sind so fremd im Hauptgürtel, dass manche sie als Eindringlinge aus dem äußeren Bereich des Sonnensystems ansehen. Damit könnte auch Thule die Sonne ursprünglich jenseits der Neptunbahn umrundet haben.

Doch wo immer er hergekommen sein mag – heute bewegt er sich auf einer stabilen, ziemlich kreisförmigen Umlaufbahn, die ihn alle 8,84 Jahre einmal um die Sonne führt. Damit schafft er vier Umläufe in der gleichen Zeit, die Jupiter für drei Sonnenumläufe benötigt. Die Fachleute sprechen in diesem Zusammenhang von einer 4:3-Resonanz der Bahnen. Dort draußen präsentiert Thule sich irdischen Beobachtern als winziger Lichtpunkt am Himmel.

Asteroidenfamilien, deren Mitglieder die Sonne auf ähnlichen Bahnen umrunden und möglicherweise aus einer größeren Kollision ihres Mutterkörpers hervorgegangen sind, sind im Hauptgürtel häufig anzutreffen. Daneben gibt es auch noch sogenannte „Gruppen", deren Mitglieder zwar auch ähnliche Bahnen beschreiben, die aber keinen gemeinsamen Ursprung haben. Hier spielen meist schwerkraftbedingte Auswahleffekte eine Rolle, so etwa bei der Hilda-Gruppe, deren Mitglieder sich alle auf Bahnen mit einer 3:2-Resonanz zu Jupiter bewegen. Thule dagegen scheint ein ziemlicher Einzelgänger zu sein.

Wenn wir aus unserem Raumschiff von Thule aus zurück in Richtung Sonne blicken, sehen wir das innere Sonnensystem zwar nicht so wie auf der künstlerischen Darstellung, denn die meisten Asteroiden des Hauptgürtels bleiben uns verborgen. Der dunkle Himmel erscheint vielmehr mit Sternen übersät, und neben der sehr hellen Sonne können wir vielleicht auch einen oder mehrere der bislang besuchten, erdähnlichen Planeten erkennen.

DER GEFÄHRLICHE RIESE

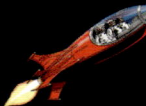

Entfernung zur Erde: 43,7 Lichtminuten

Nachdem wir den Asteroidengürtel hinter uns gelassen haben, stoßen wir in eine mehr oder minder spärlich besetzte Region des Sonnensystems vor, in der uns hin und wieder ein Komet begegnet. Weiter draußen existiert noch ein weiterer, eigenartiger Haufen von Asteroiden, der zwar nicht so dicht erscheint wie der Hauptgürtel, aber dennoch viele Mitglieder enthält. Ihre Zahl wird auf eine Million geschätzt, zumindest bis herunter zu einem Durchmesser von etwa einem Kilometer. Dies sind die sogenannten Trojaner, die auf ähnlichen Bahnen um die Sonne ziehen wie Jupiter, sich aber in gebührendem Abstand von rund 60 Grad vor ihm bewegen; eine zweite Wolke folgt ihm in gleichem Abstand nach. Der größte von ihnen, Hektor, hat eine Ausdehnung von 370 x 195 Kilometern, doch die meisten sind deutlich kleiner.

Die Trojaner sind von Jupiter ähnlich weit entfernt wie die Erde, und so sehen wir den Riesenplaneten von dort aus kaum anders als von zu Hause aus. Das wird sich erst ändern, wenn wir uns näher heranwagen, doch ist Vorsicht geboten, denn die unmittelbare Jupiterumgebung birgt eine Menge Gefahren für uns. Schließlich verfügt der Planet über intensive Strahlungsgürtel, die einen Astronauten außerhalb unseres besonders geschützten Raumschiffs sogleich mit einer tödlichen Strahlungsdosis empfangen. Das irdische Gegenstück, die sogenannten Van-Allen-Gürtel, sind im Vergleich dazu regelrecht mickrig, denn das Jupitermagnetfeld ist wesentlich stärker als das Erdmagnetfeld.

Als erste Besonderheit fällt auf, dass Jupiter deutlich abgeplattet ist. Die sichtbare „Oberfläche" des Planeten ist nicht fest, sondern gasförmig, und weil Jupiter so schnell um seine Achse wirbelt, baucht er kräftig aus: Ungeachtet seiner Größe rotiert er in weniger als zehn Stunden einmal. Doch so frustrierend es sein mag, keine feste Oberfläche er-

OBEN: 1994 stürzten die Trümmer des Kometen Shoemaker-Levy 9 auf Jupiter. Die HUBBLE-Weltraumteleskop-Aufnahme zeigt zwei der Einschlagstellen.

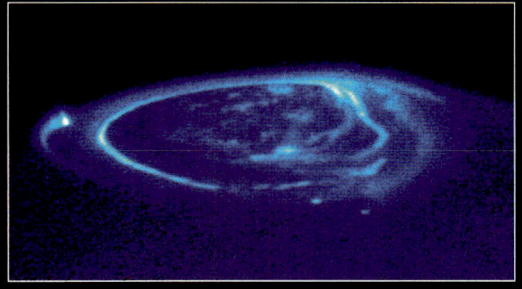

OBEN: Die Polarlichter auf Jupiter werden durch elektrische Ströme ausgelöst, die entlang der Magnetfeldlinien fließen.

UNTEN LINKS: Diese Kompositaufnahme eines Polarlichts vereint Röntgenbeobachtungen des Satelliten CHANDRA (magenta) und UV-Beobachtungen von HUBBLE (blau) mit einem Foto im sichtbaren Bereich.

UNTEN UND UNTEN RECHTS: Jupiteransichten der Saturnsonde CASSINI. Das Bild rechts unten zeigt auch den Schatten des Jupitermonds Europa.

kunden zu können, der Anblick der Jupiterwolken ist nicht minder faszinierend. Unser letzter Planet mit einer Wolkendecke war Venus, doch die Wolken von Jupiter bieten eine völlig andere Erscheinung.

Die Jupiterkugel ist von dunklen, rötlich braunen Streifen durchzogen, die sich in stetiger turbulenter Strömung immer wieder verändern. Die beiden Hauptgürtel liegen oberhalb und unterhalb des Jupiteräquators, weitere kleinere folgen nach Norden und Süden. Und überall fügen ausgedehnte Flecken und lange Wolkenbänder, sogenannte Girlanden, zusätzliche Strukturen ein. Dazwischen liegen helle, cremefarbene Wolkenzonen. Die Farbunterschiede sind mit großer Wahrscheinlichkeit auf die unterschiedliche chemische Zusammensetzung der einzelnen Wolkenschichten zurückzuführen, wiewohl deren exakte Zutatenliste noch unklar ist. Die obersten Wolken bewegen sich in einer Umgebungstemperatur von etwa –150 Grad Celsius.

Woraus die Wolken auch im Einzelnen bestehen mögen – der Hauptbestandteil der Jupiteratmosphäre ist Wasserstoff. Dies ist das leichteste Gas, und es kann von den kleinen, sonnennahen Planeten nicht festgehalten werden. Daher darf man annehmen, dass Jupiter seine heutige Größe vor allem deswegen erreichen konnte, weil er jene Mindestmasse übertraf, die zum Einfang von Wasserstoffgas gereicht hat. Heute enthält die Jupiteratmosphäre etwa 75 Prozent Wasserstoff und 24 Prozent Helium (jeweils als Massenanteil). Daneben gibt es noch kleinere Mengen an Ammoniak und Methan sowie Spuren von Schwefelwasserstoff, die allerdings ausreichen, um einen unangenehmen Geruch zu erzeugen.

In Polnähe erscheinen die Wolken dunkler, dafür blitzen immer wieder helle Lichter auf – Polarlichter, wie wir sie von der Erde her kennen. Auch das Jupitermagnetfeld leitet elektrisch geladene Teilchen zu den Polen, und weil es viel stärker ist als bei allen übrigen Planeten im Sonnensystem, sind auch die Polarlichter auf Jupiter besonders spektakulär. Sie bereichern die ohnehin schon überwältigende Szenerie, die allein durch ihre schieren Ausmaße alles in den Schatten stellt, was wir bislang kennengelernt haben – mit Ausnahme der Sonne natürlich. Viele der Wolkenflecken, die wir am Rande der einzelnen Bänder erspähen, sind Tausende von Kilometern groß und könnten weite Teile der Erde einhüllen. Dahinter verbergen sich gewaltige Stürme ungeahnter Stärke. Um sie zu verstehen, werden wir uns als Nächstes den größten und bekanntesten dieser Stürme ansehen – den Großen Roten Fleck.

JUPITERS GRÖSSTER STURM

Entfernung zur Erde: 43,7 Lichtminuten

Der Große Rote Fleck (GRF) ist die bekannteste Formation auf Jupiter, er wird seit dem 17. Jahrhundert beobachtet. In einem der südlichen Wolkenbänder gelegen ist er so groß, dass zwei oder drei Erdkugeln hineinpassen würden. Ungeachtet dieser Ausmaße scheint er jedoch sehr dünn zu sein und dürfte kaum mehr als 40 Kilometer Höhe besitzen. Beim Anflug sehen wir, dass er derzeit eine recht intensive ziegelrote Färbung aufweist; in der Vergangenheit war er wiederholt auch ziemlich blass erschienen.

Der GRF ist im Prinzip nichts anderes als ein gewaltiger Sturm, ein sogenannter Antizyklon, wie er auch in der Erdatmosphäre vorkommt. Anders als irdische Antizyklone steht er aber nicht mit irgendeinem Berg oder einer anderen Landschaftsformation auf Jupiter in Verbindung, sondern treibt rund acht Kilometer über der normalen Wolkendecke. Innerhalb des Sturms strömt die Luft mit Geschwindigkeiten von mehreren Hundert Kilometern pro Stunde: In den Randbereichen wurden 430 Stundenkilometer gemessen, während das Ganze nach innen hin viel ruhiger wirkt.

Das wohl Überraschendste aber ist die Beständigkeit des Sturms. Er war zwar wiederholt vorübergehend unbemerkt geblieben – vielleicht, weil noch höhere Wolkenschichten ihn eine Zeitlang verdeckten –, aber er ist immer wieder „aufgetaucht". Jupiters Atmosphäre ist sehr turbulent, und so kann sich natürlich auch dieser Sturm eines Tages legen. Aber selbst eine Kollision mit einem kleineren Sturm konnte ihm nichts anhaben: Die kleinere Variante wurde dabei aufgelöst und teilweise „verschluckt".

Wie entstehen solche Stürme? Der kleinere Sturm war zunächst als weißer Fleck erschienen und hat erst wenige Monate vor seinem Ende die Farbe gewechselt. Einen ähnlichen Anfang hatte auch die neueste Touristenattraktion genommen, ein Sturm mit dem Namen Oval BA, der schließlich etwa die halbe Größe des GRF erreichte. Das Oval BA war ursprünglich aus der Vereinigung von drei weißen Flecken entstanden, hatte dann 2005 eine rötliche Färbung angenommen und sich in den Folgejahren sowohl farblich als auch hinsichtlich der Windgeschwindigkeiten zu einem Rivalen des GRF entwickelt. Da die Wolkenbänder auf Jupiter abhängig von ihrem Äquatorabstand unterschiedlich schnell rotieren, ziehen die beiden riesigen Stürme etwa alle zwei Jahre in einigem Abstand aneinander vorbei. Vielleicht werden sie sich eines Tages annähern und schließlich zu einem noch spektakuläreren Objekt verbinden. Noch aber treiben sie einzeln durch die turbulente Jupiteratmosphäre und überrunden sich dabei immer wieder gegenseitig in einem scheinbaren Wettlauf.

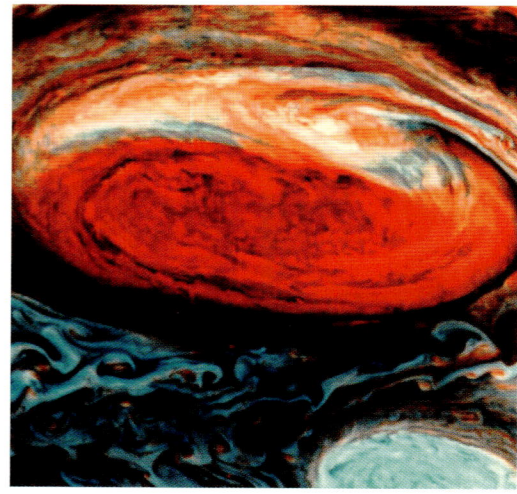

OBEN: Der Große Rote Fleck in einem Falschfarbenbild von Voyager 1

OBEN: Das Hubble-Weltraumteleskop fotografierte das Oval BA, die „Juniorversion" des GRF.

RECHTS: So sah Voyager 1 den Großen Roten Fleck 1979.

WELT AUS EIS UND FEUER

Entfernung zur Erde: 43,7 Lichtminuten

Es ist nicht verwunderlich, dass wir uns an diesem Ort zunächst auf Jupiter konzentriert haben, ist er doch ein faszinierendes Objekt.
Wenn wir den Blick nun aber schweifen lassen, werden wir bald sehen, dass es hier auch noch genügend andere interessante Objekte zu entdecken gibt. Der Riesenplanet verfügt über eine große Zahl an Monden sowie über drei Ringe, die allerdings sehr dunkel und transparent erscheinen, weil sie aus winzigen Staubteilchen bestehen; entsprechend können sie nur unter besonderen Bedingungen gesehen werden.

Der Staub stammt von den winzigen inneren Monden des Jupiter, die einem ständigen Hagel von Mikrometeoriten ausgesetzt sind. Adrastea und Metis versorgen den Hauptring mit Nachschub, Amalthea und Thebe die noch blasseren „Spinnweben-Ringe". Zweifellos verdienen diese kleinen Monde eine gewisse Aufmerksamkeit, doch kennen wir rund 60 solcher Winzlinge als Jupiterbegleiter. Die wirklichen Highlights neben dem Planeten selbst sind die vier großen Jupitermonde, die schon von Galilei im frühen 17. Jahrhundert beobachtet wurden.

Jupiter am nächsten ist Io, und schon im Anflug zeigt sich, dass dies kein erkalteter, toter Himmelskörper sein kann: Überall erkennt man Lavaströme, und mehr als 400 Vulkane konnten gezählt werden. Sie spucken gewaltige Mengen an Schwefel aus, der bis in große Höhen vordringt, eine dünne Schwefeldioxidatmosphäre formt und die Oberfläche ständig neu mit einer dünnen Schicht aus Schwefel„frost" überzieht. Dadurch erhält Io ein bizarres, einmalig erscheinendes Aussehen, das an eine überdimensionale Kugelpizza erinnert.

Io ist eine Welt der Kontraste. Während die Oberflächentemperatur normalerweise bei −140 Grad liegt, tritt aus dem Vulkan Pillan Patera knapp 2000 Grad heiße Lava aus. Von unserem sicheren Beobachtungsort an Bord des Raumschiffs Ptolemäus sehen wir gleich mehrere Dutzend vulkanische Austrittsstellen, speiende Geysire und schwarze Areale, die von Schwefeldioxidniederschlag überdeckt sind. Es ist eine faszinierende Landschaft, die aber zugleich sehr unheimlich und gefährlich ist – vor allem, weil Io tief innerhalb der intensiven Strahlungsgürtel um Jupiter zieht.

Bei den erdähnlichen Planeten wird der Vulkanismus durch jene Wärme gespeist, die bei der Entstehung der Planeten freigesetzt und gespeichert wurde. Unterstützend kommt noch die Wärme hinzu, die beim Zerfall radioaktiver Elemente entsteht. Ein Objekt von der Größe Ios sollte allerdings längst ausgekühlt sein. Der Grund für seine anhaltende Aktivität liegt in der Elliptizität seiner Umlaufbahn. Dadurch wird Io bei jedem Umlauf um Jupiter von dessen wechselnder Gezeitenkraft gleichsam durchgeknetet und verformt – um bis zu hundert Meter hebt und senkt sich die Mondoberfläche. Dieser ständige Lastwechsel reicht aus, um das Innere von Io bis heute warm zu halten und so den Vulkanismus anzutreiben, der diesen Mond zu einem wirklich ungewöhnlichen Ort macht.

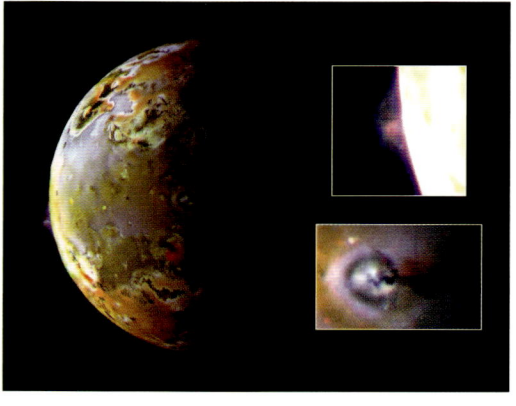

OBEN: Gleich zwei Schwefeleruptionen auf Io zeigt dieses Foto der Raumsonde GALILEO.

OBEN: Diese Aufnahme der VOYAGER-Sonde zeigt eine vulkanische Eruptionswolke am Rand des Jupitermondes Io.

OBEN RECHTS: Die GALILEO-Sonde lieferte diese drei Farbansichten von Io, die unterschiedliche Gebiete der Mondoberfläche zeigen.

UNTEN RECHTS: Zahlreiche Vulkankrater und Lavaströme sind auf diesem Foto der Io-Oberfläche zu erkennen. Der halbrunde, schwarze Fleck am unteren Bildrand ist Loki Patera, ein aktiver Vulkansee.

EINE GLATTE KUGEL

Entfernung zur Erde: 43,7 Lichtminuten

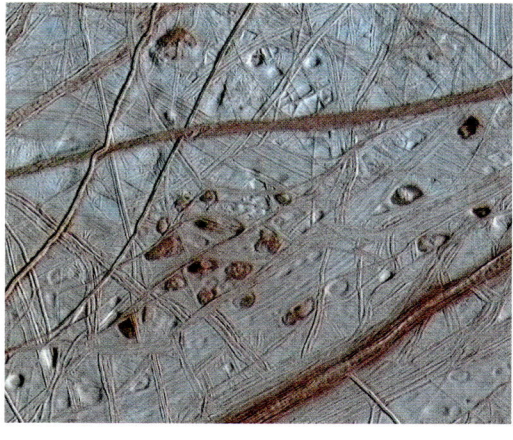

OBEN: Europas typische Oberfläche enthält Höhenrücken und Spalten. Sie sind hier zusammen mit runden Erhebungen und dunklen Flecken zu erkennen.

Der zweite der galileischen Monde, Europa, ist weit genug von Jupiter entfernt, um nicht mehr so stark durchgeknetet zu werden wie Io. Bereits aus der Ferne erscheint die Oberfläche wie eine zerbrochene Eisdecke, und dieser Eindruck täuscht nicht. Es gibt keine Berge und keine tiefen Täler dort, nur wenige Einschlagkrater und schon gar keine Vulkane oder Lavaströme. Europa ist eine der glattesten Kugeln im Sonnensystem, fast so wie die sprichwörtliche Billardkugel.

Die Eisdecke erstreckt sich über die gesamte Oberfläche, sie wirkt jedoch vielfach unterteilt. Das Ganze erinnert stark an die riesigen Schelfeisflächen der Antarktis, und so geht man davon aus, dass unter der Eiskruste ein Ozean aus Salzwasser existiert. Ungeachtet der Kälte, die dort draußen aufgrund der großen Sonnenentfernung herrscht, wird dieses Wasser durch die Wärme flüssig gehalten, die im Innern des Gesteinskerns von Europa produziert wird. Über die Verhältnisse in diesem dunklen Ozean können wir nur spekulieren. Vielleicht wird eines Tages eine Raumsonde dort landen und sich durch das Eis vorarbeiten. Das wird nicht einfach sein. Rückschlüsse, die aus den wenigen Einschlagkratern im Eis gezogen werden können, lassen vermuten, dass die Eiskruste viele Kilometer dick sein könnte. Natürlich mag es auch Bereiche geben, wo das Eis dünner ist, vielleicht nur ein paar Hundert Meter dick.

Würde eine solche Sonde auf Leben treffen? Wir wissen es nicht, aber denkbar wäre es. Auch auf der Erde sind Lebensformen entdeckt worden, die ohne Energie spendendes Sonnenlicht auskommen: komplexe Ökosysteme in den Tiefen des Ozeans, die sich um hydrothermale Quellen, sogenannte Schwarze Raucher, angesiedelt haben. Sie beziehen ihre Energie aus den Mineralen und der Wärme, die dort ausströmen. Es kann nicht ausgeschlossen werden, dass sich das gesamte irdische Leben aus solchen Anfängen entwickelt hat. Warum also sollte Vergleichbares nicht auf dem Jupitermond Europa möglich sein? Vielleicht trifft die erste Sonde, die den Ozean unter dem Eis erreicht, auf die einzigen komplexen Lebensformen im Sonnensystem außerhalb der Erde.

Wenn wir unseren Blick wieder der Mondoberfläche zuwenden, so fallen sofort die dunklen Linien auf, die ein willkürlich erscheinendes Muster bilden. Sie könnten durch wärmeres Eis entstanden sein, das hervorquillt, wenn die einzelnen Eisschollen auf dem Ozean langsam auseinanderdriften. Dieses chaotisch erscheinende Netz wäre dann als eine Folge von Jupiters wechselnden Gezeitenkräften anzusehen.

Für die beiden übrigen galileischen Monde bleibt nur ein kurzer Blick während des raschen Vorbeiflugs. Ganymed und Kallisto sind ebenfalls eisbedeckt, aber auch von Kratern zernarbt. Das Jupitersystem beinhaltet zweifelsohne zahlreiche spannende Orte, aber kaum einer kann mit der kalten Ruhe im lichtlosen Ozean unter der Eiskruste Europas konkurrieren.

OBEN: Das CASSINI-Bild zeigt zwei Jupitermonde: Europa ist unweit von Jupiters Großem Roten Fleck zu erkennen, während Kallisto unten links in der Ecke erfasst wurde.

RECHTS: Eine Auswahl von Ansichten Europas, aufgenommen von der Raumsonde GALILEO

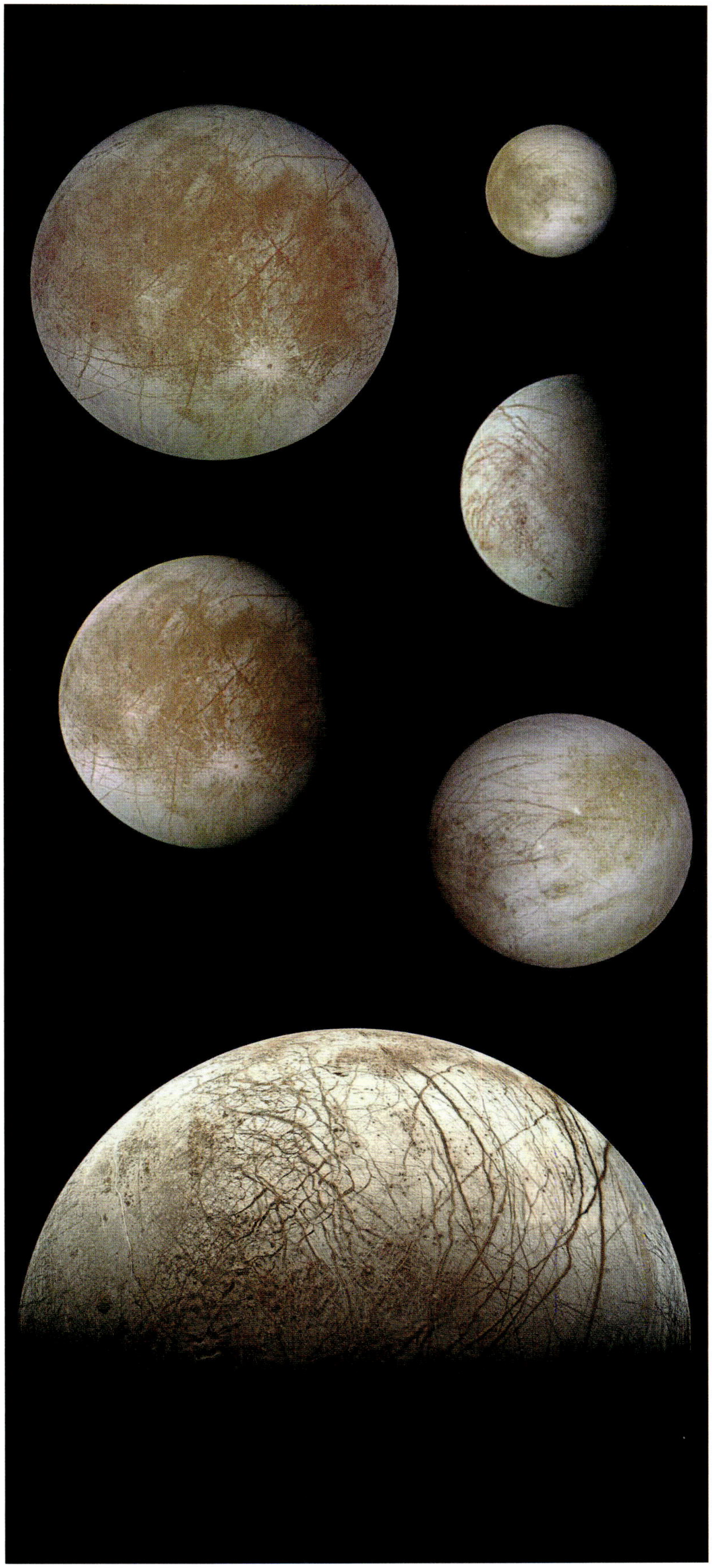

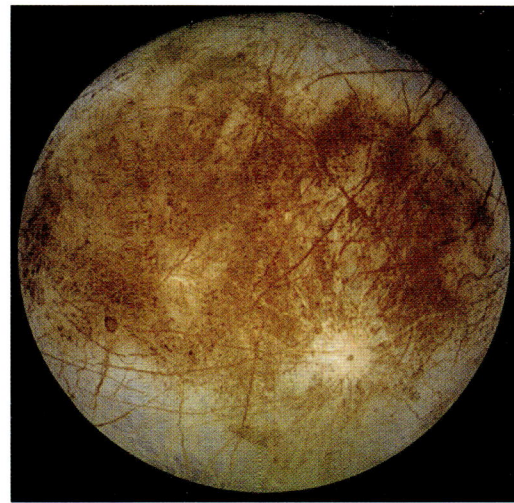

OBEN: Die von Jupiter aus gesehen rechte Hemisphäre Europas. Rechts unten ist der auffällige Krater Pwyll zu erkennen. Im Bereich der dunklen Gebiete enthält das Oberflächeneis mehr Minerale.

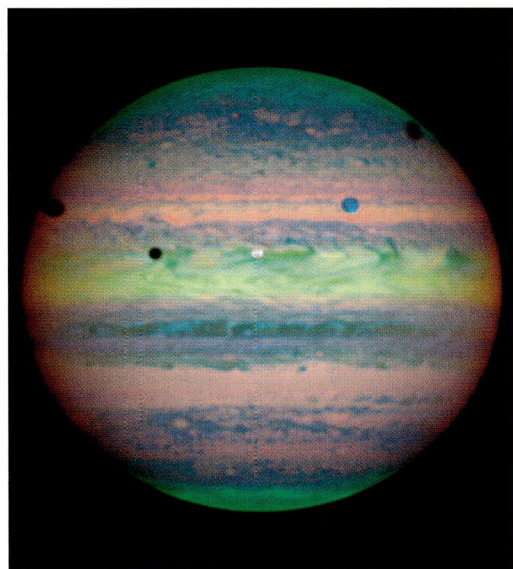

OBEN: Das HUBBLE-Weltraumteleskop hat Jupiter im nahen Infrarotbereich fotografiert. Die drei schwarzen Punkte sind die Schatten der Monde Ganymed, Io und Kallisto (v.l.n.r.).

AUFBRUCH ZUM RINGPLANETEN

Entfernung zur Erde: 1,33 Lichtstunden

Von Jupiter aus bieten die Saturnringe, unser nächstes Ziel, bereits einen faszinierenden Anblick, und das ganz ohne Teleskop. Wir werden im weiteren Verlauf unserer Reise noch viele einzigartige und ungewöhnliche Szenerien zu Gesicht bekommen, doch dieser Anblick ist kaum zu übertreffen. Die Ringe bestehen aus Eisbrocken, manche so groß wie ein Einfamilienhaus, andere kaum größer als kleine Kiesel. Aus unserer augenblicklichen Entfernung erscheinen sie noch wie feste (oder flüssige) Scheiben, doch wissen wir, dass solch zusammenhängende Objekte durch die Schwerkraft des Saturn zerrissen würden.

Je näher wir an Saturn herankommen, desto mehr verändert sich das Aussehen der Ringe. Sie haben einen Durchmesser von rund 275.000 Kilometern, sind aber weniger als 1,5 Kilometer dick und befinden sich in der Äquatorebene des Planeten. Man unterscheidet zwischen drei Hauptsystemen, dem äußeren A-Ring, dem helleren, mittleren B-Ring und dem blassen, inneren C-Ring. Zwischen A- und B-Ring klafft die Cassini-Teilung, eine etwa 4800 Kilometer breite Lücke. Jeder dieser Hauptringe besteht seinerseits aus ungezählten Einzelringen, die untereinander durch schmale Lücken getrennt sind. So erscheint das Ganze von außen wie eine überdimensionale Schallplatte.

Die dunklen, relativ leeren Bereiche sind aus dem Wechselspiel mit den Saturnmonden geformt worden. Nehmen wir zum Beispiel die

OBEN: So sah CASSINI den Ringplaneten beim Anflug.

UNTEN LINKS: Falschfarbenansicht der Saturnringe, aufgenommen von CASSINI

UNTEN: CASSINI-Ansicht von Saturn und Ringen

D-Ring   74.500 km   C-Ring   92.000 km   B-Ring

OBEN: Der Blick über die Saturnringe trifft auf Janus im Vordergrund und den Mond Rhea jenseits der Ringe.

UNTEN: Falschfarbenansichten des Saturn von CASSINI (links) und der Ringe von VOYAGER (rechts)

GANZ UNTEN: Das Echtfarbenmosaik der Saturnringe entstand zehn Grad unterhalb der Ringebene und zeigt die Ringe von links nach rechts über eine Spanne von rund 65.700 Kilometern.

Cassini-Teilung, die an den Saturnmond Mimas gekoppelt ist, jenen bizarren Mond, der eine verblüffende Ähnlichkeit mit dem berühmten Todesstern aus dem Film „Krieg der Sterne" zeigt. Dieser Mond umrundet den Saturn mit der doppelten Umlaufzeit eines Teilchens am inneren Rand der Cassini-Teilung, und das bedeutet, dass dieses Teilchen nach jeweils zwei Saturnumläufen immer an der gleichen Stelle die Schwerkraft von Mimas spürt. So etwas nennt man Bahnresonanz, und die Bahn des hypothetischen Ringteilchens wird dadurch instabil, das Ringteilchen wird im Laufe der Zeit aus dieser Bahn herausgedrängt, und zurück bleibt – die Cassini-Teilung. Entsprechendes gilt für andere Monde und andere Ringzonen.

Die Identität von Saturn ist so eng mit seinen Ringen verknüpft, dass man sich einen Saturn ohne Ringe kaum vorstellen kann. Genauso schwierig ist es aber, angesichts der offenkundigen Zerbrechlichkeit des ganzen Systems davon auszugehen, dass diese Millionen und Abermillionen Teilchen dauerhaft in ihrer heutigen Konfiguration fortbestehen. Vielleicht sind wir auch nur – wie bei jeder optimalen Besichtigungstour – gerade im richtigen Moment am richtigen Ort, und die Ringe sind ein momentanes Zwischenstadium bei der Demontage eines zufällig vorbeigeflogenen und vom Wege abgekommenen größeren Brockens, zum Beispiel eines Kometen.

Allerdings ist die Zahl möglicher Opfer und die Wahrscheinlichkeit, dass eines davon während der letzten Jahrmillionen Saturn in die Fänge geraten wäre, nicht bekannt. Zudem häufen sich die Hinweise, dass die Ringe aus der Frühzeit des Sonnensystems stammen. Eine mögliche Erklärung geht von einem zweiten großen Saturnmond ähnlich dem Titan aus, der dem Planeten zu nahekam und von dessen Gezeitenkraft zerrissen wurde. Aus dem Eismantel dieses Mondes könnten zum einen die Saturnringe entstanden sein und zum anderen die äußeren Eismonde des Planeten, während der Gesteinskern selbst in den Saturn gestürzt ist. Dann hätten die Saturnringe ursprünglich sehr viel mehr Material enthalten, das aber im Laufe der Zeit verloren gegangen ist. Vielleicht sind die Ringe in ein paar Milliarden Jahren sogar ganz verschwunden.

| 117.580 km | Cassini-Teilung | 122.200 km | A-Ring | 136.780 km | F-Ring |

DIE SPEICHEN DES SATURN

Entfernung zur Erde: 1,33 Lichtstunden

Bislang haben wir die Ringe aus einer ähnlichen Perspektive betrachtet wie von der Erde aus, unter einem vergleichsweise flachen Winkel. Wenn wir uns in Richtung Polregion des Saturn bewegen, können wir von oben auf die Ringe blicken. Aus dieser Position können wir noch feinere Details erkennen, die die Struktur der Ringe noch komplexer erscheinen lassen. Vor allem aber fallen nun dunkle Streifen auf, sogenannte Speichen, die vom Innenrand der Ringe nach außen verlaufen. Sie mögen zart und blass erscheinen, erreichen aber bis zu zehntausend Kilometer Länge.

Diese Speichen, die sich immer wieder neu bilden und plötzlich auftreten und wieder verschwinden, enthalten kleinste Ringpartikel, die durch elektrische Kräfte über die Ringebene herausgehoben werden. Dahinter verbirgt sich die gleiche Erscheinung, die dazu führt, dass ein kräftig angeriebener Luftballon ausreicht, um einem die Haare zu Berge stehen zu lassen. Was diese elektrische Aufladung auslöst, ist allerdings unklar – vielleicht spielt das Bombardement der Ringteilchen durch Mikrometeoriten eine Rolle dabei. Hinzu kommt, dass das Auftreten der Speichen vom Einfallswinkel des Sonnenlichts abhängt, es scheint also eine jahreszeitliche Erscheinung zu sein.

ALLE BILDER: Eine Auswahl von CASSINI-Fotos mit Ringspeichen. Man beachte, dass die dunkle, gerade Linie auf dem Bild rechts oben der lange Schatten eines Saturnmonds ist.

DER HERR DER RINGE

Entfernung zur Erde: 1,33 Lichtstunden

Im Gegensatz zu dem von turbulenten Wolkenbändern geprägten Aussehen Jupiters zeigt Saturn sich als glatt erscheinende orange-gelbe Kugel mit nur wenigen dunklen Bändern. Doch die Ruhe ist trügerisch, denn unter der äußeren Dunsthülle verbirgt sich eine ungeahnte atmosphärische Aktivität: In der Saturnatmosphäre wurden die stärksten Stürme des Sonnensystems registriert, mit Windgeschwindigkeiten von bis zu 1800 Stundenkilometern. Angesichts solch heftiger Winde ist es nicht leicht, die Rotationsdauer des Planeten exakt zu messen, die bei rund 10 Stunden und 45 Minuten liegt. Für einen Planeten, der mehr als 760 Erdkugeln aufnehmen könnte, ist dies eine sehr rasche Rotation.

Wenn wir die Infrarotdetektoren unseres Raumschiffs einschalten, wechselt der Anblick des Saturn dramatisch. Infrarotstrahlung kann die nahezu undurchsichtige Dunsthülle ungehindert durchdringen und zeigt die Saturnatmosphäre mit einer ähnlichen Detailfülle ausgestattet wie Jupiter. Besonders auffällig und geheimnisvoll erscheint eine sechseckige Struktur um den Nordpol des Saturn mit jeweils rund 13.000 Kilometer langen Seiten. Sie hat Ufologen seit ihrer Entdeckung fasziniert, ist aber alles andere als künstlich angelegt. Ähnliche Strukturen konnten im Labor erzeugt werden, wenn man einen langsam rotierenden Wasserzylinder (als Modell der Saturnatmosphäre) mit einem starken Jetstrom überlagerte, und man kennt sie sogar auch von irdischen Hurrikanen.

Die turbulenten Strömungen in der Saturnatmosphäre bleiben aber nicht immer auf den Infrarotanblick beschränkt. Gelegentlich brechen gewaltige weiße Stürme durch die Dunstschicht hervor und hinterlassen lange, spektakuläre Wolkenfahnen. Ebenso treten Gewitterstürme auf, vor allem dann, wenn die dort ohnehin nur schwache Sonneneinstrahlung während des Sommer„halbjahres" steiler auf die Atmosphäre trifft. Die Blitze machen deutlich, dass solche Gewitterstürme aus mehreren übereinander aufgetürmten Gewitterzellen bestehen, die zusammen bis zu zehn Blitze pro Sekunde produzieren können. Von hier oben mag dies ein faszinierend dramatisches Schauspiel ergeben, doch dürfte es für einen Zuschauer inmitten der Wolken ein Alptraum sein.

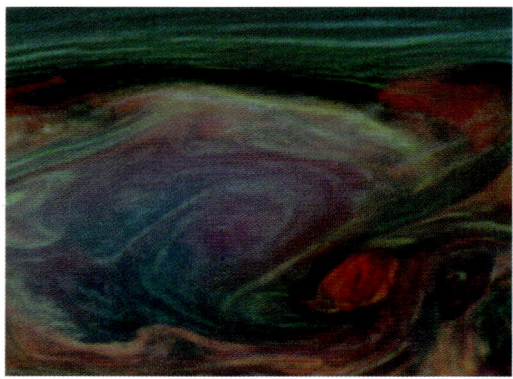

OBEN: Falschfarben-Infrarotbilder eines riesigen Sturms in der Saturnatmosphäre, aufgenommen von CASSINI

OBEN RECHTS: Polarlichter, aufgenommen vom HUBBLE-Weltraumteleskop im UV-Bereich

UNTEN RECHTS: Drei Ansichten des Saturn in verschiedenen Wellenlängen – UV, sichtbares Licht und Infrarot (von oben nach unten)

LINKS: Die Nachtansicht von Saturns Nordpolregion zeigt die bizarre Sechseckstruktur, die den gesamten Pol einrahmt.

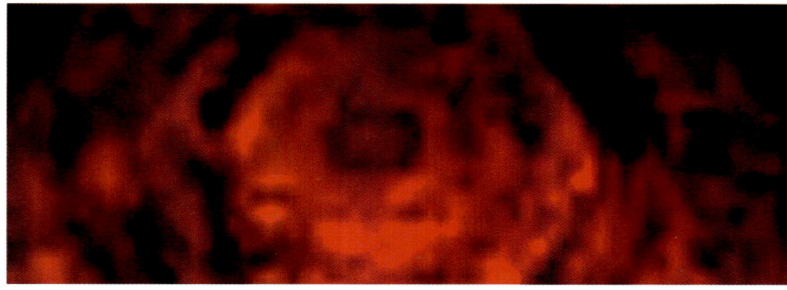

WELT IN SCHWARZWEISS

Entfernung zur Erde: 1,33 Lichtstunden

Mit bislang 62 bestätigten Trabanten ist Saturn ähnlich gut ausgestattet wie Jupiter. Bei so vielen Monden könnte man eine ganze Tour allein in dieser Gegend gestalten. Obwohl wir größere Pläne haben, sollten wir zumindest einige dieser Monde nicht auslassen. Beginnen wir mit Iapetus, dem fernsten der „klassischen", größeren Monde.

Der erste Eindruck vermittelt ein zweigeteiltes Aussehen – eine helle, eisbedeckte Hälfte und eine nahezu schwarze andere Hälfte. Während Ptolemäus uns um diesen Mond herumführt, wird dieser Kontrast wirklich augenfällig, und es stellt sich die typische Zebrafrage: Ist ein Zebra ein schwarzes Tier mit weißen Streifen oder ein weißes Tier mit schwarzem Muster? Aufgrund der geringen mittleren Dichte muss der Mond viel Eis enthalten. Wenn aber Eis der natürliche Hauptbestandteil ist, darf man annehmen, dass die schwarzen Flächen durch Ablagerungen von außen entstanden sind.

Dieses Material könnte von Phoebe stammen, dem größten der weiter außen kreisenden kleineren Saturnmonde. Wenn wir sehr genau hinsehen, erkennen wir in der Tat einen zarten Ring, der auf der Höhe der Phoebebahn beginnt und der vielleicht den dunklen Staub zu Iapetus getragen und dort auf der in Umlaufrichtung vorderen Hemisphäre abgeladen hat. Viel Material wäre gar nicht nötig, denn wenn es sich erst einmal dort niedergeschlagen hat, würde es mit seiner stärkeren Lichtabsorption das zugedeckte Eis verändern und so den heute sichtbaren, auffälligen Kontrast fördern.

Iapetus kann noch mit einer zweiten Besonderheit aufwarten: Ein Teil seines Äquators ist durch einen rund 1300 Kilometer langen und bis zu 13 Kilometer hohen Bergrücken plastisch hervorgehoben. Eine solch große Struktur würde man auf diesem Mond gar nicht erwarten, denn sie ist im Vergleich wesentlich höher als der Mount Everest und reicht maßstäblich fast an Olympus Mons auf dem Mars heran. Der Ursprung des Bergrückens ist unbekannt, könnte aber nach Ansicht einiger Forscher auf einen früheren Ring von Iapetus zurückzuführen sein.

OBEN UND UNTEN: Infrarotbilder lassen vermuten, dass das dunkle Material Kohlenstoff enthält. Auf dieser Aufnahme von CASSINI ist ein 450 Kilometer großer Einschlagkrater zu erkennen.

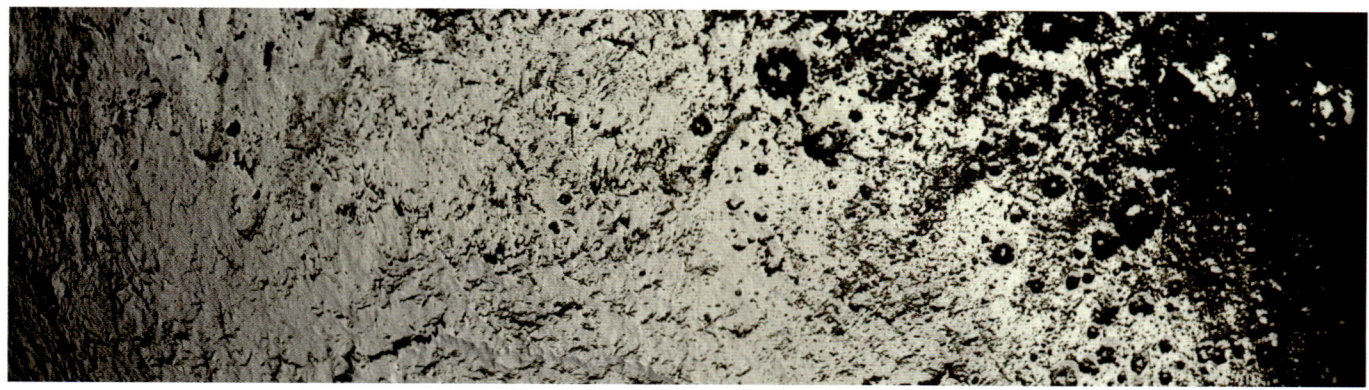

EISIGE METHANSEEN

Entfernung zur Erde: 1,33 Lichtstunden

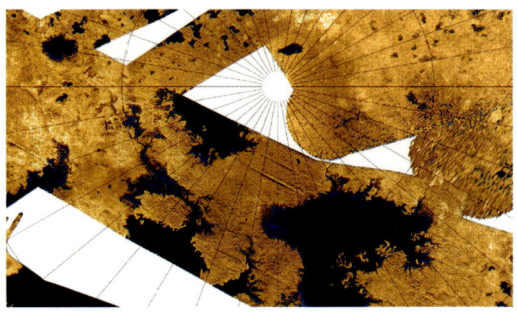

OBEN: Das Falschfarbenmosaik fasst alle bislang gewonnenen Radaransichten von Titans Nordpolregion zusammen. Seen aus flüssigen Kohlenwasserstoffen sind blau und schwarz eingefärbt, feste Oberflächen braun.

OBEN: Der Mond Dione und die Ringschatten auf dem Saturn

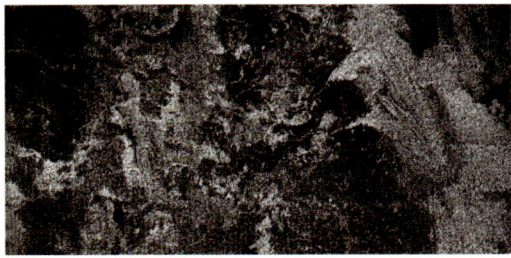

OBEN: Dies war cas erste Radarbild von CASSINI, das eine geologisch komplexe Titanoberfläche mit Eislandschaften und flüssigen Kohlenwasserstoffen enthüllte. Spätere Bilder bestätigten die Existenz von Methanseen.

Der Blick von Iapetus zurück in Richtung Saturn zeigt uns weitere Monde. Einer von ihnen, Hyperion, ist klein und unregelmäßig geformt, doch andere sind durchaus eindrucksvoller: Rhea, Dione und Tethys sind zwischen 1000 und 1500 Kilometer groß und zeigen jeweils eine eisbedeckte, von vielen Kratern zernarbte Oberfläche. Daneben fällt Titan mit mehr als 5000 Kilometern Durchmesser allerdings deutlich auf. Er ist sogar größer als der Planet Merkur, wenngleich auch nicht ganz so massereich wie jener.

Trotzdem besitzt er eine eigene Atmosphäre, durch die der Blick auf die Oberfläche nachhaltig versperrt bleibt. Wir wissen bereits, dass diese Atmosphäre sogar dichter als die irdische Lufthülle ist und wie diese hauptsächlich aus Stickstoff besteht. Unter den dicken Methanwolken kann sich alles Mögliche verbergen, zum Beispiel weite Ozeane, die allerdings dann mit Kohlenwasserstoffen gefüllt sein müssten und nicht mit dem uns von der Erde so vertrauten Wasser.

CASSINI, die vierte Sonde, die den Saturn erreichte, führte einen kleinen, in Europa gebauten Lander mit; er trug den Namen des niederländischen Astronomen, der Titan 1655 entdeckte: HUYGENS. Dieser Lander war so konzipiert, dass er sowohl auf festem Boden als auch in einer Flüssigkeit „landen" konnte – er setzte dann nach einem ziemlich rauen „Ritt" durch die dichte Atmosphäre an einem Ort auf, der auf dem übermittelten Foto wie ein von Hügeln gesäumtes, ausgetrocknetes Flusstal erschien. Die Oberfläche zeigte eine Festigkeit von feuchtem Sand und war mit Eisbrocken übersät. Möglicherweise hat HUYGENS beim Aufprall einen dieser Brocken zerdrückt und so die Bodenfeuchte lokal ansteigen lassen.

Unweit von Titans Südpol treffen wir auf Formationen, die wie Seen erscheinen. Als Ptolemäus uns näher bringt, erkennen wir, dass es wirklich Seen sind, gefüllt mit Methan und Ethan. Sie sind zwar nur ein paar Meter tief, doch gibt es anderswo auf Titan auch solche, deren tiefer gelegener Boden die Radarstrahlen nicht mehr reflektiert (dazu müssen sie mindestens acht Meter tief sein). Die Lichtverhältnisse sind schlecht, zumal Wolken den Himmel bedecken – Chancen auf einen Sonnentag gibt es hier nicht. Stattdessen fällt ein beständiger Methanregen, der den Ort wirklich nicht einladender macht. Wer eine Reise hierher plant, sollte bedenken, dass der Methanregen vornehmlich in den Winterjahren fällt und die Seen wieder auffüllt, die in den Sommerjahren vermutlich austrocknen.

Titan fasziniert die Wissenschaftler vor allem, weil er ihnen möglicherweise jene Zustände vorführt, die – abgesehen von den eisigen Temperaturen – auch auf der frühen Erde anzutreffen waren: komplexe organische Substanzen in Hülle und Fülle, aus denen schließlich die Bausteine des Lebens entstanden sein mögen.

GIGANTISCHE EISFONTÄNEN

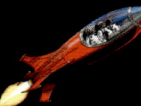

Entfernung zur Erde: 1,33 Lichtstunden

Enceladus ist viel kleiner als Titan, sein Durchmesser beträgt nur etwa 504 Kilometer. Hier würde man keine Atmosphäre erwarten, weil seine Anziehungskraft dafür nicht ausreicht. So waren die Forscher überrascht, als CASSINI sehr wohl eine – wenngleich äußerst dünne – Lufthülle fand. Und weitere Überraschungen sollten folgen. Unweit der Südpolregion fotografierte CASSINI seltsame dunkle Streifen, die als „Tigerstreifen" bezeichnet wurden. Sie wollen wir mit Ptolemäus aus der Nähe betrachten.

Dabei wird deutlich, dass es keine bloßen Markierungen an der Oberfläche sind: Vielmehr handelt es sich um tiefe Spalten, aus denen Wasser herausströmt. Wir treffen auf regelrechte Fontänen, deren Kristall„regen" aus gefrorenem Wasser sowie geringen Mengen an Stickstoff-, Methan- und Kohlendioxideis besteht. Diese Mischung würde einem Kometen alle Ehre machen, aber Enceladus ist kein Komet. Außerdem wäre es hier viel zu kalt, um einem Kometen eine solche, auf das innere Sonnensystem beschränkte Aktivität zu entlocken.

DIESE SEITE: Die kontrastverstärkten Farbbilder von Enceladus im Gegenlicht zeigen die weit ausladenden Fontänen, die von dem Saturnmond ausgehen. Vermutlich stammen sie von Geysiren, die aus unter Druck stehenden Wasserreservoiren unter der Mondoberfläche gespeist werden.

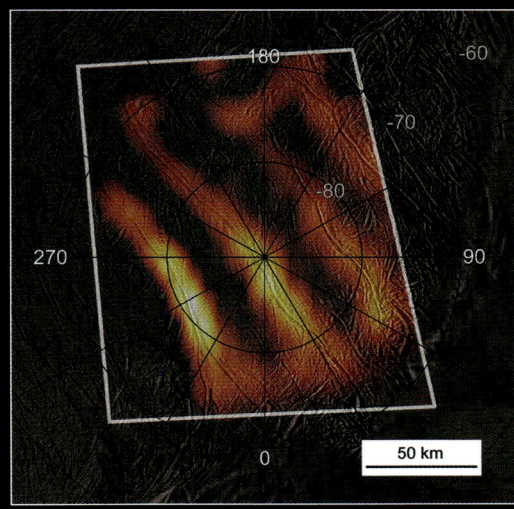

Es scheint kein Weg an der Erkenntnis vorbeizuführen, dass sich unter der Eisdecke von Enceladus ein Ozean aus flüssigem Wasser befindet, das erfolgreich vom Gefrieren abgehalten wird. Salzwasser gefriert erst bei tieferen Temperaturen, und der Gesteinskern von Enceladus könnte noch warm genug sein. Doch dafür ist Enceladus eigentlich zu klein. Auch eine Aufheizung durch Gezeitenkräfte ist fragwürdig, denn Mimas ist näher an Saturn und sollte daher stärker aufgeheizt werden, doch er erscheint vollständig ausgekühlt und ohne Aktivitäten.

Je näher wir an den Mond herankommen, als desto salzhaltiger erweist sich das aufgesammelte Eis. Das meiste Salz fällt auf die Tigerstreifen zurück, während das Wassereis der Anziehungskraft entkommen kann und in der Saturnumlaufbahn den blassen E-Ring bildet. Möglicherweise stammt das Salz aus der Erosion, die der Ozean unter der Eiskruste am inneren Gesteinskern vollführt.

Es gibt noch ein weiteres Problem. Die Eisfontänen entziehen Enceladus ständig Material, und das kann eigentlich nicht über sehr lange Zeiten ohne Folgen bleiben. Natürlich könnten die Eisgeysire ihre Aktivität erst vor kurzem begonnen haben, aber das wäre ein unbefriedigender Erklärungsversuch, der uns gleich zur nächsten Frage führt.

Vorerst bleiben die Aktivitäten von Enceladus ein Kuriosum und machen den Mond zu einem der rätselhaftesten Orte im Sonnensystem.

DER ERSTE EISRIESE

Entfernung zur Erde: 2,66 Lichtstunden

Bei unserem nächsten Stopp sind wir fast zwanzigmal so weit von der Sonne entfernt wie an unserem Startpunkt. Entsprechend kommt dort nur ein Vierhundertstel jener Strahlungsmenge an, die auf der Erde für angenehme Temperaturen sorgt. Unterwegs gibt es wenig zu sehen, und auch das nächste Ziel erscheint nicht gerade spannend – eine grünliche, große Kugel, benannt nach Uranus, dem ersten Herrscher unter den olympischen Göttern. Wie schon bei Saturn geht die Farbe auf die Zusammensetzung der obersten Wolkenschicht zurück, und alles, was darunter liegt, bleibt unseren Blicken verborgen. Zwar zählt Uranus noch zu den Riesenplaneten, doch er ist mit einem Durchmesser von rund 51.000 Kilometern deutlich kleiner als Jupiter oder Saturn. Für einen Umlauf um die Sonne braucht er etwa 84 Jahre.

Dazu dreht er sich ziemlich rasch um seine Achse und vollendet eine Rotation innerhalb von gut 17 Stunden. Allerdings liegt seine Achse fast in der Ebene der Umlaufbahn, denn sie ist um etwa 98 Grad aus der senkrechten Position gekippt. Das führt dazu, dass die Sonne auf Uranus im Westen auf- und im Osten untergeht. Dazwischen können jedoch etliche Jahre vergehen, denn die stark geneigte Achse führt auch zu extremen jahreszeitlichen Effekten mit langen Polartagen und -nächten für weite Teile der Planetenoberfläche. Wie aber kann die Rotationsachse auf eine solche Neigung gebracht worden sein? Lange Zeit glaubte man, dass der Planet durch den Zusammenprall mit einem anderen Körper „umgelegt" wurde, doch wirklich plausibel war dieses Szenario nicht. Eine andere Theorie geht davon aus, dass die Achsneigung durch Wechselwirkungen mit den übrigen Riesenplaneten langsam auf ihren heutigen Wert gesteigert wurde.

Auch mit schwindendem Abstand tauchen keine wirklich auffälligen Strukturen in der Uranusatmosphäre auf. Es gibt nur ein paar verwaschen erscheinende Flecken, Gürtel und Streifen. Im Vergleich zu seinen größeren Geschwistern erscheint Uranus absolut langweilig, aber mit unserem Raumschiff, das allen äußeren Bedingungen zu widerstehen vermag, können wir in die Wolken des Planeten eintauchen und bis zu seinem Zentrum vorstoßen. Nach etwa vier Fünfteln der Strecke, in einer Tiefe von rund 20.000 Kilometern, grenzt die Atmosphäre an einen eisigen Kern. Unter dem immensen Druck verhält sich die Atmosphäre hier unten wie eine Flüssigkeit. Dieser innere Aufbau unterscheidet sich von dem der beiden wirklichen Gasriesen, und so wurde für Uranus (und Neptun) der Begriff Eisriese geprägt.

Nach dem Wiederauftauchen aus den Wolken können wir unsere Aufmerksamkeit nunmehr den mehr als zwei Dutzend Monden zuwenden, doch wirklich interessant ist nur einer: Miranda, der eine ganz eigenartige Oberfläche mit Kratern, Steilkliffs und Talsystemen aufweist, zwischen denen sich weite, seltsam glatte Ebenen erstrecken. Sicher waren dort innere Kräfte am Werk, doch die Details bleiben im Dunkel.

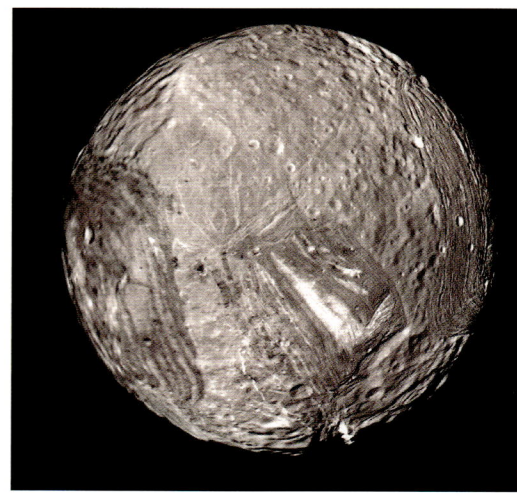

OBEN: Miranda, einer der 27 Uranusmonde, ist überraschend vielgestaltig: riesige Steilkliffs, zerfurchte Ebenen und eine Mischung aus alten und jungen Landschaften.

OBEN: Falschfarbenaufnahme des Uranus von VOYAGER 2

RECHTS: Uranusbilder, aufgenommen mit dem KECK-Teleskop, zeigen im Infrarotbereich auch Wolkenmuster in der Atmosphäre des Planeten.

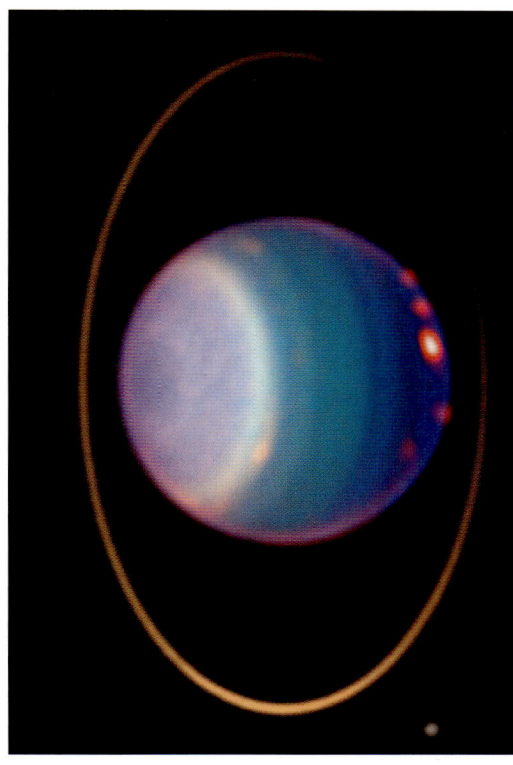

OBEN: Das HUBBLE-Weltraumteleskop konnte auch die Uranusringe erfassen.

OBEN: VOYAGER 2 entdeckte 1986 einen 16. Uranus-mond, später wurden elf weitere gefunden.

DER ÄUSSERSTE RIESE

Entfernung zur Erde: 4,17 Lichtstunden

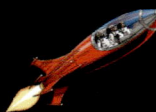

Bis zum nächsten Ziel müssen wir noch einmal eine gewaltige Strecke zurücklegen. Voyger 2 brauchte Ende der 1980er-Jahre von Uranus bis Neptun rund 3,5 Jahre, aber mit unserem Gedankenraumschiff schaffen wir es in Windeseile. Neptun ist 4,5 Milliarden Kilometer von der Sonne entfernt und braucht für einen Umlauf 165 Jahre. Er ist nur unwesentlich kleiner als Uranus, aber dichter und daher massereicher als jener. Auch Neptun ist ein Eisriese, er verfügt aber zusätzlich über eine innere Wärmequelle, sodass die Temperatur an seiner Oberfläche jener von Uranus ähnelt, obwohl er weiter von der Sonne entfernt ist. Von ihm aus erscheint die Sonne nur noch als ausnehmend heller Stern.

Schon aus großem Abstand sieht man deutlich mehr Details als bei Uranus. Er leuchtet in einem tiefen Blauton, und man erkennt Wolken und Flecken in seiner Atmosphäre. Uranus und Neptun werden zwar gerne als Zwillinge bezeichnet, doch gleichen sie sich nicht mehr als etwa Erde und Venus.

Auf den von Voyager 2 übermittelten Fotos war ein riesiger dunkler Fleck zu sehen, der in Anlehnung an den GRF von Jupiter auch GDF genannt und als ähnlich langlebig wie der GRF angesehen wurde. Mittlerweile ist er verschwunden, dafür sind hier und dort kleinere Flecken zu erkennen. Offenbar ändert sich auf Neptun einiges rasch.

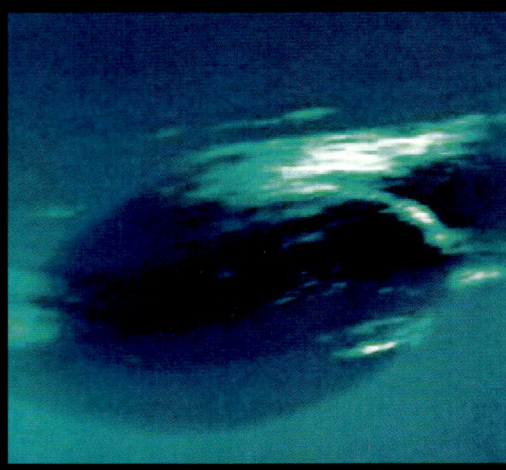

OBEN: Nahaufnahme des Großen Dunklen Flecks durch Voyager 2. Die Feuerradstruktur sowohl der dunklen Grenze als auch der hellen Zirruswolken deutet auf einen gegen den Uhrzeigersinn rotierenden Sturm hin.

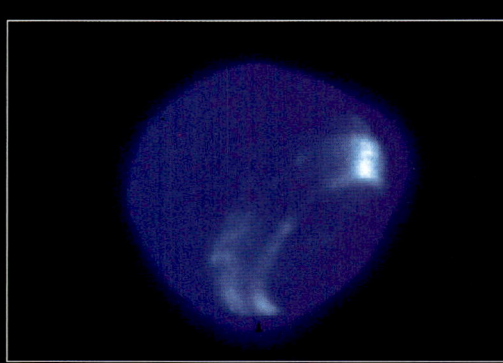

OBEN: Das Infrarotbild des Keck-Teleskops lässt die Wolken heller erscheinen als das sichtbare Licht.

LINKS: Für die Blaufärbung des Neptun auf diesem Bild des Hubble-Weltraumteleskops ist das Methan in der Atmosphäre verantwortlich. Wolken erscheinen weiß, der grüne Gürtel wird durch eine atmosphärische Absorption des blauen Lichts verursacht.

DIESE SEITE: Die Voyager-2-Bilder zeigen den GDF und sein weißes Band. Am linken unteren Planetenrand sind außerdem die schneller driftende, helle Struktur „Scooter" sowie ein kleiner dunkler Fleck zu erkennen.

FERNE GEYSIRE

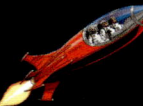

Entfernung zur Erde: 4,17 Lichtstunden

Von gleichem Interesse wie Neptun selbst ist sein großer Mond Triton, der den Planeten auf einer rückläufigen Bahn umrundet und deshalb als eingefangener Begleiter gilt. Er zeigt viele Anzeichen für vergangenen Kryovulkanismus, bei dem warmes Eis an die Oberfläche gepresst wurde, denn die gesamte Oberfläche ist mit eisartigem Material bedeckt. Dies dürfte stickstoffhaltiges Eis auf einer Unterlage aus Wassereis sein, das wegen seiner größeren Festigkeit als gelände-stützend gebraucht wird. Nicht, dass es große Höhenunterschiede auf Triton gäbe – man findet keine Berge oder tiefen Täler, und selbst normale Krater sind eher selten. Das auffälligste Terrain ist die Südpolregion, die unter einer rosafarbenen Decke aus Eis und Schnee liegt.

Außerdem wurden Geysire gefunden, die man auf Triton nicht erwartet hätte. Vermutlich existiert in einer Tiefe von 20 bis 30 Metern eine Schicht aus flüssigem Stickstoff; dort reicht die Last der Deckschicht, um das Gas flüssig zu halten. Wenn es von dort durch Spalten nach oben steigt, verdampft die Flüssigkeit explosionsartig und verteilt dabei dunkleres Material an der Oberfläche, das auf den Voyager-Bildern zu erkennen ist.

UNTEN: Bislang ist nur Voyager 2 an Triton vorbeigeflogen. Dabei wurden eine dünne Atmosphäre sowie Hinweise auf Eisvulkanismus gefunden.

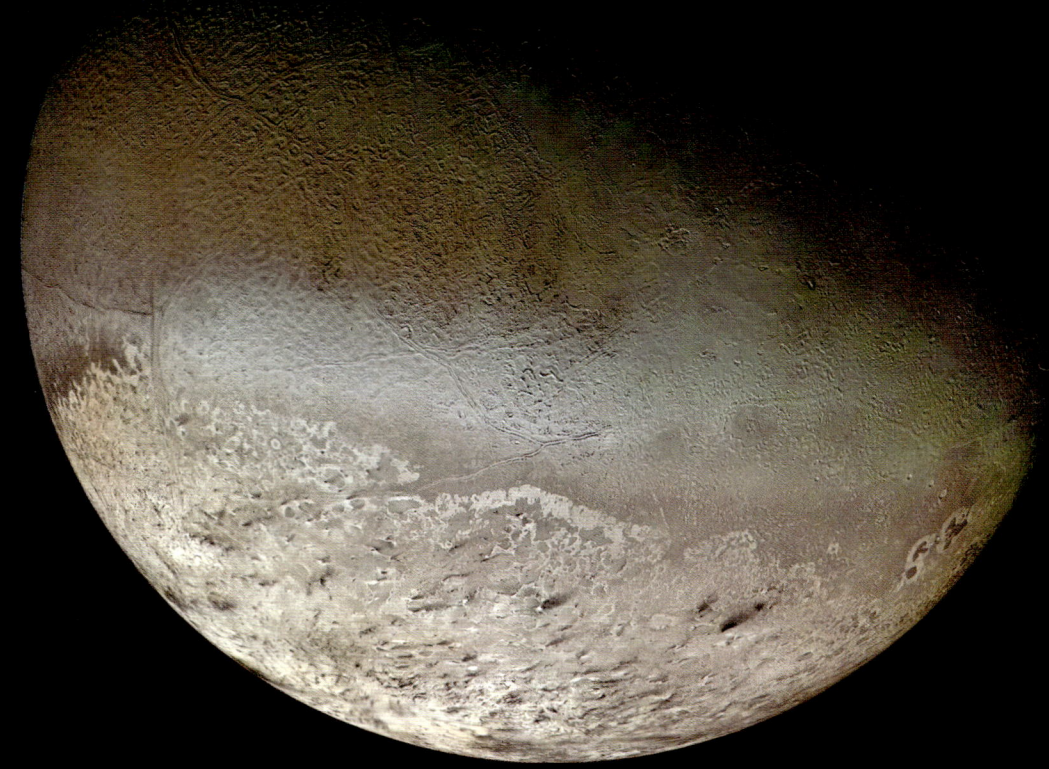

VORSTOSS ZUM KUIPER-GÜRTEL

Entfernung zur Erde: 5,64 Lichtstunden

OBEN: So stellt sich ein Künstler den Vorbeiflug von NEW HORIZONS an Pluto im Sommer
2015 vor.

In den Außenbezirken des Sonnensystems müssen wir unseren Weg
zwischen vielen kleinen Körpern hindurchbahnen – es sind Objekte,
die sich nicht zu einem größeren Planeten zusammenfinden konnten.
Diese Region, in der auch Pluto um die Sonne zieht, wird inzwischen
als Kuiper-Gürtel bezeichnet. Pluto ist viel kleiner als Merkur und ver-
dankt seinen ursprünglichen Planetenstatus nur seiner frühen Entdeckung, als man vom Kuiper-Gürtel noch nichts ahnte. Als sich dann
zeigte, dass dort draußen viele weitere, möglicherweise auch größere
Objekte ihre Bahnen ziehen, wurde Pluto 2006 von der Internationalen
Astronomischen Union zu einem „normalen" Mitglied des Kuiper-Gürtels herabgestuft, zugleich aber in die neu geschaffene Klasse der
Zwergplaneten aufgenommen.

2015 wird Pluto als erstes Mitglied des Kuiper-Gürtels Besuch erhalten, wenn die Raumsonde NEW HORIZONS an ihm und seinem bereits
1978 entdeckten Mond Charon vorbeifliegt. Inzwischen konnte das
HUBBLE-Weltraumteleskop noch drei weitere Plutomonde aufspüren.

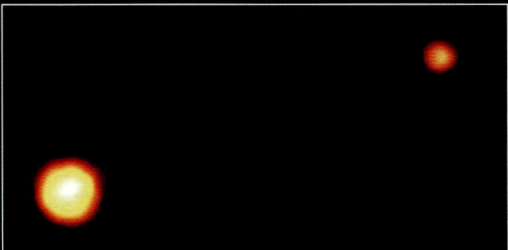

OBEN: Pluto und Charon, aufgenommen vom
HUBBLE-Weltraumteleskop mit der europäi-
schen „Faint Object Camera" über eine
Entfernung von 4,4 Milliarden Kilometer

RECHTS: Aus HUBBLE-Weltraumteleskopdaten
rekonstruierte Ansicht des Planeten Pluto

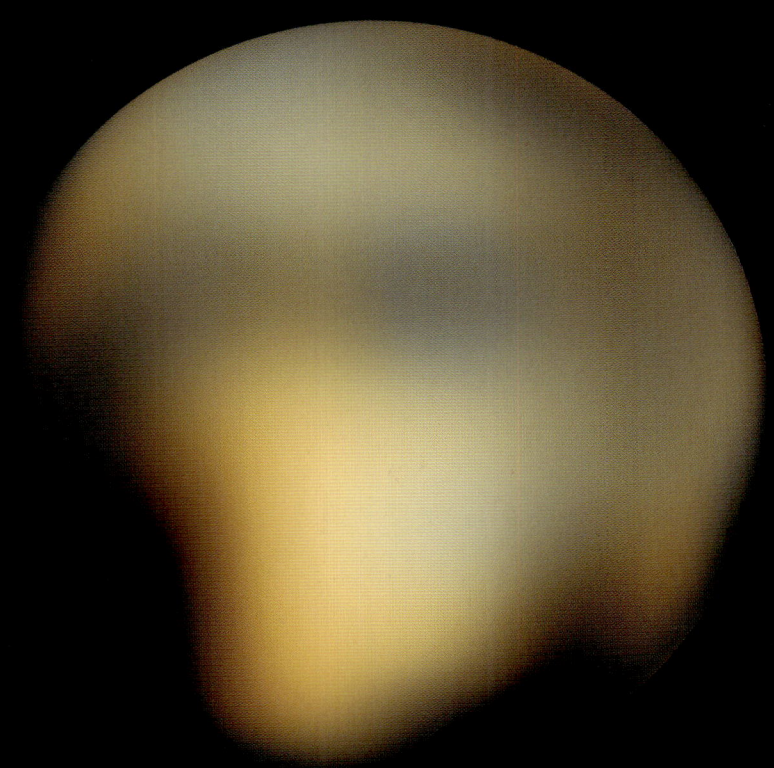

EIN FERNER, DUNKLER KLOTZ

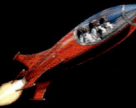

Entfernung zur Erde: 12 Lichtstunden

Zu den ungewöhnlichsten Mitgliedern des Kuiper-Gürtels gehört Sedna, ein Objekt, das derzeit rund 90-mal so weit von der Sonne entfernt ist wie die Erde. Auf seiner lang gestreckten Ellipsenbahn nähert es sich bis 2076 seinem sonnennächsten Punkt, doch selbst dort wird ihm die Sonne nur hundertmal heller erscheinen als der Vollmond bei uns. Anschließend wird Sedna sich etwa 6000 Jahre lang wieder von der Sonne entfernen, ehe der Umkehrpunkt in rund 930-fachem Abstand Erde–Sonne erreicht ist.

Diese Bahn ist so ungewöhnlich, dass die Astronomen noch nicht wissen, wie Sedna überhaupt auf diesen Kurs gelangt ist. Erklärungsversuche schließen auch den Einfluss eines sehr nahe an der Sonne vorbeigezogenen Sterns ein, was vielleicht in der Frühgeschichte des Sonnensystems möglich gewesen wäre.

Sedna ist ein garstiger Ort. Seine Oberfläche wird von einer eisigen Mixtur aus Kohlenwasserstoffen gebildet, darunter auch Methan. Ein Teil davon wird sich unter der extrem schwachen Sonneneinstrahlung zu Tholinen verändern, einer dunkleren Substanz. Näher zur Sonne hin würden solche dunklen Oberflächensubstanzen durch den ständigen Aufprall von Mikrometeoriten langsam wieder abgetragen, aber in der Umgebung Sednas sind solche Treffer eher selten. Entsprechend schwierig ist es, derart dunkle Himmelskörper in diesen großen Distanzen aufzuspüren. Vermutlich gibt es noch etliche weitere Objekte – vorsichtige Schätzungen sprechen von rund 40 –, die unentdeckt auf ähnlichen Bahnen durch die Tiefen des äußeren Sonnensystems ziehen. Umso intensiver sollten wir dieses bekannte Objekt erkunden, das uns während der nächsten Jahrzehnte einen Besuch abstattet.

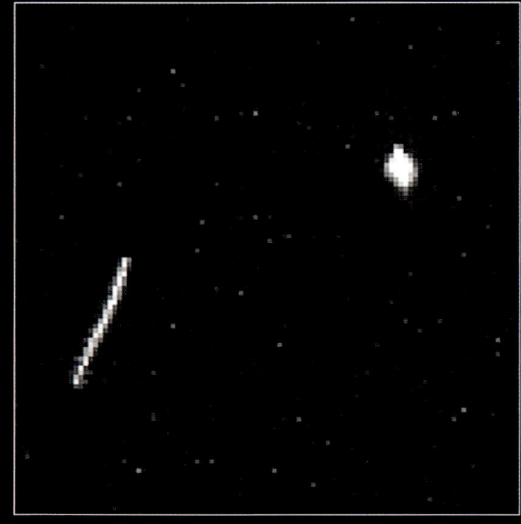

OBEN: Das HUBBLE-Weltraumteleskop fotografierte Sedna 35-mal und konnte so seine langsame Bewegung vor dem Hintergrund der Sterne erfassen, die für einen fernen Sonnenbegleiter typisch ist.

UNTEN: Eine künstlerische Ansicht von Sedna

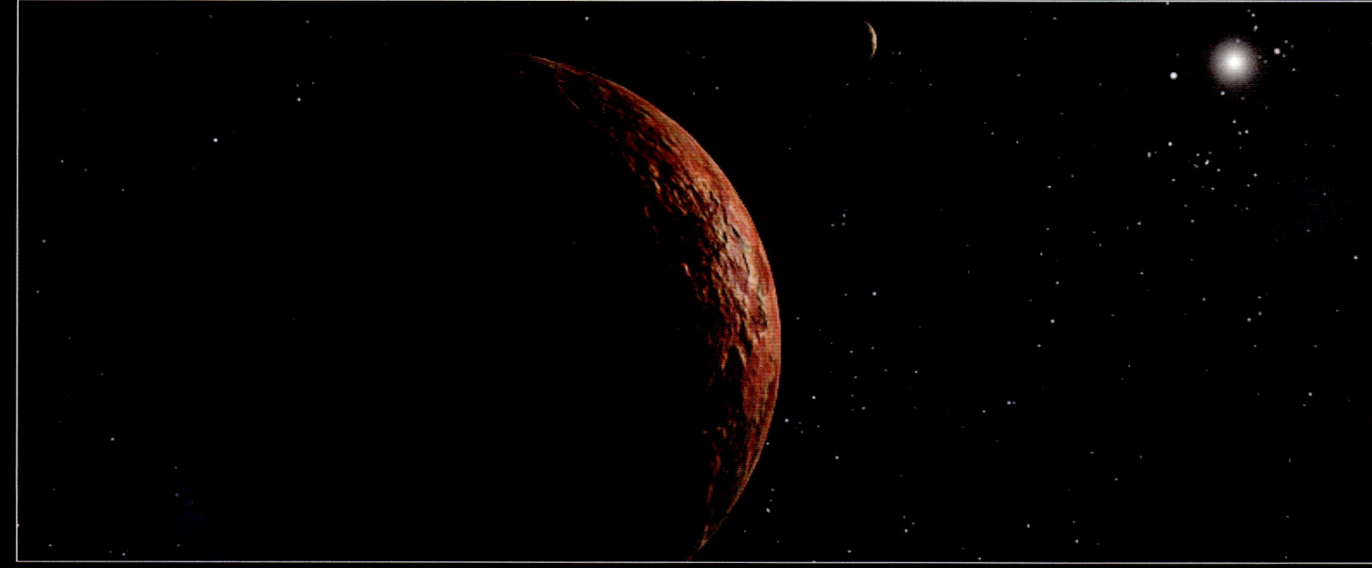

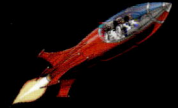

WANDERER ZWISCHEN DEN WELTEN

Entfernung zur Erde: 12,5 Lichtstunden

OBEN: Der Komet Arend-Roland während seiner letzten Wiederkehr 1957. Damals konnte ein ungewöhnlicher „Gegenschweif" beobachtet werden, der sichtbar wird, wenn ein Komet die Erdbahnebene durchquert.

UNTEN: Die Giotto-Sonde fotografierte den Kometen Halley bei seiner Wiederkehr 1986

Auf unserem Weg durch den Kuiper-Gürtel nach außen treffen wir auf einen „Flüchtling" aus dem inneren Sonnensystem, einen Kometen, der sich seit vielen Jahren immer weiter von der Sonne entfernt. Im Frühjahr 1957, also noch vor dem Beginn des Raumfahrtzeitalters, war ein großer Komet am Himmel aufgetaucht. Zwei belgische Astronomen, Sylvain Arend und Georges Roland, hatten ihn ein paar Monate zuvor entdeckt.

Der Komet Arend-Roland entwickelte sich zu einer spektakulären Erscheinung, die über mehrere Wochen mit bloßem Auge beobachtet werden konnte, mit Teleskopen sogar über mehr als ein Jahr. Doch dann verschwand er wieder von der kosmischen Bühne.

Wenn ein Komet sich wieder von der Sonne entfernt und zunehmend auskühlt, treten auch keine Gase mehr aus, und der Schweif verschwindet ebenso wie die Koma, die ausgedehnte Kometenatmosphäre; ein nackter Kometenkern aber ist über größere Distanzen kaum mehr zu erkennen. Einige Kometen umrunden die Sonne innerhalb weniger Jahrzehnte und tauchen in mehr oder minder regelmäßigen Abständen wieder auf, so zum Beispiel der Komet Halley nach jeweils rund 76 Jahren. Andere benötigen einige Hundert oder gar Tausende von Jahren, und deren Wiederkehr kann kaum vorhergesagt werden.

Der Komet Arend-Roland zählt allerdings zu keiner dieser Gruppen. Er befindet sich auf einem Kurs, der ihn nie mehr in die Nähe der Sonne zurückführen wird. Stattdessen wird er sich immer weiter von der Sonne entfernen und schließlich ihren Anziehungsbereich ganz verlassen, was ihn zu einem „Wanderer zwischen den Welten" macht. Das gleiche Schicksal hat inzwischen auch einige Raumsonden ereilt.

DIE LÄNGSTE REISE

Entfernung zur Erde: 20 Lichtstunden

Das Raumschiff Ptolemäus ist nicht das einzige von Menschenhand geschaffene Gefährt, das diese entlegenen Bereiche des Sonnensystems durchpflügt. Vier ausgediente Raumsonden befinden sich ebenfalls auf dem Weg nach „draußen". Eine von ihnen ist VOYAGER 1, die 1977 auf ihre weite Reise vorbei an Jupiter und Saturn geschickt wurde. Mit an Bord befindet sich eine – aus heutiger Sicht altertümliche – goldene Schallplatte, die ausgewählte Töne und Bilder zur Dokumentation der biologischen und kulturellen Vielfalt auf der Erde enthält. Neben einem symbolischen Aspekt verfolgt sie auch das Ziel einer Botschaft an jedwede Kreatur, die diese Schallplatte dereinst findet und dann auch noch abspielen kann.

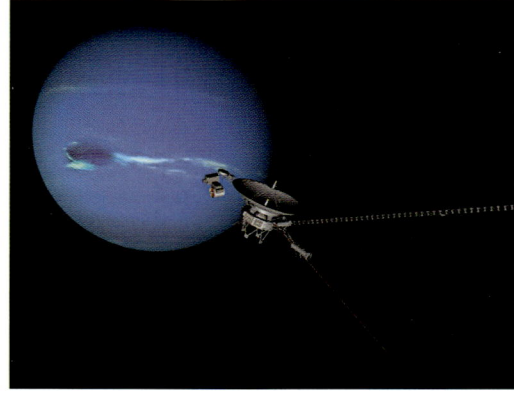

OBEN: VOYAGER 2 bei Neptun (künstlerische Darstellung)

OBEN: Die VOYAGER-Sonde

LINKS: VOYAGER 2 wurde 1977 mit einer Titan-IIIE-Centaur-Rakete gestartet.

RECHTS: Fotomontage aus VOYAGER-Fotos von Saturn und seinen Monden

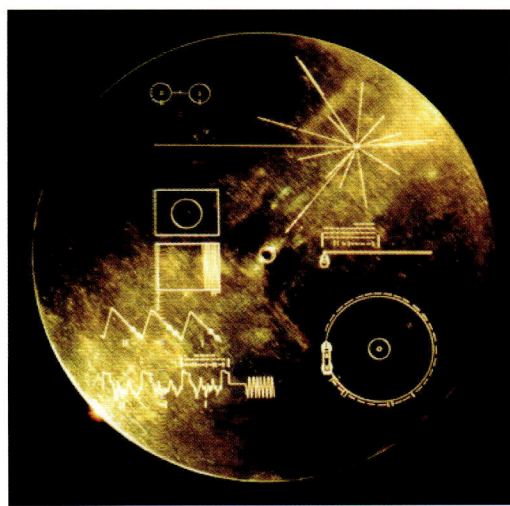

OBEN: Die goldene Schallplatte an Bord der Voyager-Sonden, die außerirdischen Findern Informationen über unsere Zivilisation vermitteln soll.

Die identische Schwestersonde, Voyager 2, hat nach ihrem Start zunächst die Planeten Jupiter, Saturn, Uranus und Neptun besucht und im November 2012 einen Sonnenabstand von 15 Milliarden Kilometer überschritten. Dort erforscht sie nun – wie Voyager 1 – die sogenannte Heliopause, die Grenzregion zwischen dem Einflussbereich des Sonnenwinds und dem „eigentlichen Weltraum".

Die meisten Instrumente und alle Kameras an Bord der Sonden sind längst abgeschaltet, und die immer knapper werdende Energie der mitgeführten Thermonuklid-Batterien reicht nur noch für wenige Messgeräte und die Sende- und Empfangsanlage. Noch immer liefern die beiden Sonden wertvolle Informationen und erzielen überraschende Entdeckungen, so etwa, dass die Heliopause eine wesentlich komplexere Struktur hat als bislang angenommen. Der Grenzverlauf erweist sich als stark variabel, vielleicht eine Folge der ebenfalls schwankenden Sonnenaktivität, deren Einflüsse bis hier draußen spürbar sind. Irgendwann in naher Zukunft aber wird Voyager 1 diese Grenze überschreiten und damit zum ersten von Menschen geschaffenen Objekt, das das Sonnensystem verlassen wird. Derzeit gehen die Raumfahrttechniker davon aus, dass die Batterien der beiden Weltenbummler noch bis zum Ende des Jahrzehnts genügend Energie für einzelne Instrumente und den Kontakt zur Erde bereitstellen können.

LETZTER HALT IM SONNENSYSTEM

Entfernung zur Erde: 1 Lichtjahr

Aus dieser Entfernung erscheint die Sonne sternförmig, ist aber immer noch heller als jedes andere Objekt am Himmel. Es fällt schwer, sich vorzustellen, dass der Einflussbereich der Sonne bis in diese eisige Kälte hinausreicht, doch selbst hier sieht man noch die Folgen ihrer – wenngleich stark geschwächten – Anziehungskraft. Wir befinden uns inmitten der Oortschen Wolke, einem gewaltigen Reservoir aus vielleicht einer Billiarde Kleinkörpern, die von der Entstehung des Sonnensystems übrig geblieben sind und schon früh durch gravitative Einflüsse von Jupiter und den anderen Riesenplaneten so weit nach draußen geschleudert wurden.

Irdische Astronomen haben bislang noch keine Objekte in dieser Oortschen Wolke direkt beobachten können: Die Kleinkörper – Asteroiden und Kometenkerne – sind zu klein und zu dunkel, als dass sie über derart große Entfernungen zu erkennen wären. Hin und wieder aber können sich zwei dieser Objekte nahe genug kommen, dass eines von ihnen etwas stärker abgebremst wird und ins innere Sonnensystem abtauchen muss. Dann kann es beim Durchgang durch den sonnennächsten Punkt vorübergehend als heller Komet aufleuchten, ehe es wieder nach außen verschwindet, oder unbemerkt vorbeiziehen. Es kann aber auch von einem der großen Planeten „abgefangen" und zu einem periodisch wiederkehrenden Kometen umgelenkt werden. Dieser stetige Strom sorgt für den Nachschub an frischen Kometen.

Mitunter kann die Oortsche Wolke aber auch stärker aufgemischt werden, wenn zum Beispiel ein anderer Stern nahe genug herankommt und mit seinem Schwerefeld gleich viele Tausend schlummernder Kometenkerne auf einmal nach innen schickt. Derzeit scheint aber alles ruhig zu sein hier draußen, etwa ein Lichtjahr von der Sonne entfernt.

Wir haben eingangs gesagt, dass unser Raumschiff gedankenschnell reisen kann, und das bedeutete, dass wir innerhalb des Sonnensystems jeden beliebigen Ort unmittelbar sofort erreichen konnten. Im Vergleich dazu erscheint selbst das Licht ziemlich langsam, braucht es doch immerhin 8,3 Minuten von der Sonne zur Erde und ein paar Stunden bis zu den äußeren Planeten. Bislang haben wir nichts Auffälliges an den Instrumenten oder Uhren unseres Raumschiffs bemerkt, aber das wird sich nun ändern: Ab jetzt werden die Entfernungen, die wir ohne Zeitverzug zurücklegen, so groß, dass wir uns in der Zeit rückwärts bewegen, ganz ohne Hilfe von Dr. Who oder H. G. Wells und seiner Zeitmaschine. Wenn wir in Richtung Sonne zurückblicken, sehen wir sie und das innere Sonnensystem so, wie es vor einem Jahr ausgesehen hat. Mit den äußerst empfindlichen Richtantennen unseres Raumschiffs lassen sich selbst hier irdische Fernsehprogramme empfangen. Tatsächlich läuft der Countdown für den Jahreswechsel noch – aber auf der Erde erwartet man das zurückliegende Jahr, das bereits zu Ende ging, als wir unser Raumschiff bestiegen!

NÄCHSTE DOPPELSEITE: Der Planetarische Nebel Messier 27 und seine Umgebung

UNTEN: Künstlerische, nicht maßstabsgerechte Ansicht der Oortschen Wolke von James Symonds. In Wirklichkeit könnte man von der Oortschen Wolke aus nur die Sonne als Lichtpunkt sehen. Einer der beiden Kometen bewegt sich auf einer extrem langperiodischen Ellipsenbahn, der andere wird das Sonnensystem auf seiner Hyperbelbahn nur einmal besuchen und dann wieder verlassen. Natürlich zeigen so weit entfernte Kometen keine Schweife mehr.

Ab jetzt lassen wir das Sonnensystem weit hinter uns, und der neue Kurs führt uns in Richtung auf das Sternbild Zentaur. Wenn wir auf halber Strecke anhalten und zurückblicken, wird das vertraute Sternbild Kassiopeia einen sechsten, hellen Stern enthalten – die Sonne. Unser Blick nach vorne nimmt schon das nächste Ziel ns Visier, Proxima Centauri, den nächsten Nachbarstern der Sonne in einer Entfernung von – jetzt noch – zwei Lichtjahren.

Die meisten bekannten Sternbilder sehen auch hier noch ganz ähnlich aus wie zu Hause: ein deutlicher Hinweis darauf, dass die Sterne untereinander noch viel weiter entfernt sind. Der Himmelsjäger Orion etwa hält seinen Schild noch immer schützend gegen den benachbarten Stier, denn die zwei Lichtjahre, die wir uns bislang von der Sonne entfernt haben, sind wenig gegen die vielen Hundert Lichtjahre, die uns von diesen Sternen trennen.

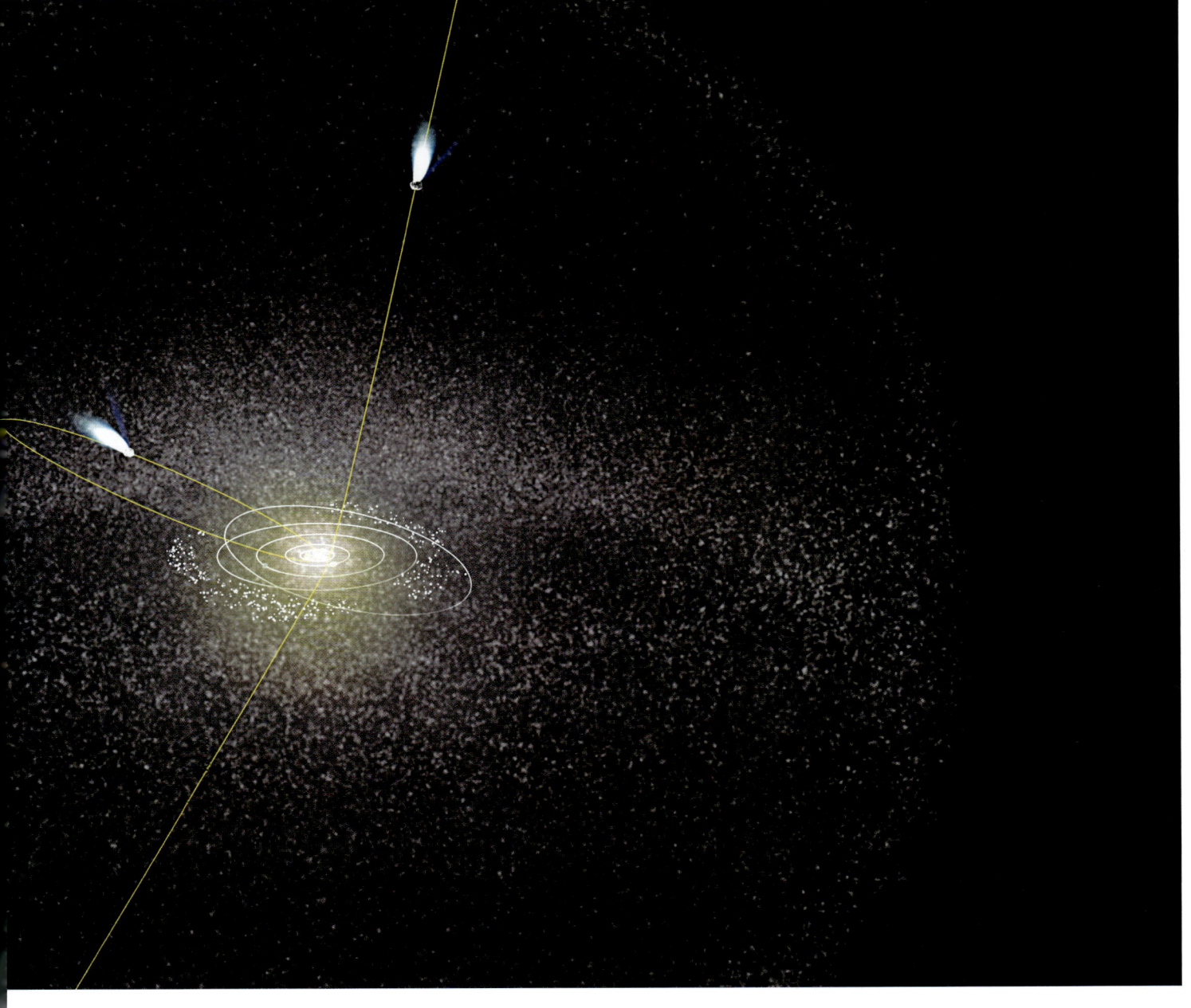

DER NACHBAR DER SONNE

Entfernung zur Erde: 4,39 Lichtjahre

Wir nähern uns nun einem Stern, der irdischen Bewohnern sehr bekannt ist, sofern sie auf der Südhalbkugel der Erde leben. Es ist Alpha Centauri, der hellste Stern im Sternbild Zentaur, rund 30 Grad vom Himmelssüdpol entfernt. Wir werden sehen, dass er in Wirklichkeit kein Einzelstern ist, sondern ein komplexes Mehrfachsternsystem. Es ist ungewöhnlich, dass bei diesem hellen Stern kein markanter Eigenname benutzt wird. Von Seefahrern wird er gelegentlich als Rigil Kent bezeichnet, außerdem gibt es den älteren, selten gebrauchten Namen „Toliman".

Auf dem Weg zu ihm kommen wir zunächst an einem Stern vorbei, der kleiner und rötlicher – und damit kühler – als die Sonne ist. Aufgrund seiner geringen Helligkeit wurde er erst 1915 entdeckt und erhielt den Namen Proxima Centauri, denn er ist der nächste Nachbar der Sonne. Bislang wurden keine Planeten um Proxima Centauri, einen roten Zwergstern, entdeckt, und es ist unwahrscheinlich, dass noch welche gefunden werden. Interessant ist Proxima nicht zuletzt aufgrund seiner plötzlich auftretenden Flares, Ausbrüche, die seine Helligkeit hin und wieder für kurze Zeit ansteigen lassen. Die Flares können die gesamte Oberfläche des Sterns erfassen.

Jeder Stern hat seine Besonderheiten, und das tiefrote Leuchten von Proxima taucht das Beobachtungsdeck unseres Raumschiffs in ein unheimliches Licht. Doch dann wechselt das Licht zu Orange und wird schließlich Gelb wie bei unserer Sonne: Alpha Centauri A und B, die größeren Geschwister von Proxima, tauchen im Gesichtsfeld auf. Alle drei Sterne zusammen bilden ein Trio, wobei A und B sich alle 80 Jahre um den gemeinsamen Schwerpunkt bewegen – gerade so wie ein rotierender Hundeknochen. Allerdings umlaufen sie sich auf elliptischen Bahnen, und die gegenseitige Distanz nimmt derzeit ab. Das Minimum wird 2035 erreicht, wenn ihr Abstand auf die Entfernung Sonne–Saturn schrumpft.

Alpha Centauri B ist der kleinere und dunklere von beiden, und sein orangegelber Farbstich lässt erkennen, dass auch er etwas kühler als die Sonne ist. Alpha Centauri A dagegen ist fast ein Zwilling unserer Sonne – ein bisschen größer und deswegen heller als sie, ansonsten aber nahezu identisch; selbst die Umdrehungszeit ist mit 22 Tagen fast gleich. Dieser vertraute Anblick ist ein erster Hinweis darauf, dass unsere Sonne kein besonderer Stern ist, sondern eher ein durchschnittlicher Bewohner der Milchstraße.

Aber nicht nur Alpha Centauri A und B umkreisen einander – auch Proxima gilt als echtes Mitglied dieses Systems. Er ist allerdings viel weiter von dem engen Paar entfernt und bewegt sich daher nur sehr langsam um den gemeinsamen Dreierschwerpunkt. Das ganze System wird in Zukunft der Sonne noch näherkommen und in ungefähr 28.000 Jahren in rund drei Lichtjahren Abstand vorbeiziehen. Es bleibt abzuwarten, welche Folgen das für die Oortsche Wolke haben wird.

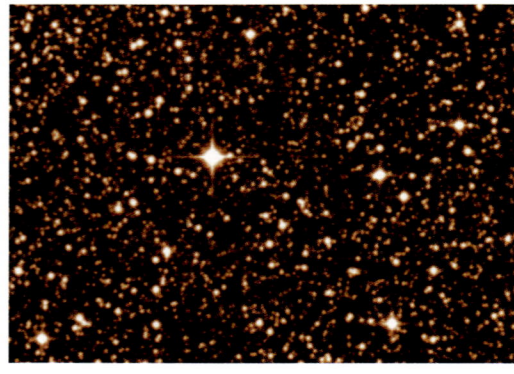

OBEN: Proxima Centauri, aufgenommen im Infraroten mit dem UK-SCHMIDT-Teleskop

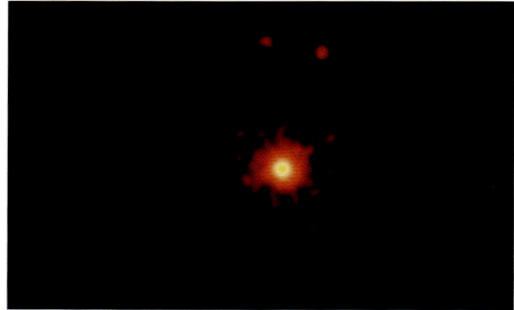

OBEN: Ein Röntgenbild von Proxima Centauri, aufgenommen von dem Satelliten CHANDRA

OBEN: Proxima Centauri ist der kleine rote Stern nahe der Bildmitte.

DER HUNDSSTERN

Entfernung zur Erde: 8,59 Lichtjahre

OBEN: Sirius, rechts über der Kuppel des WILLIAM-HERSCHEL-Teleskops (Foto: Nik Szymanek)

OBEN: Sirius ist der helle Stern rechts oben, der zweithellste Stern am irdischen Himmel ist Kanopus (links oben).

OBEN: Sirius mit „Spikes", aufgenommen von Pete Lawrence

Unsere nächste Station ist wesentlich spektakulärer als der kleine rote Zwergstern im System Alpha Centauri: Wir werden Sirius einen Besuch abstatten, jenem Stern, der am irdischen Himmel als hellster Fixstern erscheint. Für irdische Beobachter ist er leicht zu finden, zum einen aufgrund seiner Helligkeit, zum anderen, weil er in der Verlängerung der drei markanten Gürtelsterne des Orion liegt. Sirius leuchtet rund 25-mal so hell wie die Sonne und ist zugleich heißer und größer als jene. Seine Entfernung zur Sonne beträgt 8,6 Lichtjahre. Er gehört zum Sternbild Canis Maior, dem Großen Hund, und so wird Sirius oft auch als der Hundsstern bezeichnet.

Wer Sirius im Fernrohr betrachtet, wird einen in allen Farben des Regenbogens funkelnden „Diamanten" sehen. Doch dieser Eindruck täuscht, denn Sirius ist ein weißer Stern. Das farbintensive Funkeln wird dem Licht erst auf den letzten Kilometern aufgeprägt, auf dem Weg durch die irdische Atmosphäre. Das ist so ähnlich, wie wenn wir vom Grund eines mit Wasser gefüllten Swimmingpools aus beobachten würden. Von dort erscheint die ganze Welt durch die Wellen im Swimmingpool in ständiger Bewegung. Schon aus einem hochfliegenden Düsenflugzeug heraus betrachtet scheinen die Sterne am Nachthimmel deutlich weniger zu funkeln als am Erdboden. Und hier draußen befinden wir uns mit unserem Raumschiff im luftleeren Raum, sodass Sirius überhaupt nicht funkelt. Er erscheint aber auch nicht länger als weißer Punkt, sondern als bläulich weiße Scheibe, die wesentlich mehr UV-Strahlung abgibt als unsere Sonne. Zum Glück bietet unser Raumschiff einen sicheren Schutz davor.

Auch Sirius ist kein Einzelgänger im Kosmos. Wenn wir nahe genug herankommen, sehen wir noch einen zweiten, viel dunkleren Stern. Das Paar unterscheidet sich aber sehr deutlich von Alpha Centauri A und B, denn dieser Begleiter ist nicht nur viel dunkler, sondern auch viel kleiner als Sirius A – in Anlehnung an Sirius A als Hundsstern wird er mitunter auch als „Welpe" bezeichnet. Sirius B ist kaum größer als die Erde, doch die Materie in seinem Innern muss extrem dicht gepackt sein, denn dieser Winzling enthält ähnlich viel Masse wie unsere Sonne.

Sirius B war der erste bekannte Vertreter einer neuen Klasse von Sternen, die als Weiße Zwerge bezeichnet werden. Wenn wir eine Streichholzschachtel voll Materie dieses Sterns mit zur Erde bringen könnten, würde sie bei uns mehrere Tonnen wiegen. Alle uns vertraute Materie im Universum besteht aus Atomen, und Atome sind im Wesentlichen leere Hüllen, die einen massiven Atomkern umgeben. Die Atome eines Weißen Zwerges aber sind unter hohem Druck gleichsam zerbrochen worden, sodass die Atomkerne und die Elektronen der Hülle viel enger zusammenrücken können. Ein Weißer Zwerg hat seine verfügbare Kernenergie aufgebraucht und befindet sich in der letzten Phase seines langen Sternlebens. Irgendwann wird er völlig ausgekühlt und dunkel sein und als Schwarzer Zwerg unsichtbar durchs Universum treiben.

DER NÄCHSTE EXOPLANET

Entfernung zur Erde: 10,48 Lichtjahre

Bei der Suche nach Planeten außerhalb des Sonnensystems, soge-nannten Exoplaneten, sind in den letzten Jahrzehnten gewaltige Fortschritte erzielt worden. Mittlerweile sind viele Hundert solcher Objekte gefunden worden, und mehrere Tausend weitere Kandidaten warten auf Bestätigung. Natürlich können wir nicht alle diese fernen Geschwister der Erde besuchen, aber einige sind von besonderem Interesse, so auch jener, der den Stern Epsilon Eridani umrundet.

Dieser orangegelbe Stern hat etwa drei Viertel des Sonnendurch-messers, strahlt aber nur mit einem Drittel ihrer Leuchtkraft. Trotz-dem gilt dieser Stern als der nächste sonnenähnliche Stern, der einen Planeten besitzt, was ihm in der Science-Fiction-Literatur zu einer herausragenden Sonderstellung verholfen hat. Aus dem Fenster unse-res Raumschiffs erkennen wir zwei Schuttgürtel rund um den Stern, die eine gewisse Ähnlichkeit mit dem Kuiper-Gürtel im Sonnensystem aufweisen. Beide Bereiche enthalten felsige Asteroiden, die vermutlich aus der Entstehungsphase des Sterns vor weniger als einer Milliarde Jahren übrig geblieben sind.

Der Planet umkreist den Stern in einer Entfernung, die etwa dreimal so groß wie der Abstand Sonne–Erde ist. In dieser Distanz zu einem so leuchtschwachen Stern kann es sich nur um eine eisige Welt handeln. Dabei entspricht die Masse etwa anderthalb Jupitermassen, was ihn zu einem Gasriesen macht. Epsilon Eridani b wird sicher viele Monde besitzen, etliche von ihnen eisbedeckt, und das Eis wird größtenteils Wassereis sein, denn Wasser scheint bei der Entstehung von Sternen und Planeten eine besondere Rolle zu spielen. Diese Eismonde werden zwar nicht von ihrem Stern erwärmt, wohl aber von den Gezeitenkräften eines so massereichen Planeten, und entsprechend kann man sich auf manchem dieser Monde auch Verhältnisse wie auf dem Jupitermond Europa vorstellen – mit einem Wasserozean unter der Eisdecke.

Unabhängig davon kann ein solch massereicher Planet nicht ohne Einfluss auf die Stabilität des benachbarten Schuttgürtels bleiben. Tatsächlich haben Computersimulationen gezeigt, dass innerhalb des Asteroidengürtels noch weitere größere Planeten existieren können.

Wir können Epsilon Eridani b aus unserer Position leicht oberhalb der Ebene des Asteroidengürtels natürlich besser sehen als irdische Beobachter. Seine Bahn hat unter Astronomen für lebhafte Diskussio-nen gesorgt. Anders als wir können sie den Planeten nicht direkt se-hen, sondern lediglich die schwache Infrarotstrahlung der Asteroiden-gürtel erkennen, und so müssen sie auf indirekte Nachweismethoden zurückgreifen. Bei Epsilon Eridani b gelang dieser Nachweis mit Hilfe der sogenannten Radialgeschwindigkeitsmessung, mit der das leichte Tänzeln des Sterns um den gemeinsamen Schwerpunkt von Stern und Planet vermessen wird. Dieses Tänzeln führt zu winzigen Verschie-bungen im Spektrum des Sterns, die auf der Erde gemessen werden können und so die Existenz eines Planeten verraten.

OBEN: So könnte der Planet am Rande des Asteroidengürtels von Epsilon Eridani aus-sehen.

WIE WEIT SIND DIE STERNE WEG?

Entfernung zur Erde: 11,4 Lichtjahre

OBEN: HIPPARCOS bestimmte die Entfernungen der Sterne nach der gleichen Parallaxenmethode wie 1838 F. W. Bessel.

OBEN: Der Stern 61 Cygni, dessen Entfernung Bessel messen konnte

Wenn wir aus unserem Raumschiff den Sternenhimmel betrachten, erscheint er trotz der gewaltigen Distanz, die wir mittlerweile zurückgelegt haben, bis auf wenige Ausnahmen immer noch recht vertraut. Den Großen Wagen und auch den Orion finden wir noch ziemlich unverändert. Dies hängt mit der schieren Größe unserer Milchstraße zusammen. Eine der wichtigsten astronomischen Beobachtungen, die unser Bild vom Universum entscheidend veränderte, war die Messung von Fixsterndistanzen. Der Durchbruch gelang im 19. Jahrhundert, als einige Forscher auf die Idee kamen, die Methode der Parallaxenmessung auf den Himmel auszudehnen.

Das Prinzip lässt sich mit einem einfachen Experiment erklären: Dazu betrachte man zunächst seinen Daumen am Ende des ausgestreckten Arms mit nur einem Auge und richte den Daumen so aus, dass er ein entferntes Objekt, zum Beispiel einen Baum im Garten, verdeckt. Wenn man dann den Daumen mit dem anderen Auge anpeilt, wird er den Baum nicht mehr verdecken, denn jetzt blickt man ja aus einer leicht anderen Position auf den Daumen. Aus dem Abstand zwischen beiden Augen und dem Verschiebungswinkel des Daumens relativ zu dem fernen Baum lässt sich mit Hilfe einfacher Geometrie die Entfernung des Baums bestimmen.

Natürlich sind die Sterne viel zu weit entfernt, als dass der Augenabstand für eine solche Messung reichen würde. Aber die Erde trägt den Beobachter im Laufe eines Jahres einmal um die Sonne, und dadurch wird im Abstand von einem halben Jahr eine Basislinie von 300 Millionen Kilometern aufgespannt. Doch selbst bei einer solch gewaltigen Basislinie bleibt der Parallaxenwinkel so klein, dass besondere Messverfahren angewandt werden müssen.

1838 schließlich gelang dem deutschen Astronomen Friedrich Wilhelm Bessel die Messung der Parallaxe von 61 Cygni, einem Stern, der zuvor schon durch seine vergleichsweise große Eigenbewegung am Himmel aufgefallen war. 61 Cygni, auch ein Doppelsternsystem, umfasst zwei orangefarbene Sterne, die beide kleiner und kühler als die Sonne sind. Seine Entfernung konnte zu rund 11 Lichtjahren bestimmt werden. Die Parallaxenmethode wird auch heute noch zur Entfernungsmessung genutzt, zuletzt etwa von dem europäischen Satelliten HIPPARCOS, (für **Hi**gh **P**recision **Par**allax **co**llecting **S**atellite), der die Entfernungen von vielen Zehntausend Sternen mit hoher Genauigkeit bestimmte. Seine Arbeit soll demnächst von GAIA fortgesetzt werden, wiederum einem europäischen Satelliten, der weite Teile der Galaxis vermessen wird. Doch darauf wollen wir nicht warten, und so starten wir durch, um weitere Sterne – zunächst noch in unserer Umgebung – zu besuchen.

EIN JUNGER EXOPLANET

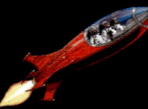

Entfernung zur Erde: 25 Lichtjahre

So interessant und spannend die Suche nach einem Duplikat unseres Sonnensystems auch sein mag – Exoplaneten gibt es offenbar nicht nur bei sonnenähnlichen Sternen. Etwas weiter von der Sonne entfernt treffen wir auf einen wesentlich helleren Stern, der – wie Epsilon Eridani – von einem Planeten am Rande eines Schuttgürtels mit Überresten aus der Entstehungsphase des Systems umrundet wird. Der Stern heißt Fomalhaut und ist 25 Lichtjahre von der Sonne entfernt; für irdische Beobachter steht er im Sternbild Südlicher Fisch. Er ist zwar nicht der hellste sonnennahe Stern, mit 18-facher Sonnenleuchtkraft und einem Durchmesser von rund 2,5 Millionen Kilometern aber trotzdem eine eindrucksvolle Erscheinung. Dank seiner Oberflächentemperatur von rund 8500 Grad leuchtet er strahlend weiß.

Wie unser letztes Ziel zählt Fomalhaut zu den jüngeren Sternen, die erst vor ein paar Hundertmillionen Jahren entstanden sind. Aufgrund dieses jugendlichen Alters wird er noch von einer Gas- und Staubscheibe aus der Anfangszeit umgeben, aus der sich bereits mindestens ein Planet gebildet hat. Die flache Materiewolke, die nach innen in einer Entfernung von rund 20 Milliarden Kilometern ziemlich scharf begrenzt ist, leuchtet im Infrarotbereich recht hell. 2008 konnten Astronomen mit dem HUBBLE-Weltraumteleskop unweit des Innenrandes dieser Scheibe einen Planeten entdecken; dazu hatten sie das Licht des Sterns selbst mit einer geeigneten Vorrichtung abgeblendet.

Mittlerweile wurden diese Beobachtungen mehrfach wiederholt, um daraus die Bewegung des Planeten abzuleiten. Für einen Umlauf auf seiner leicht elliptischen Bahn braucht er offenbar etwa 872 Jahre. Die Existenz eines Planeten in dieser Gegend war zuvor schon aus dem unerwartet scharfen Innenrand der Materiewolke abgeleitet worden. Er ließ vermuten, dass Teilchen, die aus der Wolke langsam weiter nach innen driften wollten, von der Schwerkraft eines solchen, zunächst unbeobachteten Planeten aus der Bahn geworfen würden. Die genaue Größenordnung der planetaren Störwirkung ist noch unbekannt, ebenso wie die Natur des Planeten selbst. Wegen des großen Abstands zu seinem Zentralstern und der langen Umlaufzeit kann die Methode der Radialgeschwindigkeitsmessung keine Informationen liefern. Doch ganz gleich, ob es sich um einen Gasriesen von mehrfacher Jupitermasse handelt oder um eine kleine, erdähnliche Kugel – es wird auf jeden Fall sehr kalt dort sein. Mehr als hundertmal so weit von Fomalhaut entfernt, bekommt der Planet auch von diesem leuchtkräftigeren Stern kaum mehr als ein Promille der Strahlungsmenge ab, die auf die Erde trifft.

Die Existenz von Fomalhaut b wirft interessante Fragen auf: Ist es normal, dass Planeten in solch großen Entfernungen zu ihrem Stern entstehen? Oder gibt es weiter innen noch weitere Planeten, die wir bislang übersehen haben? Für uns ist es jetzt aber an der Zeit, nach wärmeren Planeten Ausschau zu halten.

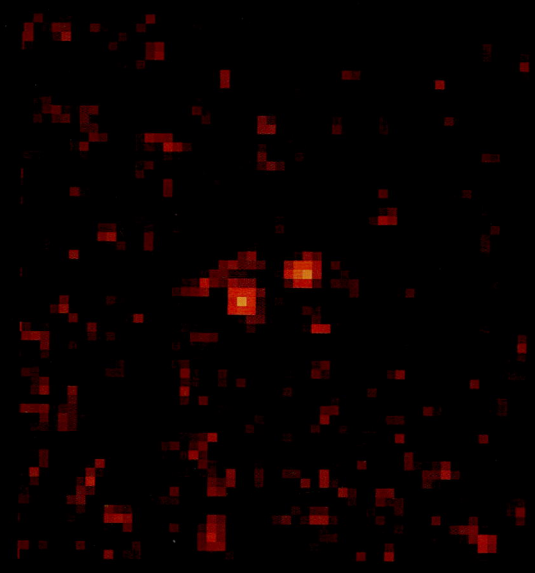

OBEN: Der Planet Fomalhaut b wurde anhand seiner Bewegung entdeckt. Die beiden hellen Punkte sind zwei Positionen des Planeten auf seiner Umlaufbahn um den Stern, links 2004 und rechts 2006.

RECHTS: Der Stern Fomalhaut, aufgenommen von Davide de Martin

EIN HIMMLISCHER ZWILLING

Entfernung zur Erde: 51,6 Lichtjahre

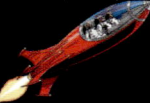

Der Stern Kastor ist ein willkommener Haltepunkt auf unserer Tour und gewährt uns einen Einblick in himmlische Gegensätze. Irdischen Beobachtern mit bloßem Auge erscheint Kastor, der obere (nördlichere) der beiden Zwillingssterne, als Einzelstern, doch aus der Nähe betrachtet ergibt sich ein ganz anderes Bild. Beim Anflug passieren wir zunächst Kastor C, einen blassen, rötlichen Begleiter, der sich bei genauem Hinsehen als enges Paar aus zwei annähernd gleichen Sternen erweist. Solche Doppelsterne sind durchaus üblich und auf die räumlich „engen" Verhältnisse innerhalb der Sternentstehungsregionen zurückzuführen. Tatsächlich könnten Einzelsterne wie unsere Sonne innerhalb der Galaxis nur eine Minderheit darstellen.

Aber auch der Hauptstern des Systems entpuppt sich als Doppelstern, wobei das Teleskop unseres Raumschiffs auch bei diesen beiden Sternen jeweils eine Doppelnatur enthüllt. Mit anderen Worten umfasst das System Kastor insgesamt sechs Sterne, die einander jeweils paarweise und dann auch noch als Gesamtsystem umrunden. Die beiden helleren Sterne, Kastor A und B, leuchten weißlich, und werden von roten Zwergsternen umrundet, und auch die beiden Komponenten von Kastor C zählen zu den roten Zwergen.

Die unterschiedlichen Farben verraten uns etwas über die Temperaturen der Sterne: Die weißen Sterne sind deutlich heißer als ihre roten Partner, und das bedeutet in diesem Fall, dass sie mehr Masse besitzen als jene. Wir werden noch sehen, dass massereichere Sterne schneller altern. Die Farbunterschiede haben also nichts mit unterschiedlicher Zusammensetzung oder verschiedenen Entstehungswegen dieser Sterne zu tun.

Die Sterne des Kastor-Systems dürften vor rund 200 Millionen Jahren entstanden sein und befinden sich mittlerweile alle in der stabilsten Phase ihres Lebens, in der sie in ihrem Innern Wasserstoff in Helium umwandeln. Solche Sterne in der Phase des Wasserstoffbrennens werden als Hauptreihensterne bezeichnet, und die beiden Komponenten von Kastor C werden vermutlich rund 15 Milliarden Jahre in diesem Stadium verbringen. Die Sonne leuchtet seit etwa vier Milliarden Jahren auf der Hauptreihe und hat noch mindestens weitere vier Milliarden Jahre vor sich, während die hellen, größeren Partner von Kastor A und B allenfalls ein paar Milliarden Jahre alt werden können. Um zu sehen, was danach folgt, wollen wir demnächst bei Beteigeuze im Orion vorbeischauen. Zuerst aber steht ein ganz anderer Stern auf dem Flugplan.

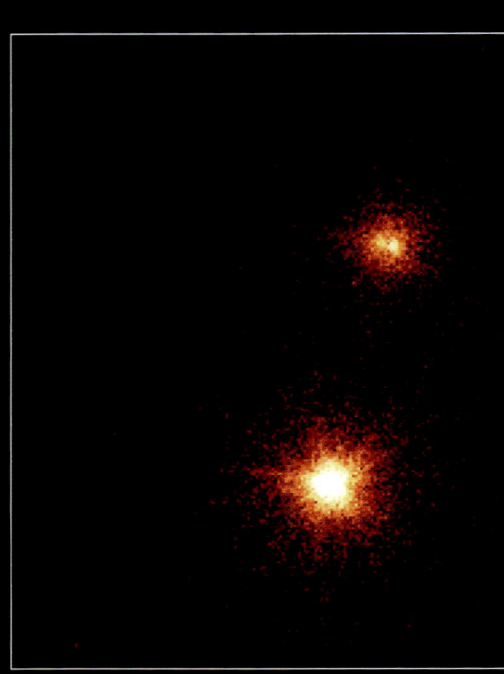

OBEN: Das Röntgenbild von Kastor zeigt zwei helle Komponenten oben (A und B) sowie das im Röntgenlicht deutlich hellere Paar von Kastor C (unten); es wird auch YY Geminorum genannt.

OBEN RECHTS: Ein weiteres interessantes Objekt im Sternbild Zwillinge ist der Offene Sternhaufen M 35.

RECHTS: Der zweite Zwillingsstern ist Pollux, hier aufgenommen von Greg Parker

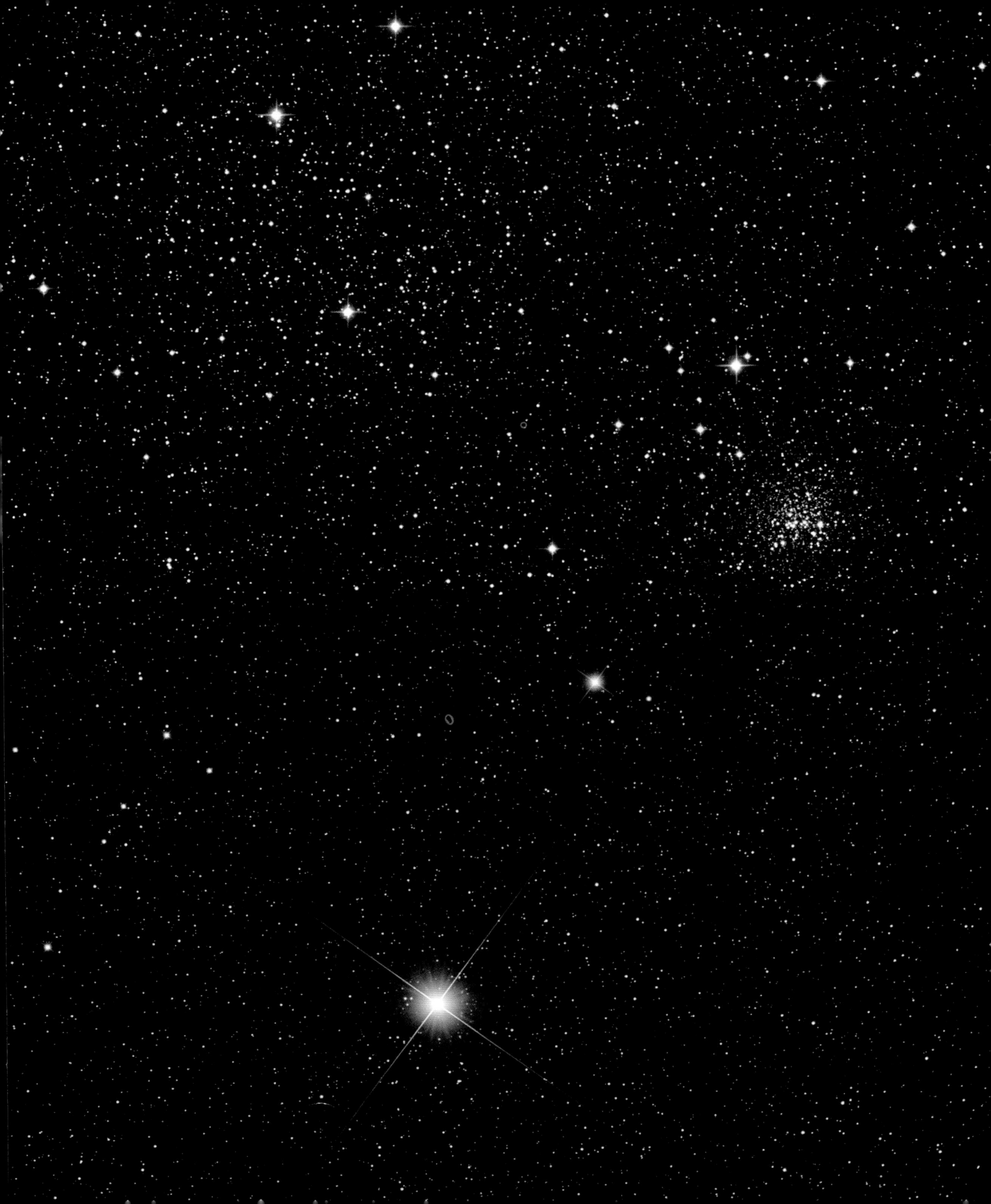

DER BLINKENDE DÄMON

Entfernung zur Erde: 93 Lichtjahre

OBEN: Der helle, weißliche Stern ist Algol, der gelbliche Rho Persei.

Wenn wir uns weiter von der Sonne entfernen, treffen wir nach rund 90 Lichtjahren auf einen für irdische Beobachter ziemlich ungewöhnlichen Stern. Er ist normalerweise der zweithellste Stern im Sternbild Perseus und trägt daher auch die Bezeichnung Beta Persei. Dabei liegt die Betonung auf „normalerweise", denn die Helligkeit dieses Sterns erscheint von der Erde aus gesehen nicht konstant: Nach jeweils knapp drei Tagen nimmt sie im Laufe weniger Stunden langsam um mehr als eine ganze Größenklasse ab, verharrt dann für rund 20 Minuten auf diesem niedrigen Niveau und steigt anschließend in gleicher Zeit wieder langsam an. Nach insgesamt zehn Stunden ist der ganze Spuk vorbei.

Mit diesem Verhalten gab Algol irdischen Beobachtern lange Zeit ein Rätsel auf, denn Sterne galten bis zum Ende des Mittelalters als unveränderliche Objekte. Entsprechend erhielt dieser wegen seiner Veränderlichkeit ungewöhnliche, langsam blinkende Stern den Namen Algol, was im Arabischen so viel wie Dämon bedeutet.

Aus unserer Raumschiffperspektive wird der Grund für dieses rätselhafte Verhalten schnell klar. Wie der englische Astronom John Goodricke bereits im 18. Jahrhundert aus seinen Beobachtungen abgeleitet hat, umfasst Algol in Wirklichkeit zwei verschieden helle Sterne, die sich so umlaufen, dass von der Erde aus gesehen einer regelmäßig vor dem anderen herzieht. Trägt man die Lichtkurve eines solchen Sternpaars auf, so ergibt sich ein regelmäßiges Muster mit zwei unterschiedlich tiefen Absenkungen. Wenn der dunklere Stern vor dem helleren herzieht, geht die Gesamthelligkeit des Systems stark zurück, im anderen Fall dagegen nur wenig. Aus unserer Raumschiffposition oberhalb der Bahnebene sehen wir von diesem Lichtwechsel gar nichts. In gleicher Weise dürften sich auch viele Exoplaneten einem direkten Nachweis durch die Beobachtung winziger Sternfinsternisse entziehen, weil ihre Bahnen so geneigt sind, dass sie für irdische Beobachter nicht vor ihrem Zentralstern herziehen.

So mag ein Geheimnis von Algol nun zwar gelüftet sein, doch steht der Name auch noch für ein anderes Rätsel: Der massereichere der beiden Sterne brennt noch auf der Hauptreihe, während der masseärmere die Hauptreihe längst verlassen hat. Das scheint den klassischen Vorstellungen über das Leben der Sterne zu widersprechen, nach denen massereichere Sterne schneller altern.

Die Lösung dieses Algol-Paradoxons liegt in der geringen Distanz beider Sterne zueinander, die bei nur rund 9,6 Millionen Kilometern liegt. Als der massereichere Stern das Ende der Hauptreihenphase erreichte und sich zu einem roten Riesenstern entwickelte, verlor er seine äußere Hülle, und ein Teil davon ist von dem vormals kleineren, masseärmeren Stern eingefangen worden. So haben beide Sterne ihre Rangfolge getauscht, und der ursprünglich massereichere Stern ist jetzt der Unterlegene von beiden.

EIN PLANET MIT SCHWEIF

Entfernung zur Erde: 150 Lichtjahre

OBEN: Der Planet HD 209458 b ist der erste Exoplanet, dessen Atmosphäre analysiert werden konnte (künstlerische Darstellung).

OBEN: Ein heißer Jupiter nahe bei seinem Stern (künstlerische Darstellung)

Der Stern HD 209458 ist ein normaler, sonnenähnlicher Stern.
Sein gelbliches Licht erscheint uns Erdenbürgern sehr vertraut, und wie unsere Sonne ist auch HD 209458 leicht veränderlich, denn immer wieder tauchen Sternflecken auf seiner Oberfläche auf. Ein dunkler Fleck aber, der in regelmäßigen Abständen immer wieder vor dem Stern herzieht, ist kein Sternfleck auf ihm selbst, sondern ein großer Planet, HD 209458 b, der seinen Stern alle 3,5 Tage einmal umrundet.

Der kleine Radius seiner Bahn hat zur Folge, dass der Abstand zwischen Sternoberfläche und Planet nur 6,3 Millionen Kilometer beträgt und dass der Planet eine sehr heiße Kugel ist. Aus der Nähe wird deutlich, dass der Planet größer als Jupiter ist und Ausgangspunkt eines langen Gasschweifs, der radial nach außen abströmt. Das Gas, vorwiegend Wasserstoff, stammt aus der Atmosphäre des Planeten, die so in jeder Sekunde einige Zehntausend Tonnen Materie verliert. Die Atmosphäre verdampft buchstäblich unter der gewaltigen Wärmeeinstrahlung des nahen Sterns.

Dies ist ein extremes Beispiel für eine ganze Klasse von Exoplaneten, die als heiße Jupiter bezeichnet werden. Kaum einer ist bislang in geringerer Distanz zu seinem Stern gefunden worden, die meisten bleiben weiter entfernt. Man vermutet, dass dieser Prozess auf Dauer einen jupiterähnlichen Planeten vollständig auflösen könnte, jedoch würde das Alter des Universums dazu bei gleichbleibender Verlustrate noch nicht ausreichen.

Für irdische Beobachter bringt die geringe Distanz des Planeten aber Vorteile. Sie sind zwar nicht in der Lage, ein solches Objekt fotografisch zu erfassen, aber das in einem Schweif abströmende Gas prägt dem Sternlicht während des Planetentransits zusätzliche Spektrallinien auf, die etwas über die Zusammensetzung seiner Atmosphäre verraten. Die Atmosphäre von HD 209458 b ähnelt jener der Gasriesen in unserem Sonnensystem: Sie enthält atomaren Wasserstoff, Kohlenstoff und Sauerstoff, aber auch einfache Moleküle wie Wasserdampf, Kohlendioxid und Methan.

Die größte Überraschung aber ist die geringe Helligkeit des Planeten. Während Jupiter mehr als die Hälfte des auftreffenden Sonnenlichts zurückwirft, liegt das Reflexionsvermögen – die Albedo – von HD 209458 b nur bei knapp einem Drittel. Schuld daran ist möglicherweise eine dunkle Wolkenschicht, die sich an der Grenze zwischen der äußeren, abströmenden Atmosphäre und den tiefer liegenden, von innen heraus noch heißeren Gasschichten des Planeten ausbildet. Sie könnte aus Siliziumstaub und Metalloxiden bestehen, aber selbst Tholine, also komplexere Kohlenwasserstoffmoleküle, können nicht ausgeschlossen werden. Darüber hinaus wurden mit dem VERY LARGE TELESCOPE der ESO in der Atmosphäre extreme Windgeschwindigkeiten von bis zu 7000 Kilometer pro Stunde gemessen, mit denen heißes Gas von der Tagseite des Planeten auf dessen kühlere Nachtseite strömt.

MIRAS WUNDERSAME GESCHICHTE

Entfernung zur Erde: 300 Lichtjahre

Mira – der Name bedeutet so viel wie „die Wundersame" – ist ein ungewöhnlicher Stern. Er war der erste Stern, dessen Veränderlichkeit vor mehr als 400 Jahren bemerkt und beschrieben wurde. Er ist ein weiter Doppelstern, dessen Hauptpartner, Mira A, besondere Beachtung verdient. Mira A ist ein roter Riesenstern, der aufgrund innerer Instabilitäten gleichsam ins Schwabbeln geraten ist: Etwa alle zehntausend Jahre wird Mira A von einem besonders heftigen Stoß erschüttert – ein Ereignis, das etwa ein Jahrzehnt andauert –, und das „Nachzittern" führt dann zu den beobachteten Helligkeitsschwankungen. Miras Helligkeit nimmt über einen Zeitraum von etwa 332 Tagen zu und wieder ab, wobei der Anstieg nur rund halb so lange dauert wie der Abfall. Ein vergleichbarer Lichtwechsel ist bei über 5000 weiteren Sternen beobachtet worden, die deshalb zur Klasse der Mira-Veränderlichen zusammengefasst werden.

Das auffälligste Merkmal von Mira kann man aber nur im UV-Bereich erkennen: Mira A zieht einen Schweif hinter sich her, der sich über mehr als 15 Lichtjahre erstreckt. Dabei handelt es sich offenbar um Gas, das von Mira abströmt und aufgrund der raschen Eigenbewegung des Sterns wie aufgewühltes Kielwasser hinter ihm zurückbleibt; dafür spricht auch die „Bugwelle", die der Stern vor sich auftürmt.

OBEN: Der rote Riesenstern Mira. Seine Doppelsternnatur ist klar zu erkennen.

UNTEN: Unlängst entdeckten Astronomen bei Mira einen kometenähnlichen Schweif.

DIE SIEBEN SCHWESTERN

Entfernung zur Erde: 440 Lichtjahre

OBEN: Die Plejaden, fotografiert von Greg Parker

NÄCHSTE DOPPELSEITE: Die Plejaden, aufgenommen vom Palomar Observatory

UNTEN: Die Plejaden (Foto: Serge Brunier)

Die Plejaden, auch das Siebengestirn genannt, bilden in einer Entfernung von rund 400 Lichtjahren einen der nächsten Sternhaufen. Das hellste Mitglied dieses Haufens trägt den Namen Alcyone und erscheint wie die meisten übrigen Sterne dieser Gruppe hell und blau leuchtend; dies macht deutlich, dass die Sterne eine viel größere Leuchtkraft besitzen als unsere Sonne. Der besondere Reiz der Plejaden wird auf länger belichteten Fotos noch durch die blauen Nebelfetzen verstärkt. Da die Sterne des Plejaden-Haufens noch recht jung sind, lag die Vermutung nahe, dass es sich bei diesen Nebelfetzen um Reste jener Gas- und Staubwolke handelt, aus der die Plejaden ursprünglich hervorgegangen sind. Neuere Messdaten deuten allerdings darauf hin, dass es sich eher um eine Gas- und Staubwolke handelt, die von dem Sternhaufen zufällig durchquert wird und die das Licht der Sterne reflektiert.

Viel diskutiert wurde auch die Zahl der mit bloßem Auge sichtbaren Mitglieder dieses Sternhaufens. Sechs sind recht leicht zu zählen, in besonders klaren Nächten auch schon einmal neun, und wer zwölf oder gar noch mehr Sterne sieht, muss Luchsaugen haben. Aus den Fenstern unseres Raumschiffs dagegen sind viele Hundert Mitglieder zu erkennen, und sie leuchten längst nicht alle hell und blau!

Zwischen den helleren Sternen gibt es auch kleinere Geschwister und sogar ganz kleine Halbschwestern: In einem solch jungen Sternhaufen kann man Braune Zwerge entdecken, bevor sie so blass werden, dass sie sich den Blicken der Astronomen entziehen. Braune Zwerge sind extrem massearm (bis herunter zu vielleicht 25-facher Jupitermasse) und leuchten entsprechend sehr schwach, zumal in ihrem Innern kein Wasserstoffbrennen abläuft. Sie könnten uns helfen, den Prozess der Sternentstehung besser zu verstehen. Wann ist ein Stern zu klein, um zu einem wirklichen Stern zu werden? Interessanterweise gibt es noch keine offizielle Grenze, unterhalb derer ein Stern nicht mehr als Stern zählt. Dabei könnte man eine willkürliche Grenzmarke festsetzen und zum Beispiel sagen, alles, was mehr als 20 Jupitermassen in sich vereint, gilt als Stern.

Wenn die Schätzungen über die Zahl der Braunen Zwerge stimmen, müssten sie in Sternhaufen wie den Plejaden entstanden und dort anschließend herausgeworfen worden sein. Außerhalb von Sternhaufen ist die Wahrscheinlichkeit, dass sich zwei Sterne sehr nahekommen, äußerst klein – die gegenseitigen Abstände sind einfach zu groß. Innerhalb von Sternhaufen stehen die einzelnen Mitglieder aber deutlich näher zueinander, und so kann es zu zahlreichen engen Begegnungen kommen, bei denen die leichteren Partner von Doppel- und Mehrfachsystemen dann herausgeworfen werden. Als Folge davon löst sich auch der übrige Sternhaufen allmählich auf – ein Schicksal, das auch den Plejaden-Haufen innerhalb weniger Hundertmillionen Jahre ereilen wird.

IN DER ZONE DES LEBENS

Entfernung zur Erde: 600 Lichtjahre

Gibt es irgendwo zwischen den Sternen Leben? Wir sollten die Augen offen halten, aber wo könnte unsere Suche am erfolgreichsten sein? Welche Voraussetzungen müssen erfüllt sein, um Leben zu ermöglichen? Wir wissen zwar, dass diese Bedingungen auf der Erde offenbar erfüllt waren, können aber nur spekulieren, was auf diesem Planeten die Entwicklung von Bakterien, Dinosauriern und schließlich auch Menschen ermöglicht hat.

Die uns bekannten Lebensformen bestehen vornehmlich aus zwei Bausteinen – Kohlenstoff und Wasser. Das Element Kohlenstoff kann unter allen Elementen die komplexesten Verbindungen eingehen. Seine Atome können mit bis zu vier anderen Atomen stabile Verbindungen eingehen und so komplexe Strukturen bilden, die ideale Bausteine für das Leben ergeben. Es mag andere Möglichkeiten geben, aber Lebensformen auf Kohlenstoffbasis dürften in der Galaxis am häufigsten anzutreffen sein.

Beim Wasser liegen die Dinge etwas anderes. Es gehört so grundlegend zum Leben auf der Erde dazu, dass man oft vergisst, um welch ungewöhnliche Substanz es sich dabei handelt. Sie vereint eine Reihe von Eigenschaften, die sie extrem nützlich und sogar unabdingbar für komplexes Leben machen. Eine flüssige Trägersubstanz ist von entscheidender Bedeutung, um den Austausch von chemischen Stoffen innerhalb der Zelle und des Körpers zu ermöglichen – und Wasser bleibt über einen sehr großen Temperaturbereich (von null bis hundert Grad Celsius) flüssig. Darüber hinaus ist das Wassermolekül, das nur aus Wasserstoff und Sauerstoff besteht, im Universum vergleichsweise häufig anzutreffen, gerade auch in Sternentstehungsregionen.

OBEN: Künstlerische Darstellung von Kepler 22b

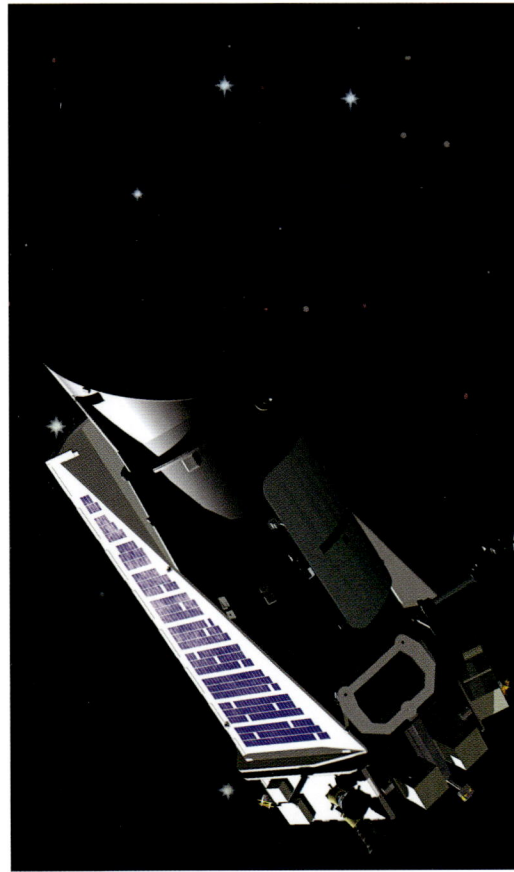

OBEN: Computergenerierte Ansicht des KEPLER-Weltraumteleskops

UNTEN: Das Gesichtsfeld des KEPLER-Weltraumteleskops vor dem Hintergrund eines Milchstraßenpanoramas

Es gibt noch drei weitere chemische Eigenschaften, die Wasser als lebenstragend ausweisen. Zum einen kann es aufgrund seiner „polaren" Molekülstruktur schwache elektrische Bindungen mit anderen Molekülen eingehen und empfiehlt sich so als ideales „Transportband". Wasser kann darüber hinaus aufgrund seiner hohen Oberflächenspannung leicht Tropfen und Pfützen bilden und so durch Kapillargefäße aufsteigen, was zum Beispiel für die Versorgung von Pflanzen wichtig ist. Und schließlich dehnt es sich beim Gefrieren aus, sodass Eis nicht untergeht, sondern auf der Oberfläche schwimmt. Wenn Ozeane oder Seen bei der Entstehung von Leben eine wichtige Rolle spielen, kann es äußerst hilfreich sein, unter einer zugefrorenen Oberfläche noch flüssiges Wasser zu bewahren, denn ein ausgekühlter, völlig zu Eis erstarrter Ozean gäbe dem Leben keine Chance.

Unser nächstes Ziel ist ein Planet, der unter dem Namen Kepler 22b bekannt wurde. Er umkreist „seinen" Stern (Kepler 22) in der sogenannten bewohnbaren Zone, wo die Temperaturen eine dauerhafte Existenz von flüssigem Wasser ermöglichen.

Kepler 22b wurde auf eine andere, wenngleich ebenfalls indirekte Weise entdeckt als die ersten Exoplaneten. Er gehört zur – inzwischen reichen – „Beute" des KEPLER-Weltraumteleskops, das nach Johannes Kepler, dem Entdecker der drei berühmten Planetengesetze benannt ist. Dieses Teleskop starrt unermüdlich auf eine bestimmte, ausgewählte Himmelsregion und überwacht dabei ständig die Helligkeiten von mehr als 140.000 Sternen. Wenn dann ein Planet vor seinem Stern herzieht, wir also einen Transit beobachten können, wird die Helligkeit dieses Sterns für maximal ein paar Stunden leicht zurückgehen. Da solche Transits dieses Planeten dann regelmäßig auftreten, kann man aus entsprechend sorgfältigen Folgebeobachtungen eine Menge über den Planeten ableiten.

Kepler 22b zum Beispiel umrundet seinen Stern alle 290 Tage. Er hat etwa 2,4-fachen Erddurchmesser, aber seine Masse ist noch unbekannt. Kepler 22b könnte sogar von einem globalen Ozean bedeckt sein. Es spricht aber vieles dafür, dass er Neptun mehr ähnelt als etwa der Erde. Weitere sorgfältige Beobachtungen sind notwendig, aber schon jetzt können wir sagen, dass dieser Planet eines ansonsten unauffälligen Sterns das erdähnlichste Objekt ist, das bislang (Sommer 2012) gefunden wurde.

DER KOHLENSACK

Entfernung zur Erde: 600 Lichtjahre

Schon von weitem erscheint der Kohlensacknebel recht bedrohlich: Als dunkler, scheinbar sternleerer Bereich erstreckt er sich über eine Breite von mehr als 200 Lichtjahren vor einer der sternreichsten Gegenden unserer Milchstraße. Er ist groß genug, um von der Erde aus mit bloßem Auge sichtbar zu sein – als vermeintliches „Loch" in der Milchstraße gleich neben dem Kreuz des Südens. Aber er ist nicht einheitlich schwarz, denn an manchen Stellen schimmern ein paar dunkelrot erscheinende Sterne hindurch und verraten so die wahre Natur des Objekts – es ist eine Region voll interstellaren Staubes, der das Licht der dahinterliegenden Sterne verschluckt.

Unter interstellarem Staub verstehen die Astronomen Silikat- und Graphitkörnchen, die nur rund ein Zehntel der Größe von feinen Sandkörnern haben. An sich unauffällig und unbedeutend, können sie dort, wo sie in großen Mengen und ausreichender Konzentration auftreten, durchdringendes Sternlicht blockieren und so in den Zentren ausgedehnter Wolken extrem niedrige Temperaturen ermöglichen. Derart tiefe Temperaturen – nur wenige Grad über dem absoluten Nullpunkt – gelten als ideal für die Entstehung neuer Sterne, und aus einer Wolke mit mehr als 2500-facher Sonnenmasse könnte schon ein ganzer Sternhaufen entstehen. Der Kohlensacknebel scheint allerdings ziemlich stabil zu sein, ohne eingelagerte Sternenembryos. Irgendwann einmal aber könnte auch er von einer durchlaufenden Stoßfront zum Kollaps gebracht werden, was eine rasche Sternentstehung auslösen könnte.

Wie alle Dunkelnebel enthält der Kohlensacknebel nicht nur Staub, sondern auch Gas – vorwiegend molekularen Wasserstoff, der von der Erde aus schwierig nachzuweisen ist, und Kohlenmonoxid sowie Beimengungen von komplexeren, interessanten Molekülen. Bei der Durchquerung fällt auf, dass der Kohlensack keine zusammenhängende Struktur ist, sondern aus zwei größeren und einer Reihe kleinerer Wolken zusammengesetzt ist. Über die Infrarotdetektoren sehen wir diese einzelnen Teilwolken hell leuchten, sodass sie auch von der Erde aus unterscheidbar sind. Nach Untersuchungen mit dem SPITZER-Infrarotweltraumteleskop wurden einige der Wolken sogar unlängst mit Spitznamen belegt ...

OBEN: Der Kohlensack ist die Dunkelwolke unterhalb der beiden hellen Sterne rechts.

RECHTS: Der Kohlensack ist im unteren Bildteil zu erkennen, darüber funkelt der als Schmuckkästchen bekannte Sternhaufen NGC 4755. Oben rechts überstrahlt der Stern Mimosa (Beta Crucis) die Szene.

EIN ROTER ÜBERRIESE

Entfernung zur Erde: 640 Lichtjahre

Viele der Sterne, die wir bei unserer Tour zu nahegelegenen Planetensystemen besuchten, waren noch ziemlich jung. Jetzt wenden wir uns einem Stern zu, der auf das Ende seines Lebens zugeht – dem Riesenstern Beteigeuze. Auf der Erde strahlt er als zweithellster Stern im Orion und markiert dort die linke Schulter des Himmelsjägers. Der fremdartig klingende Name stammt aus dem Arabischen und bezeichnet die „Achsel der Riesin", doch sind – nicht zuletzt aufgrund von Schreib- und Lesefehlern – unterschiedliche Namen und Aussprachen gebräuchlich. Im französischen Sprachraum heißt er Bételgeuse, im englischen Betelgeux und wird – vor allem von Amerikanern – mitunter auch wie „Beetlejuice" ausgesprochen.

    Beteigeuze leuchtet orangerot, was auf seine vergleichsweise niedrige Temperatur von nur rund 3000 Grad hinweist. Ein Stern dieser Temperatur ist normalerweise nicht sehr hell. Dass Beteigeuze dennoch so viel Licht aussendet und so hell erscheint, verdankt er seiner gewaltigen Größe von rund 1000 Sonnendurchmessern. Stünde er an der Stelle der Sonne, so würde er über die Marsbahn hinaus bis in den

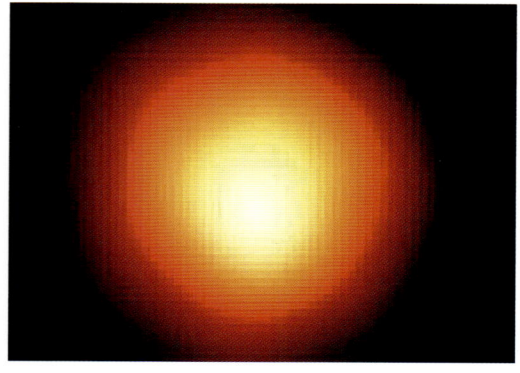

OBEN: So sieht das HUBBLE-Weltraumteleskop den Stern Beteigeuze.

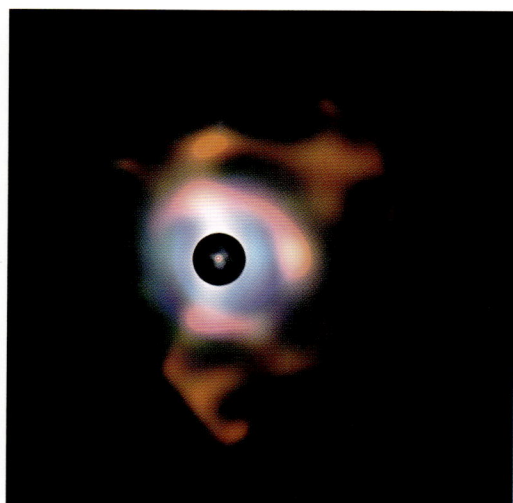

OBEN: Wenn man Beteigeuze selbst mit einer dunklen Scheibe abdeckt, wird das Material sichtbar, das von diesem Stern abströmt.

LINKS: Beteigeuze, aufgenommen von Greg Parker

OBEN: Beteigeuze ist der helle orangefarbene Stern links oben in dieser Gesamtaufnahme des Sternbilds Orion.

UNTEN: Beteigeuze, Foto: Davide de Martin

Asteroidengürtel reichen. Auch seine Masse ist beeindruckend – mit rund 20 Sonnenmassen zählt er zu den Schwergewichten.

Die größten Teleskope der Erde erkennen Beteigeuze als winziges Scheibchen mit einzelnen, schemenhaften Oberflächendetails. Aus unserer Position in einer Umlaufbahn sehen wir, dass die vermeintlichen hellen Flecken riesige Konvektionszellen sind, in denen heißeres Material aus dem Innern des Sterns nach außen dringt. Diese Sternflecken sind wesentlich größer als die bekannten Sonnenflecken und bedecken große Anteile der riesigen Sternoberfläche. Sie sind zudem recht langlebig und können viele Monate überdauern. Wie die meisten Riesensterne ist auch Beteigeuze halbregelmäßig veränderlich. Es gibt zwar eine tendenzielle Periode von etwa fünf Jahren, aber hinzu kommen nahezu täglich kleinere, unberechenbare Schwankungen, die auf chaotische Verhältnisse im Innern des Sterns zurückgehen.

Und warum ist Beteigeuze so viel größer als die Sonne? Aufgrund der größeren Masse ist Beteigeuze wesentlich schneller gealtert. Der Stern verfügte zwar über deutlich mehr Kernbrennstoffe, aber dieser größere Vorrat lastete auch wesentlich stärker auf der Kernregion, die dadurch deutlich heißer als der Sonnenkern wurde und einen wesentlich stärkeren Gegendruck aufbauen musste. Wenn ein derart massereicher Stern seine Vorräte aufgezehrt hat – was wenig mehr als zehn Millionen Jahre dauern dürfte –, gerät er zunehmend unter Druck.

Der Kernbereich schrumpft solange, bis das Helium – die „Asche" des Wasserstoffbrennens – selbst zu schwereren Elementen verschmelzen und dabei neue Energie freisetzen kann. Dadurch wird der weitere Kollaps des Sterns zunächst hinausgezögert. Gleichzeitig treibt der nunmehr heißere Kern die äußeren Schichten stärker auseinander, sodass ein aufgeblähter roter Riesenstern wie Beteigeuze entsteht. Über sein weiteres Schicksal erfahren wir später mehr.

BILD EINER AUSSTELLUNG

Entfernung zur Erde: 650 Lichtjahre

Bevor Ptolemäus uns weiter in die Tiefen des Alls trägt, wollen wir noch ein erstes Beispiel einer Objektklasse ansteuern, die zweifellos die schönsten Himmelsaufnahmen garantiert – einen Planetarischen Nebel. Die Bezeichnung könnte zwar irreführender nicht sein, denn es handelt sich weder um einen Planeten noch um einen zerfransten Nebel, doch sie stammt aus der Frühzeit teleskopischer Beobachtungen, als die damals noch kleinen Fernrohre nur eine geringe Vergrößerung erlaubten: Aufgrund ihrer klar begrenzten, meist rundlichen Form erschienen diese Nebel ähnlich wie die damals neu entdeckten Planeten Uranus und Neptun. In einer Entfernung von 650 Lichtjahren treffen wir auf eine solche Struktur, die einem riesigen Auge ähnelt; es ist der Helixnebel, der beim Tod eines sonnenähnlichen Sterns entstand.

Die ungewöhnliche Form und das Farbenspiel entstehen, weil die zum Ende des Sternenlebens weggetriebene äußere Gashülle weiter von dem Sternrest, einem sogenannten Weißen Zwerg, angestrahlt und zum Leuchten angeregt wird. Im Prinzip ist ein Weißer Zwerg ein nackter, ausgebrannter Sternkern mit einer rund hunderttausend Grad heißen Oberfläche. Er hat so viel Energie gespeichert, dass es einige Milliarden Jahre dauern wird, ehe er vollständig ausgekühlt ist.

Planetarische Nebel sind nicht nur schön, sondern auch nützlich, denn mit ihrer Hilfe kann man die Entfernungen naher Galaxien bestimmen. Die Helligkeit des leuchtenden Gases in der expandierenden Gashülle hängt von der Helligkeit des Zentralsterns ab, der dieses Leuchten anregt; sie kann folglich genutzt werden, um die Leuchtkraft des Weißen Zwergs im Zentrum zu berechnen. Wird dann diese Sollhelligkeit mit der gemessenen Helligkeit des Zentralsterns verglichen, lässt sich daraus sofort die Entfernung des Planetarischen Nebels und der ihn umgebenden Galaxie berechnen. Dieser Soll-Ist-Vergleich wird bei allen sogenannten Standardkerzen genutzt, einschließlich der Cepheiden-Veränderlichen, die wir bei unserem nächsten Halt kennenlernen werden. Mit ihrer Hilfe können die Astronomen gleichsam ein Entfernungsnetz knüpfen, das mit seiner bekannten Maschengröße eine Abschätzung kosmischer Dimensionen ermöglicht.

Planetarische Nebel spielen dabei eine wichtige Rolle – gleichzeitig hängen sie dazu noch wie kunstvolle Bilder in einer kosmischen Ausstellung und erfreuen unsere Augen.

OBEN: Der Helixnebel, im sichtbaren Licht aufgenommen an der Europäischen Südsternwarte

RECHTS: Der Helilxnebel, im Infrarotbereich aufgenommen vom SPITZER-Weltraumteleskop

KOSMISCHE STANDARDKERZE

Entfernung zur Erde: 887 Lichtjahre

887 Lichtjahre von der Erde entfernt steht einer der wichtigsten Sterne des Himmels, einer, der eine nachhaltige Rolle für unser Verständnis vom Universum gespielt hat. Am irdischen Himmel strahlt er nicht besonders hell, und selbst aus der Nähe erscheint er zunächst unauffällig; dabei verleiht ihm seine Temperatur von rund 5500 Grad ein sonnenähnliches Aussehen. Allerdings ist er massereicher und deutlich größer als die Sonne.

Irdische Beobachter kennen ihn als Delta Cephei, einen Stern, dessen Veränderlichkeit im 18. Jahrhundert erstmals beschrieben wurde. Seine Helligkeit nimmt jeweils rasch zu und dann wieder langsam ab – mit einer Periode von etwa 5,4 Tagen. Bald schon wurden weitere Sterne mit einem solch regelmäßigen Helligkeitswechsel gefunden, und so gilt er heute als der Prototyp der nach ihm benannten Cepheidensterne. Inzwischen sind viele Tausend Cepheiden bekannt, aber nur wenige stehen uns so nah wie Delta Cephei. Eine erwähnenswerte Ausnahme ist der Polarstern, der trotz seines nachlassenden Helligkeitswechsels noch als Cepheid geführt wird.

Was diese Sterne so besonders macht, ist ein deutlicher Zusammenhang zwischen ihrer Helligkeit und der Periodenlänge: Je heller sie strahlen, desto länger dauert ihre Lichtwechselperiode. Diesem Umstand verdanken sie ihre Verwendung als Standardkerzen, denn es genügt, aus der Periodenlänge ihre Sollhelligkeit abzuleiten – ein Vergleich mit der gemessenen Isthelligkeit liefert dann gleich eine Angabe zu ihrer Entfernung. Im Netz der kosmischen Entfernungsbestimmung spielen sie also eine wichtige Rolle. Hinzu kommt, dass Cepheiden in der Regel ziemlich leuchtkräftige Sterne sind, die noch über große Entfernungen und selbst in anderen Galaxien beobachtet werden können. Mit ihnen schaffen die Astronomen also den Sprung von stellaren Entfernungen zu galaktischen Distanzen. Messungen dieser Art und die Tatsache, dass Licht von sich entfernenden Objekten rotverschoben erscheint, führten Edwin Hubble in den 1920er-Jahren zu der Annahme, dass unser Universum sich immer weiter ausdehnt. Hubble erkannte, dass der Entfernungszuwachs der Galaxien mit wachsender Entfernung immer schneller geht, und schuf damit wichtige Grundlagen für die moderne Urknalltheorie. Dies war zweifellos eine bemerkenswerte Schlussfolgerung, an deren Anfang die Beobachtung der regelmäßigen Helligkeitsschwankungen eines ansonsten wenig auffälligen Sterns stand.

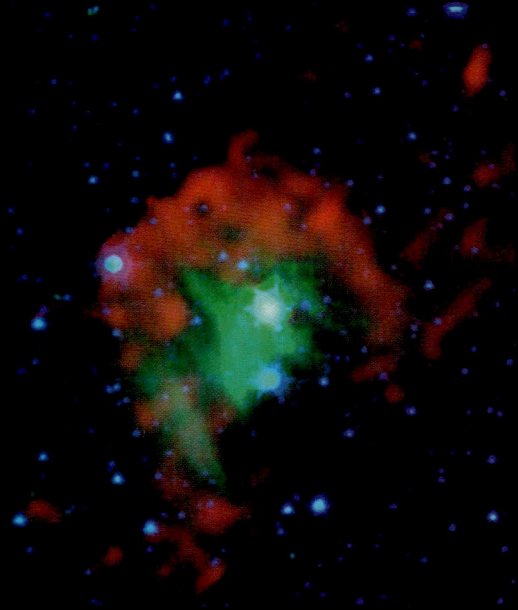

OBEN: Infrarotaufnahme des Sterns Delta Cephei. Man erkennt auf einer Seite eine Stoßfront – hier blaugrün wiedergegeben –, die auf eine von dem Stern ausgehende Strömung aus Gas und Staub schließen lässt.

RECHTS: Das HUBBLE-Weltraumteleskopbild der Galaxie NGC 3370 ist scharf genug, um einzelne veränderliche Sterne vom Typ Delta Cephei erkennen zu können. Aus ihrer Beobachtung ergibt sich für die Galaxie eine Entfernung von 100 Millionen Lichtjahren.

DER HEXENKOPF

Entfernung zur Erde: 900 Lichtjahre

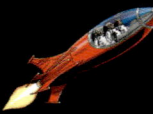

Beteigeuze, den orangeroten Riesenstern im Sternbild Orion, der einen der Eckpunkte des Himmelsjägers markiert, haben wir bereits besucht. Nun ist es an der Zeit, bei seinem weißlichen Gegenspieler Rigel vorbeizuschauen. Rigel ist ein sehr leuchtkräftiger Stern, der rund 40.000-mal so hell strahlt wie die Sonne und 17 Sonnenmassen in sich vereint. Obwohl er im Vergleich zu Beteigeuze klein erscheint, ist er im normalen Maß durchaus sehr groß – mit mehr als 60-fachem Sonnendurchmesser (86 Millionen Kilometer).

Aber das ist noch nicht alles. Aufgrund seiner enormen Leuchtkraft reicht sein Einfluss weit in die Umgebung hinaus, und so treffen wir in einem Abstand von rund 200 Lichtjahren auf eine Gas- und Staubwolke (IC 2118), die sein Licht noch reflektiert. Die Wolke wird von Astrofotografen als Hexenkopfnebel bezeichnet und könnte tatsächlich als Karikatur durchgehen. Aus unserem Raumschiff dagegen ergibt sich ein anderes Bild. Die Gasdichte ist in diesem Nebel – wie in allen anderen Gasnebeln – geringer als in einem Ultrahochvakuum, und entsprechend diffus erscheinen die Ränder der Wolke.

Aber sie enthält eine Reihe massereicher, junger Sterne, darunter viele in der stürmischen T-Tauri-Phase. Die meisten dieser heranwachsenden Sterne beziehen ihre Energie weniger aus der Kernverschmelzung in Innern als vielmehr aus dem anhaltenden Kollaps hin zu einem ausgewachsenen Stern. Sie rotieren sehr rasch, und das führt zu den unterschiedlichsten Formen innerer und äußerer Aktivität – von Sternflecken bis zu Röntgenflares. Entsprechend deutlich unterscheiden sie sich von ihren älteren, bereits stabileren Vettern.

Die T-Tauri-Sterne im Hexenkopf könnten wichtige Hinweise auf die Entstehung von Sternen allgemein liefern. Wir wissen noch nicht genau, was die Entstehung neuer Sterne auslöst, aber vieles spricht dafür, dass andere, bereits fertige Sterne dabei eine wichtige Rolle spielen. Im Zuge ihrer Entstehung wirken sie nämlich in mancherlei Formen, vor allem aber in der hier sichtbaren Weise, auf ihre Umgebung zurück, wodurch die Entstehung neuer Sterne angeregt wird, und so weiter. Natürlich muss man noch die Entstehung der jeweils ersten Sterne erklären, und hier kommt der Einfluss von Rigel ins Spiel: Er setzt die ihm zugewandte Seite der Gas- und Staubwolke mit starker UV-Strahlung unter Druck.

Wenn dieses – etwas vereinfacht dargestellte – Szenario stimmt, dann sollten die ältesten Sterne der Region am Wolkenrand zu finden sein, die jüngsten dagegen tief im Innern des Nebels. Manche Astronomen glauben, genau dies zu beobachten. Um sicher zu sein, müssen viel mehr solcher Wolken untersucht werden, aber dazu bleibt uns keine Zeit – wir wollen weiter!

RECHTS: Der Hexenkopfnebel reflektiert das auftreffende Licht Rigels. Der blaue Farbton wird noch verstärkt, weil die eingelagerten Staubkörner das blaue Licht des Sterns besser reflektieren als rotes Licht.

EIN ERDGROSSER EXOPLANET

Entfernung zur Erde: 950 Lichtjahre

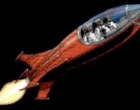

Kepler 22b mag sich zwar in der Lebenszone seines Sterns bewegen, aber er ist deutlich größer als die Erde. Um einen erdgroßen Planeten zu finden, müssen wir ein anderes, ebenfalls vom KEPLER-Weltraumteleskop entdecktes Sternsystem ansteuern. Der Stern Kepler 20 ist nur geringfügig kühler als die Sonne und wird von gleich fünf Planeten umrundet: Kepler 20b, c, d, e und f. Auch bei anderen Sternen hat man bereits mehrere Planeten gefunden, und drei der Begleiter von Kepler 20 sind etwa neptungroße Gasriesen, die sich kaum von der Masse bekannter Exoplaneten unterscheiden.

Die beiden anderen dagegen, Kepler 20e und f, sind tatsächlich bemerkenswert. Als ihre Entdeckung im Dezember 2011 verkündet wurde, waren sie die ersten eindeutig erdgroßen Planeten außerhalb des Sonnensystems. Ihre Größen hatte man aus zusätzlichen Beobachtungen mit den stärksten Teleskopen auf der Erde, allen voran den beiden KECK-Teleskopen auf Hawaii, bestimmt: Einer von beiden ist etwa so groß wie die Erde, der zweite etwas kleiner; beide bilden also ein ähnliches Paar wie Erde und Venus bei uns.

Planeten dieser Größe und Masse haben ohne Zweifel Gesteinskrusten, aber diese beiden sind trotzdem lebensfeindliche Welten, denn alle fünf Planeten kreisen um Kepler 20 in kleineren Entfernungen als Merkur um die Sonne. Entsprechend rechnet man mit Oberflächentemperaturen bis zu tausend Grad, was vielleicht sogar reicht, die Kruste aufzuschmelzen. Diese Nähe zu ihrem Stern lässt es völlig unmöglich erscheinen, dass die glühenden Planeten von Kepler 20 irgendwelche Lebensformen bergen. Trotzdem sind sie für uns von Bedeutung, weil sie zeigen, dass es erdgroße Planeten auch außerhalb des Sonnensystems gibt und weitere vielleicht schon bald in der Nachbarschaft anderer Sterne gefunden werden.

Jede Entdeckung wird uns mehr über die Regeln verraten, die das scheinbare Chaos während der Planetenentstehung regieren. Einen Hinweis könnte das System von Kepler 20 bereits enthalten, denn die beiden Gesteinsplaneten bewegen sich jeweils zwischen zwei Gasriesen. Diese Anordnung steht in krassem Gegensatz zu der uns vertrauten Trennung zwischen inneren Gesteins- und äußeren Gasplaneten. Sie legt nahe, dass die Wechselwirkungen zwischen den entstehenden Planeten eines Systems viel komplexer sein mögen, als wir bislang vermutet hätten. Dann aber dürfte noch manche Überraschung auf diesem Gebiet auf uns warten!

RECHTS: Künstlerische Darstellung von Kepler 20e. Das Bild entspricht mit ziemlicher Sicherheit nicht der Realität, aber das wahre Aussehen könnten wir nur bei einem wirklichen Besuch vor Ort herausfinden.

DAS SCHWERT DES ORION

Entfernung zur Erde: 1344 Lichtjahre

Seit dem Verlassen des Sonnensystems haben wir mehr als tausend Lichtjahre zurückgelegt und unterwegs eine Reihe von Planeten sowie manche Sterne besucht, vom kleinen 61 Cygni bis zum Überriesen Beteigeuze. Jetzt werden wir herausfinden, wie Sterne entstehen, denn wir nähern uns der ersten großen Sternfabrik, dem Orion-Nebel. Er ist von einem dunklen irdischen Standort aus bereits mit bloßem Auge zu erkennen – als schimmerndes Fleckchen unterhalb der drei markanten Gürtelsterne im gleichnamigen Sternbild.

Der Orion-Nebel ist eine riesige Gaswolke, die vornehmlich aus Wasserstoff besteht und in deren Innerstem neue Sterne heranwachsen. Allerdings sind wir schon eine Zeitlang durch den Nebel gekreuzt, ehe wir ihn überhaupt bemerkten, denn auch hier ist das Gas extrem dünn verteilt, billionenfach dünner als unsere Atemluft. Die Nebelränder werden nur erkennbar, weil die fein verteilte Materie das Licht von außen zunehmend ausblendet und die umgebende Milchstraße immer dunkler wird. Die Zentralregion wird allerdings durch zahlreiche junge Sterne erhellt. Unter ihnen sind vier sehr helle, die irdischen Beobachtern zu einem Trapez angeordnet erscheinen. Ihre Strahlung ist energiereich genug, um das umgebende Gas zum Eigenleuchten anzuregen. Dieser helle Bereich des Nebels hat einen Durchmesser von rund 24 Lichtjahren, enthält aber nur einen Bruchteil des insgesamt vorhandenen Materials.

Wo kommen diese Sterne her? Was macht den Nebel zu einem derart fruchtbaren Ort für die Entstehung neuer Sterne? Dazu müssen wir uns die Umgebung im längerwelligen Bereich jenseits der Infra-

LINKS: Die Infrarotansicht des Orion-Nebels gewährt uns einen Blick durch den Staub, der das sichtbare Licht blockiert.

UNTEN: Die vier hellen Trapezsterne regen diese Sternentstehungsregion aus dem hellen, gelblichen Zentrum des Bildes heraus zum Leuchten an. Grüne Bereiche enthalten Wasserstoff und Schwefel, rötliche Farbtöne verraten kohlenstoffreiche Moleküle.

RECHTS: In einem benachbarten Nebel zeigt sich mit etwas Fantasie die rötliche Figur eines rennenden Mannes.

rotstrahlung anschauen, also im Mikrowellenbereich. Jetzt wird erkennbar, dass der Nebel zahlreiche dunkle, staubige Klumpen aus kalter Materie enthält. Innerhalb dieser Kokons sorgt der dort dichtere Staub dafür, dass das Licht der umgebenden Sterne nicht bis zum Zentrum vordringt, und so kann diese Zentralregion bis auf wenige Grad über dem absoluten Nullpunkt auskühlen. Und weil die Temperatur eines Gases etwas über die Geschwindigkeit aussagt, mit der sich die Gasteilchen bewegen, entspricht diese extrem niedrige Temperatur einer sehr langsamen Bewegung. Jetzt können die Atome und Moleküle sogar ihre gegenseitigen Anziehungskräfte spüren und sich unter ihrer gemeinsamen Schwerkraft allmählich verdichten.

Was genau diesen Prozess anstößt, ist noch nicht vollständig verstanden, aber einmal in Gang gekommen, gewinnt er rasch an Tempo. Bereits nach einigen Zehntausend Jahren wird die Dichte in einer derart kollabierenden Wolke groß genug sein, um Kernreaktionen zu ermöglichen, und ein Stern ist geboren. Er wird zunächst seine unmittelbare Umgebung aufheizen, die dann als helle Infrarotquelle erscheint, doch schon bald wird der noch reichlich instabile junge Stern mit seinem heftigen Sternwind den größten Teil dieser Umgebung davonjagen. Der klägliche Rest wird sich zu einer Scheibe um den Stern formieren, die sich dunkel vor dem heißeren Gas des umgebenden Nebels abzeichnet.

Die Trapezsterne sind die hellsten Objekte, die bislang aus diesem Nebel hervorgegangen sind, doch die ausgedehnte Wolke enthält noch viele junge Sterne, die ihre Entstehungsphase noch nicht beendet haben. Ähnlich wie Fomalhaut werden etliche von ausgedehnten Staubscheiben umgeben. Sie heben sich vor dem leuchtenden Gas im Hintergrund ab und werden auch „Proplyds" genannt, eine Abkürzung für „proto-planetary discs", also protoplanetare Scheiben. Sie machen deutlich, dass bei der Entstehung neuer Sterne genügend Material für die Bildung von Planeten übrig bleibt.

Der Orion-Nebel enthält noch Material für viele weitere Sterne, aber irgendwann wird es aufgebraucht sein. Die neuen Sterne werden das umgebende Restgas davontreiben und als neue Sternhaufen sichtbar werden. In der Milchstraße gibt es viele solcher Sternhaufen, die alle ihren Anfang unter ähnlichen Umständen genommen haben. Auch die Sonne ist ursprünglich in einer solchen Sternfabrik entstanden.

Der Doppelpulsar PSR J0737-3039A/B

HAT EINSTEIN RECHT?

Entfernung zur Erde: 1800 Lichtjahre

Bislang haben wir uns die Ziele auf unserer Tour im wahren Wortsinn angesehen – im sichtbaren Licht oder mit Hilfe geeigneter Detektoren auch in anderen Wellenlängenbereichen. Aber es gibt auch noch andere Erkundungswege. So könnten wir unsere Aufmerksamkeit beispielsweise auf den Raum an sich richten.

Seit Albert Einstein seine Relativitätstheorie vorgestellt hat, wissen wir, dass der Raum ebenfalls ein Mitspieler auf der kosmischen Bühne ist. Er besitzt eine Struktur, die durch die Anwesenheit von Materie verändert wird. Das Resultat dieser Veränderung erleben wir als Gravitation. Daher können wir ohne allzu große Vereinfachung sagen, dass die Erde um die Sonne wandert, weil die Sonne den sie umgebenden Raum entsprechend beeinflusst.

Der Raum (oder präziser: die Raumzeit, aber dieser Unterschied soll uns an dieser Stelle nicht weiter aufhalten) kann sich auch kräuseln oder Wellen schlagen, wiewohl das nicht leicht zu provozieren ist – der Raum ist extrem steif, und es ist ungleich schwerer, den Raum zu erschüttern als einen Stahlträger. Mit Hilfe geeigneter Sensoren unseres Raumschiffs können wir aber auch solche Gravitationswellen registrieren. Auch auf der Erde versuchen die Forscher Gravitationswellen nachzuweisen – zum Beispiel mit LIGO, dem Laser-Interferometer-Gravitationswellen-Observatorium, das auf einer Länge von mehreren Kilometern Abstandsänderungen von einem Tausendstel eines Atomkerndurchmessers aufspüren soll. Wenn LIGO seine volle Empfindlichkeit erreicht, sollte es Gravitationswellen von so spektakulären Ereignissen wie dem Zusammenstoß zweier Schwarzer Löcher registrieren können oder aus der Zeit kurz nach dem Urknall.

Die Gravitationswellen, die wir gerade empfangen, haben allerdings eine bescheidenere, wenngleich nicht minder interessante Quelle, die als Doppelpulsar bekannt geworden ist. Hier bewegen sich zwei Pulsare, jene rasch rotierenden Überreste massereicher Sterne, um einen gemeinsamen Schwerpunkt. Mit ihren extremen Magnetfeldern beschleunigen sie elektrisch geladene Partikel in der unmittelbaren Pulsarumgebung und zwingen diese zur Abgabe elektromagnetischer Strahlung, die dann entlang der – meist schräg zur Rotationsachse stehenden Magnetfeldachse – als eng gebündelter Strahlenkegel ausgesandt wird.

Die beiden Pulsare umlaufen sich momentan innerhalb von rund 2,4 Stunden. Wenn große Massen sich so schnell auf gekrümmten Bahnen bewegen, sagt die Relativitätstheorie die Entstehung von Gravitationswellen voraus, wodurch dem Gesamtsystem Energie entzogen wird. Dieser Energieverlust führt zu einer allmählichen Abnahme der gegenseitigen Entfernung und Umlaufzeit. Und weil man die Veränderung der Umlaufzeit anhand der Pulsarsignale sehr genau messen kann, lassen sich an diesem Doppelpulsar die Vorhersagen der Allgemeinen Relativitätstheorie sehr präzise bestätigen.

OBEN: Der Doppelpulsar PSR J0737-3039A/B ist das einzige bekannte Paar, dessen Neutronensterne beide als Radiopulsare beobachtet werden können. Diese Illustration stammt von Daniel Cantin.

RECHTS: Auch das LOVELL-Radioteleskop in Jodrell Bank südlich von Manchester beobachtete den Doppelpulsar zur Bestätigung der Relativitätstheorie.

DER RINGNEBEL

Entfernung zur Erde: 2300 Lichtjahre

Ehe wir uns versehen, schweben wir unmittelbar vor dem Ringnebel, einem der bekanntesten Planetarischen Nebel – jener wunderschön glühenden Asche eines sterbenden, sonnenähnlichen Sterns. Aus der Nähe ist keinerlei Ähnlichkeit mit einem Planeten zu erkennen, wohl aber eine Reihe heller Gasschalen, die eine nur schwach beleuchtete Zentralregion umgeben. Jede Schale hat eine eigene Farbe: Der Außenrand leuchtet rot im Licht angeregter Wasserstoff- und Stickstoffatome, während die blassblaue Zentralregion auf sehr dünn verteiltes Sauerstoffgas schließen lässt. Der Gasring erscheint nicht glatt, sondern enthält viele dichte Gas- und Staubknoten. Die helle Struktur hat einen Durchmesser von mehr als einem Lichtjahr, und im Infrarotlicht erkennt man weitere zerfaserte Gaswolken, die fast doppelt so weit nach draußen reichen.

Im Zentrum strahlt ein blasser, aber äußerst heißer Stern. Dieser Weiße Zwerg mit einer Temperatur von rund hunderttausend Grad bringt den gesamten Nebel zum Leuchten, und die Knoten spiegeln den Einfluss der energiereichen Strahlung auf das umgebende Material wider. Während wir den Ringnebel mit unserem Raumschiff umrunden, wird deutlich, dass er in Wirklichkeit Zylinderform besitzt und in der Mitte etwas eingeschnürt wirkt – ein entscheidender Hinweis auf seine Entstehung.

Der Ringnebel ist wie alle Planetarischen Nebel der Überrest der äußeren Atmosphäre eines Roten Riesen – abgestoßen, als die innere Energiequelle des Sterns versiegte. Der Weiße Zwerg ist gleichsam der nackte Sternkern, der mangels weiteren Energienachschubs über etliche Milliarden Jahre hinweg langsam abkühlt. Wie sich die äußere Hülle nach ihrem Ablösen von dem Sternrest in der Umgebung verteilt, hängt vom allgemeinen Sternwind und dem Magnetfeld des sterbenden Sterns ab. Welche mitunter bizarren Formen ein Planetarischer Nebel entwickelt, ist dann auch noch eine Frage unseres Blickwinkels. Planetarische Nebel sind keine sehr langlebigen Objekte – sie verblassen innerhalb weniger Zehntausend Jahre.

Auf diesem Weg reichern sterbende Sterne ihre Umgebung mit Atomen schwererer Elemente an, die sich mit dem interstellaren Gas vermischen und in neu entstehende Sterne eingebaut werden können. Der Ringnebel entstand womöglich erst vor rund 8000 Jahren, und wir dürfen uns glücklich schätzen, just zur rechten Zeit an diesem Ort vorbeigekommen zu sein.

OBEN: Im Infrarotbereich zeigt der Ringnebel weit ausladende Gasbögen – Gas- und Staubhüllen, die von dem zentralen Stern ausgestoßen wurden. Das zentrale „Auge" ist im rechten Bild vergrößert dargestellt.

RECHTS: Wir blicken gleichsam die Innenwand eines langen Zylinders entlang auf den zentralen Weißen Zwerg, der diese Gasmassen ausgestoßen hat. Dunkle, längliche Verdichtungen haben sich am Rand ausgebildet – geformt vom Wechselspiel zwischen intensiver Strahlung mit der expandierenden Gashülle.

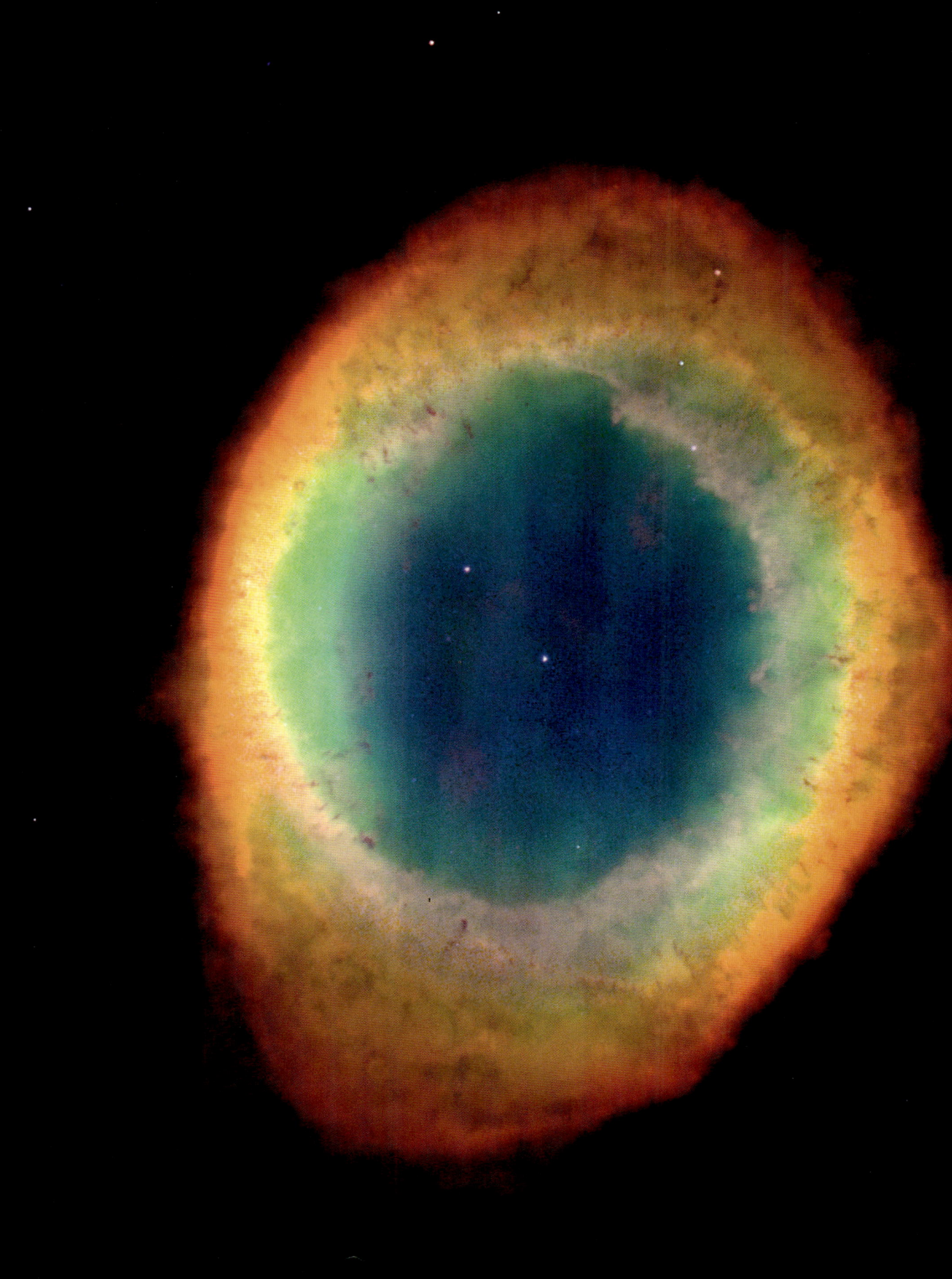

DAS ROTE RECHTECK

Entfernung zur Erde: 2300 Lichtjahre

Auch unser nächster Halt gilt einem Planetarischen Nebel. Seine Form wird durch den Einfluss eines Doppelsternpartners geprägt.
Aufgrund seiner auffallenden Form und Farbe hat er den Beinamen „Rotes Rechteck" bekommen, was viel prägnanter klingt als die Katalogbezeichnung HD 44179.

Der Nebel erscheint überraschend symmetrisch und zeigt zueinander parallele Streifen abnehmender Helligkeit, denen ein vom Zentralstern ausgehendes X überlagert ist. Dieses X erweist sich beim Umfliegen als Seitenansicht der gleichen eingeschnürten Zylinderform, die uns schon beim Ringnebel begegnet ist. Dies deutet darauf hin, dass die Grundstruktur der Planetarischen Nebel immer gleich ist, wobei verschiedenartige Details die Individualität der einzelnen Objekte ergeben.

Die rötliche Farbe bei HD 44179 geht auf die Präsenz komplexer organischer Moleküle zurück, darunter Pyren und eine Mischung sogenannter polyzyklischer aromatischer Kohlenwasserstoffe. Wir erinnern uns, dass die Bezeichnung „organisch" lediglich auf die Beteiligung von Kohlenstoff hinweist und nichts mit Leben zu tun haben muss. Es bedeutet auch, dass vergleichsweise komplexe chemische Prozesse abgelaufen sein müssen, die zur Entwicklung von Lebensbausteinen geführt haben können. Eigentlich würde man erwarten, dass solche Moleküle bei der Entstehung eines Planetarischen Nebels zerbrechen. Hier aber haben sie überlebt, vielleicht, weil sie zu größeren Ansammlungen verklumpten und so dem zerstörerischen Einfluss der energiereichen Strahlung widerstehen konnten.

Das Rote Rechteck ist eine von vielen Hundert Infrarotquellen, die Mitte des 20. Jahrhunderts mit Infrarotsensoren an Bord von Höhenforschungsraketen oberhalb der dichteren Atmosphärenschichten entdeckt wurden. Solche Missionen waren eine Herausforderung für die Raumfahrttechniker, aber ohne sie hätten die Forscher keinen Zugang zu jenen Wellenlängenbereichen gefunden, die von der Erdatmosphäre verschluckt werden.

OBEN UND UNTEN: Auf diesen Hubble-Aufnahmen präsentiert sich das Rote Rechteck mehr als X. Die auffällige Bänderstruktur lässt vermuten, dass die einstige Hülle des Sterns schubweise abgeblasen wurde.

DER ESKIMONEBEL

Entfernung zur Erde: 2870 Lichtjahre

UNTEN: Der Eskimonebel ähnelt in kleineren Teleskopen einem Gesicht, das von einer pelzbesetzten Kapuze gewärmt wird. Die Gasfilamente wurden durch starke Sternwinde vom Zentralstern weggetrieben.

Jeder Planetarische Nebel zeigt eine andere Form, und auch unser nächstes Ziel macht da keine Ausnahme. Sein Beiname ist auf das Aussehen in kleinen Teleskopen zurückzuführen, doch dieser Eindruck geht beim Betrachten aus der Nähe völlig verloren. Man erkennt zwei scheinbare getrennte Strukturen: einen inneren Bereich mit komplexen Gasfilamenten und leuchtenden Gaswolken, der von einem dunkleren Staubring umrundet wird. Während die innere Region die abgestoßene Sternhülle enthält, zeigt der äußere Ring deutliche Spuren einer Wechselwirkung zwischen dem Nebel und ursprünglich vorhandenem Material – lange, radial nach außen weisende Gasfilamente.

Auch hier ist die Zentralquelle ein Weißer Zwerg, der Überrest eines sonnenähnlichen Sterns, der keine neue Energie mehr aus der Kernfusion beziehen kann und deshalb langsam abkühlt. Nach dem Verblassen des Planetarischen Nebels sind solche nackten Weißen Zwerge nur noch schwer zu finden, und so werden zahllose dieser Objekte unbemerkt die Galaxis bevölkern.

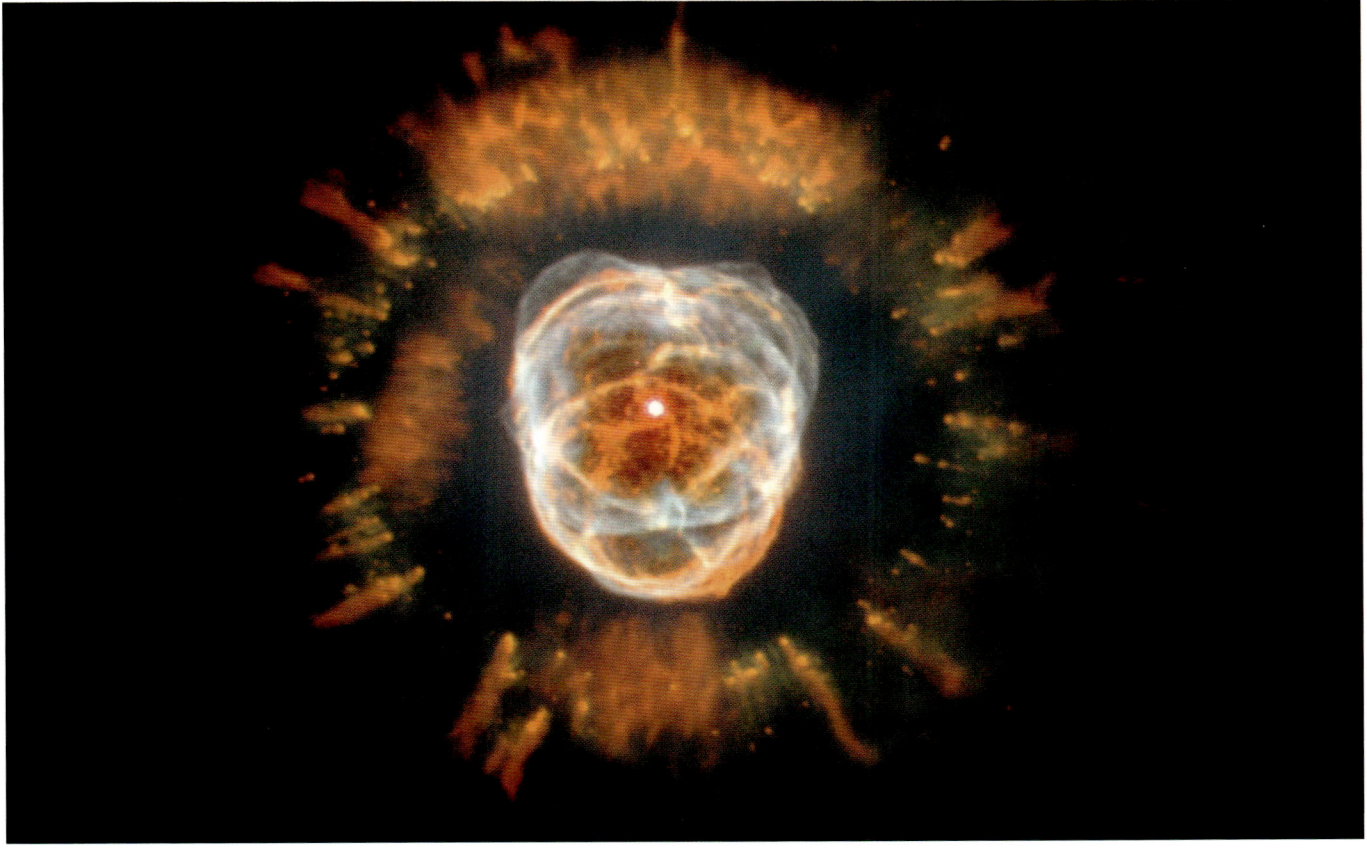

DER KATZENAUGENNEBEL

Entfernung zur Erde: 3300 Lichtjahre

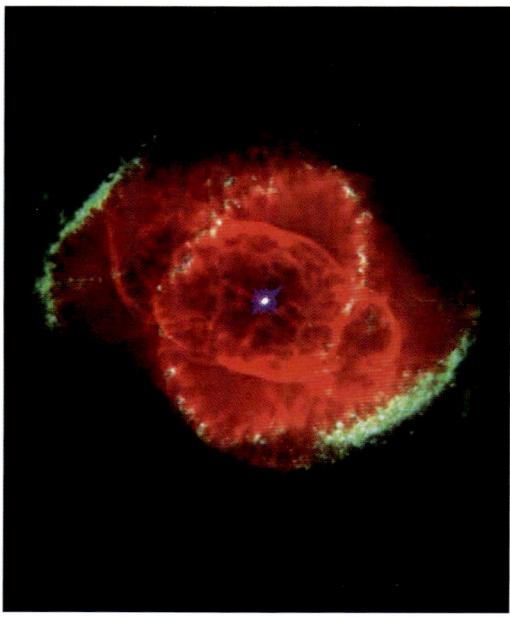

Normalerweise denkt man bei astronomischen Themen an endlose Weiten und Zeiten. Wenn reale Sternenfahrer uns eines Tages folgen sollten, so würden sie auch nach Zehntausenden von Jahren kaum Abweichungen zu unseren Beschreibungen erkennen können. Einzelne Sterne werden sich relativ zueinander vielleicht merklich bewegt haben, aber die meisten von ihnen werden noch genauso leuchten wie heute. Die Planetarischen Nebel sind jedoch von dieser scheinbaren Ewigkeit ausgenommen: Sie blitzen jeweils nur für ein paar Zehntausend Jahre auf und verblassen dann für immer.

Beim Abtauchen zum Sonnenkern hatten wir gelernt, dass die Sonne ihre Energie aus der Verschmelzung von Wasserstoffatomen zu Heliumatomen gewinnt und dabei in jeder Sekunde rund 600 Millionen Tonnen Wasserstoff verbraucht. Irgendwann wird also selbst ein noch so großer Vorrat an Wasserstoff aufgebraucht sein. Die dann folgenden Stadien der Sternentwicklung sind nicht so stabil wie diese erste Phase, und so wird auch unsere Sonne dereinst ihre äußere Hülle verlieren und einen Planetarischen Nebel formen.

Aus einer Distanz von einigen Lichtjahrzehnten bietet dieses neue Exemplar einen beunruhigenden Anblick, der dem eines Auges mit einer klar umrissenen Pupille ähnelt, die von zahlreichen Ringen umge-

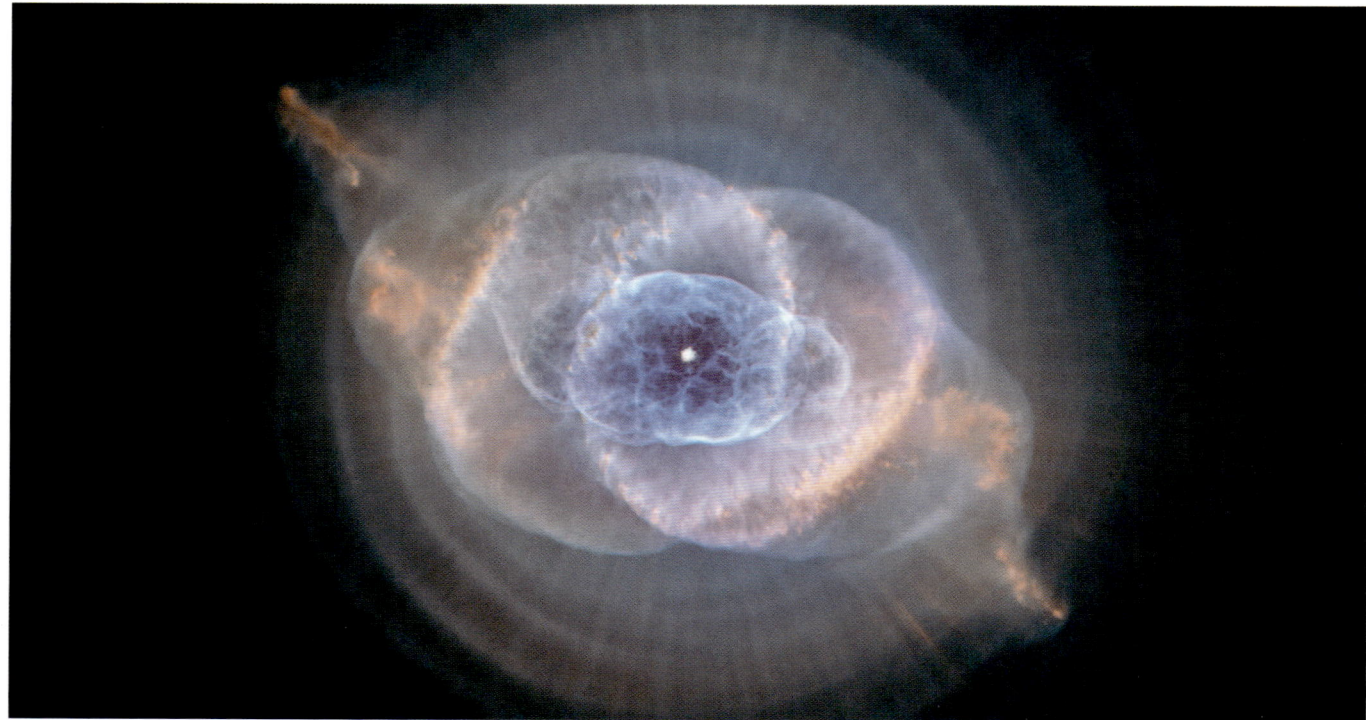

ben ist. Die leuchtenden Gasringe, die wir erkennen, sind mit mehr als 7000 Grad heißer als die Sonnenoberfläche; jeder von ihnen stammt aus einer heftigen Eruption in der jüngsten Geschichte des Sterns. Hinter der zentralen Pupille verbirgt sich der Sternrest, der als Weißer Zwerg enden wird. Diese zentrale Region sendet auch energiereiche Röntgenstrahlung aus, vielleicht, weil Materie von einem Begleitstern auf den Zentralstern hinüberströmt. Auch die komplexe Struktur des Nebels spricht für die Mitwirkung eines zweiten Sterns.

Bei der Umrundung des Nebels können wir feststellen, dass seine Gestalt noch chaotischer ist, als angenommen. Sie setzt sich aus einer Reihe einander überlappender Blasen von unterschiedlicher Größe und Form zusammen. Die hellste dieser Blasen wird von zwei größeren Blasen eingerahmt, die sich zu einer stundenglasähnlichen Form vereinen. Eine derart komplexe Struktur ist nur durch einen nicht minder komplexen Ablauf zu erzielen, an dem ein enger Doppelsternpartner wesentlichen Anteil gehabt haben muss – etwa dergestalt, dass er den für die Materieauswürfe verantwortlichen Zentralstern zwischen den einzelnen Aktivitätsphasen ins Taumeln gebracht hat. Auch der heftige Sternwind des Zentralsterns bleibt nicht ohne Folgen, sondern kann die Blasenstruktur immer wieder durchstoßen und so den Weg für die Entstehung langer Gasströme frei machen.

Doch die Show wird nicht lange andauern. Der Katzenaugennebel ist zwar vermutlich noch keine tausend Jahre alt, doch binnen weniger Zehntausend Jahre wird auch er verblasst sein. Die Gasblasen dehnen sich noch weiter aus und verändern die Form des Nebels kontinuierlich. Wer hier in hunderttausend Jahren vorbeikommt, wird außer einem langsam auskühlenden Weißen Zwergstern nichts mehr vorfinden.

Wir haben nun die vielleicht größte kostenlose Ausstellung des Universums besucht, aber jetzt wird es Zeit für uns, die Planetarischen Nebel zu verlassen und noch stürmischere Gegenden im Universum aufzusuchen.

LINKE SEITE (OBEN U. UNTEN) U. OBEN: Der Katzenaugennebel gilt als besonders komplexer Planetarischer Nebel, möglicherweise hat ein Doppelsternpartner mitgewirkt. Diese Bilder offenbaren eine Zwiebelschalenstruktur, die auf ein schubweises Abströmen des Gases schließen lassen.

UNTEN: Die Rote Spinne im Schützen

DER KRABBENNEBEL

Entfernung zur Erde: 6500 Lichtjahre

Leuchtende Gasnebel können sehr unterschiedliche Formen haben, doch unter den näheren Vertretern dieser Art erscheint einer sehr auffällig – der Krabbennebel, auch als M 1 bezeichnet. Aus der Ferne wirkt er wie ein gewöhnlicher Lichtfleck, doch beim Näherkommen sehen wir eine immer komplexere Detailstruktur.

Der Krabbennebel unterscheidet sich von allen bislang besuchten Gasnebeln, die entweder Sternentstehungsregionen einhüllten oder aber im Zusammenhang mit dem Ende eines sonnenähnlichen Sterns standen. Der Krabbennebel jedoch ist beim Tod eines massereichen Sterns entstanden. Wären wir vor 7500 Jahren hier vorbeigekommen, so wären wir Zeugen einer heftigen Explosion geworden. Der Lichtblitz dieser Explosion war hell genug, um ihn auf der rund 6500 Lichtjahre entfernten Erde am helllichten Tage zu sehen, und er wurde tatsächlich im Juli 1054 von chinesischen Astronomen registriert.

Nur sehr massereiche Sterne beenden ihr Leben als Supernova, wie eine solche Explosion genannt wird. Nachdem zunächst der Wasserstoff und anschließend auch noch das Helium in der Kernregion aufgebraucht wurden, wird der Stern auf andere Fusionskanäle ausweichen und Kohlenstoff, Neon und Sauerstoff „verbrennen". Die letzten Phasen im Leben eines massereichen Sterns folgen dann sehr rasch aufeinander, bis im Innern Eisenatome entstehen. Wenn aber zwei

UNTEN: Der Krabbennebel, hier im sichtbaren Licht, enthält zahlreiche komplexe Filamente. Grünes Licht stammt von Wasserstoffatomen, blaues Licht von energiereichen Elektronen, die durch Magnetfelder auf Spiralbahnen gezwungen werden. Der Pulsar ist mit dem rechten unteren der beiden Sterne nahe der Nebelmitte identisch.

LINKS: Der Krabbennebel, aufgenommen an der Europäischen Südsternwarte in Chile

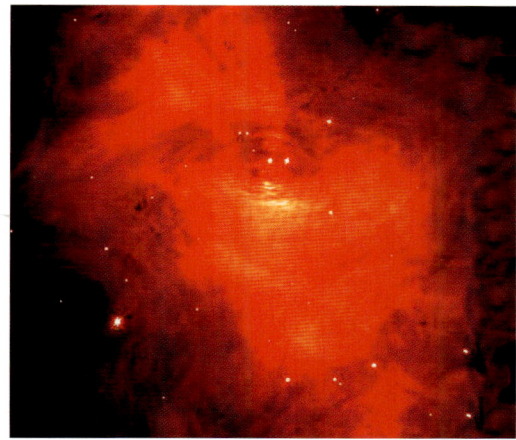

OBEN: Die Zentralregion des Krabbennebels im sichtbaren Licht, aufgenommen mit dem HUBBLE-Weltraumteleskop

Eisenatome fusionieren, wird keine neue Energie frei, sondern vorhandene Energie verbraucht.

Das führt zu einem gewaltigen Kollaps des Sterns, bei dem seine Zentralregion zu einem extrem winzigen Objekt schrumpft. Obwohl dieses nur noch ein paar Dutzend Kilometer groß ist, vereint es mehr als anderthalb Sonnenmassen in sich. Die Atome, aus denen der Sternkern einst bestand, sind allesamt in ihre Einzelteile zerbrochen, die dann so dicht gepackt sind, dass ein Fingerhut voll so viel wie 100.000 Elektrolokomotiven der Deutschen Bahn wöge. Ein solches Objekt wird Neutronenstern genannt. Der Neutronenstern im Zentrum des Krabbennebels rotiert 30-mal in der Sekunde und sendet dabei unter anderem Radiostrahlung aus, die wir auf der Erde als so extrem regelmäßig wiederkehrende Pulse empfangen können, dass sie zunächst fast für mögliche Signale einer außerirdischen Zivilisation gehalten wurden. Aufgrund dieser Pulse wurden solche Objekte als Pulsare bezeichnet.

Der größte Teil der ursprünglichen Sternmasse endet aber nicht auf dem Pulsar. Die äußeren Bereiche stürzen vielmehr mit großer Geschwindigkeit auf den extrem kompakten und harten Sternkern und prallen gleichsam an diesem ab, sodass sie schließlich – zusätzlich angetrieben von einem dichten Strom an Neutrinos – nach außen davongeschleudert werden. Da die Gasmassen durch die Druckwelle extrem aufgeheizt werden und genügend energiereiche Teilchen umherfliegen, können in dieser Phase noch schwerere Atomkerne produziert werden, dazu gehören auch radioaktive Kerne. Der Krabbennebel wird daher nicht nur Atome enthalten, die der explodierte Stern während seines Lebens im Innern produziert hat, sondern auch solche, die erst im Zuge der Explosion entstanden sind. Sie alle stehen für den späteren „Einbau" in neue Sterne zur Verfügung.

Mit anderen Worten sind die Atome der schweren Elemente, die unsere Erde, dieses Buch und seine Leser enthalten, im Zusammenhang mit einer solchen Sternexplosion entstanden: Objekte wie der Krabbennebel gehören also gleichsam zu unserer Ahnenreihe.

RECHTS: Der Krabbennebel im Infraroten, aufgenommen vom SPITZER-Weltraumteleskop

DIE SÄULEN DER SCHÖPFUNG

Entfernung zur Erde: 7000 Lichtjahre

Unser nächstes Ziel, der Adlernebel im Sternbild Schlange, ist rund 7000 Lichtjahre von der Erde entfernt. Hier treffen wir auf gewaltige Säulen aus Gas und Staub, in denen neue Sterne entstehen. Bereits fertige Sterne außerhalb dieser Säulen sorgen mit ihrer energiereichen Strahlung dafür, dass die Säulen an ihrer Oberseite allmählich abgetragen werden. Die gesamte Szenerie ist so spektakulär, dass sie den Beinamen „Säulen der Schöpfung" erhielt, und sie gehört zweifellos zu den schönsten Ansichten innerhalb der Galaxis.

Solche dunklen, staubigen Nebel sind in der Milchstraße weit verbreitet, und wir haben schon auf die Bedeutung des Staubes für die Entstehung neuer Sterne hingewiesen. Ohne den Staub bewegen sich die Gasmoleküle einer solchen Wolke zu schnell, um von ihrer eigenen Schwerkraft eingefangen werden zu können, und ein Kollaps ist kaum möglich. Aber woher stammt der Staub im Adlernebel?

Dies ist etwas rätselhaft. Massereiche alte Sterne produzieren Staub in ihren äußeren Atmosphären, und dieses Material kann in den umgebenden Raum entweichen. Auch Supernovae steuern ihren Anteil an Staub bei, doch alles dies scheint nicht effizient genug, um die Mengen an Staub zu erklären, die wir innerhalb der Galaxis beobachten können. Es wird sicher eine befriedigende Erklärung geben, aber wir kennen sie noch nicht, und so lange stellen auch die Säulen der Schöpfung ein eindrucksvolles Rätsel dar.

OBEN UND UNTEN: Wie durch ein Fenster blicken wir in das Innere des Adlernebels auf Gas- und Staubwolken und entstehende Sterne. Das energiereiche Licht der jungen, blauen Sterne löst die verbliebenen Gas- und Staubwolken langsam auf.

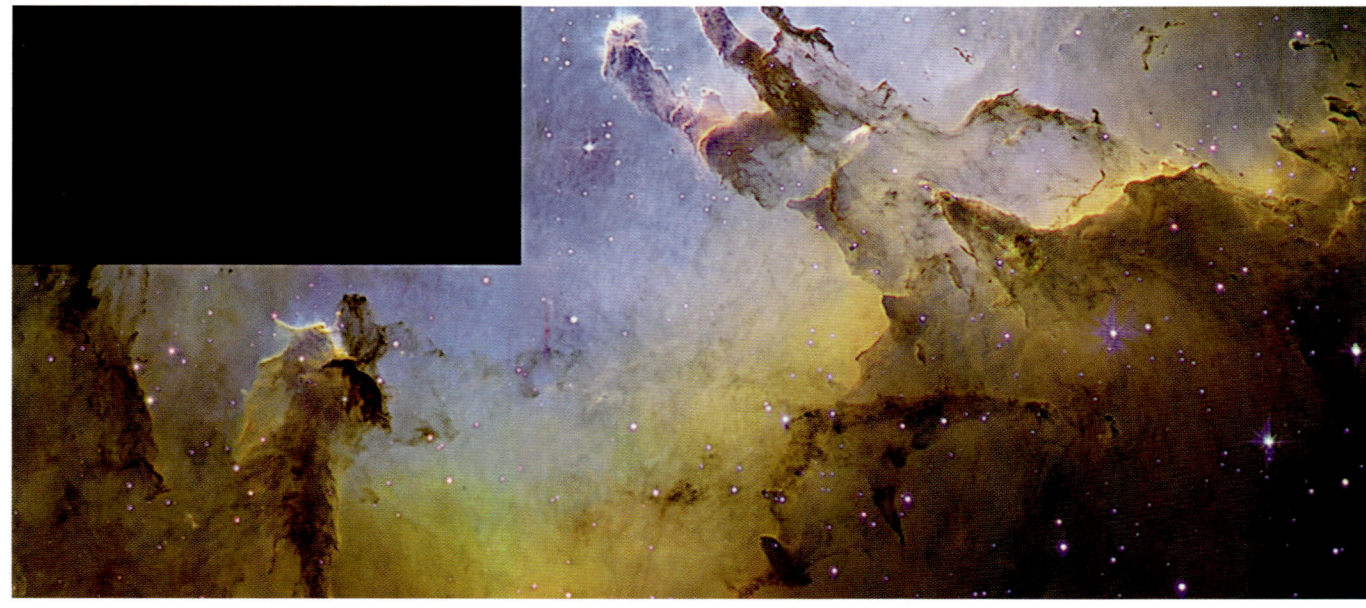

UNTEN: Dieses berühmte Bild der Gas- und Staubsäulen im Adlernebel wurde 1995 veröffentlicht. Sie sind die „Brutkästen" für neue Sterne. Grün zeigt Wasserstoff an, Rot Schwefel und Blau Sauerstoff.

EIN STERBENDER STERN

Entfernung zur Erde: 8000 Lichtjahre

Nach unserem Besuch beim Überrest eines Sterns, der sich selbst in Stücke gesprengt hat, wollen wir uns nun einen Stern ansehen, der auf dem besten Wege ist, diesen letzten Weg zu beschreiten. Er ist allgemein unter der Katalogbezeichnung Eta Carinae bekannt, doch er hat auch einen alten, fast in Vergessenheit geratenen Eigennamen: Foramen. Wir werden ihn jedoch kurz „Eta" nennen.

Der Stern hat die Aufmerksamkeit der Astronomen schon vor mehr als anderthalb Jahrhunderten geweckt – genauer gesagt in den späten 1830er-Jahren, als die englische Königin Victoria gerade ihre Rekordregentschaft begonnen hatte: Damals leuchtete er vorübergehend als zweithellster Stern am Himmel. Es muss ein faszinierender Anblick gewesen sein, denn Kanopus, der heute zweithellste Stern am Himmel, steht im gleichen Sternbild Schiffskiel, rund 35 Grad entfernt. Bei uns bleibt dieses Sternbild unter dem Horizont, aber auf der Südhalbkugel der Erde ist es gut zu sehen. Nach 1843 verblasste Eta zusehends, und heute ist er ohne optische Hilfsmittel nur knapp zu sehen – seine Helligkeit ist auf weniger als ein Hundertstel zurück gegangen.

UNTEN: Dieses Panorama verbindet eine Aufnahme der Umgebung des Sterns WR 22 (rechts) mit einem Bild von Eta Carinae im Zentrum des Nebels in der hellsten Region links. Der farbenprächtige Hintergrund aus leuchtenden Gas- und Staubwolken entsteht durch die Wechselwirkung der Materie mit der energiereichen Strahlung dieser massereichen Sterne.

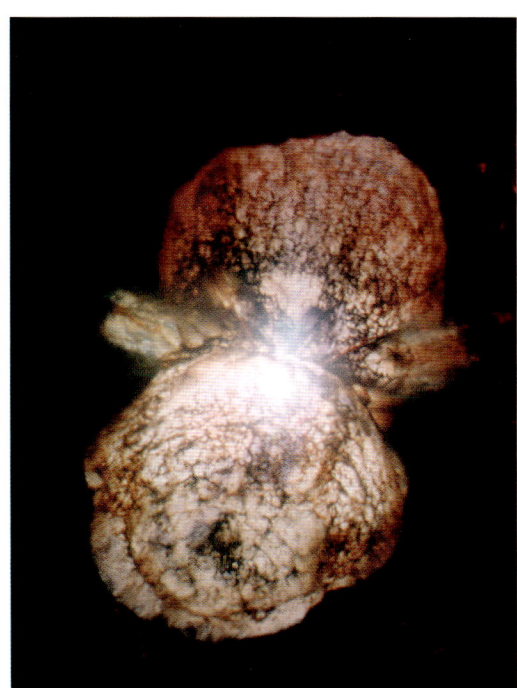

OBEN: Vor 170 Jahren überstand Eta Carinae einen gewaltigen Ausbruch, der ihn vorübergehend zum zweithellsten Stern am Südhimmel machte. Dabei schleuderte er große Mengen an Gas und Staub davon.

Aufgrund seiner Entfernung und der Lichtlaufzeit bis zur Erde fand der anfängliche Helligkeitsanstieg nicht um 1840 statt, sondern rund 8000 Jahre früher, also etwa um 6160 v. Chr., in der sogenannten Jungsteinzeit. Normalerweise spielt ein solch kurzer Zeitraum in einem Sternenleben keine Rolle, aber am Ende der Sternentwicklung kann er ausreichend sein für dramatische Veränderungen.

Die letzte Teilstrecke zu Eta ist schwierig zu finden, denn der Stern ist von einem Kokon umhüllt – vornehmlich Gas- und Staubmassen, die von dem zu Ausbrüchen neigenden Stern selbst abgestoßen wurden. Eta bietet einen bemerkenswerten Anblick, erscheint er doch eher wie eine glühende Hantel denn wie ein normaler Stern. Tatsächlich ist er von zwei expandierenden Gashüllen umgeben, die von der Eruption in den 1830er-Jahren stammen. Doch so dramatisch das damalige Ereignis auch gewesen sein mag, es hat den Stern weitgehend unbeschädigt zurück gelassen.

Der Stern selbst ist ein wahrer Koloss: Er leuchtet fünf Millionen Mal so hell wie die Sonne, vereint mehr als hundert Sonnenmassen in sich und erfüllt eine Kugel von mehr als hundertfachem Durchmesser der Sonne – rund 150 Millionen Kilometer. Selbst in seiner derzeitigen, eher „ruhigen" Phase ist er in ständiger Aufruhr. Aber wir wissen, dass er seinen Kernbrennstoff weitgehend aufgebraucht hat – es kann nicht mehr lange dauern bis zum endgültigen Kollaps, der zu einer unglaublich heftigen Explosion führen wird. Die Tage von Eta sind gezählt, aber er wird mit einer spektakulären Show von der kosmischen Bühne abtreten und nur einen winzigen, überdichten Restkörper zurücklassen – mit ziemlicher Sicherheit ein Schwarzes Loch. Dieses Ereignis dürfte spätestens in einer Million Jahren anstehen, kann aber jederzeit eintreten. Wir sollten also wachsam sein!

EIN STERNENSCHWARM

Entfernung zur Erde: 15.800 Lichtjahre

Unser Raumschiff trägt uns nun aus der Hauptebene der Galaxis heraus an einen Ort, von dem aus wir ihre Spiralstruktur erkennen können. Dort erwartet uns ein Sternhaufen ganz anderer Art als etwa die Plejaden, die Sterne erscheinen nicht zufällig verteilt und breit gestreut, sondern bilden gemeinsam eine riesige Kugel. Aufgrund dieser Anordnung werden sie kugelförmige Sternhaufen, kurz: Kugelsternhaufen oder Kugelhaufen, genannt.

Ein Kugelhaufen kann mehr als eine Million Sterne enthalten, die zum Zentrum hin immer dichter zusammenstehen. Etwa 150 dieser Objekte wurden allein in der Milchstraße und ihrer Umgebung gefunden. Die meisten davon befinden sich im sogenannten Halobereich, außerhalb der galaktischen Hauptebene. Dort wirken sie ziemlich verloren auf ihren Bahnen um das galaktische Zentrum, fast schon wie kleine Zwerggalaxien, die unsere Galaxis begleiten.

Omega Centauri im Sternbild Zentaur gehört zu den bekanntesten und hellsten Kugelsternhaufen am irdischen Himmel. Mit bloßem Auge ist er als nebliges Fleckchen unweit vom berühmten Kreuz des Südens zu erkennen, aber schon ein kleines Teleskop kann in den Randbereichen einzelne Sterne zeigen. Seine Entfernung von 15.800 Lichtjahren macht Omega Centauri zu einem der nächsten Objekte seiner Art.

UNTEN: Das Bild vom HUBBLE-Weltraumteleskop zeigt rund hunderttausend Sterne im Kernbereich von Omega Centauri. Die meisten sind sonnenähnlich und gelb, ältere Sterne erscheinen orangerot und Rote Riesen hellrot. Die dunklen blauen Punkte sind Weiße Zwerge, die hellen blauen Sterne dagegen sind „blue stragglers", die nach der Verschmelzung zweier alter Sterne eine zweite Jugend vortäuschen.

Schon an seinem Außenrand wird deutlich, dass unser Blick auf das umgebende Universum von innen deutlich eingeschränkt sein wird. Dort stehen die Sterne wirklich wesentlich dichter zusammen als etwa in der Umgebung der Sonne: In einem kugelförmigen Raum von rund 170 Lichtjahren Durchmesser konzentrieren sich zwischen einer und zwei Millionen Sterne, und ihre gegenseitigen Abstände schrumpfen im zentralen Bereich bis auf etwa ein zehntel Lichtjahr zusammen. Es gibt sogar ein Schwarzes Loch im Zentrum, wenngleich dieses längst nicht so viel Masse enthält wie das Schwarze Loch im Zentrum der Galaxis – fast könnte man Omega Centauri daher wirklich als eigenständige Zwerggalaxie ansehen.

Wenn wir uns umblicken, sehen wir viele Sterne, die wesentlich heller erscheinen als Sirius, und nicht wenige strahlen sogar heller als der Mond. Hier ist der Himmel nicht mehr dunkel, sondern es herrscht permanente Dämmerung – und dazu eine fast unheimliche Eintönigkeit. Die meisten Mitglieder eines solchen kugelförmigen Sternhaufens sind gleichzeitig entstanden, aber die massereichen Sterne sind längst erloschen. Was übrig geblieben ist, altert nun gleichmäßig vor sich hin.

Ob es dort wohl Planeten gibt? Auf den ersten Blick möchte man annehmen, dass die hohe Sterndichte solche Systeme eher auseinanderreißen und zerstören könnte, aber im ähnlich dichten zentralen Bereich der Galaxis wurden auch Hinweise auf Planeten gefunden. Es scheint also nichts dagegen zu sprechen, wiewohl dort lebende Astronomen aufgrund der zahllosen hellen Sterne nur eine sehr beschränkte Vorstellung vom umgebenden Universum haben könnten – zumindest im sichtbaren Bereich. Der Einsatz radioastronomischer Methoden würde ihnen allerdings rasch „die Augen öffnen". Wenngleich Omega Centauri also einen spektakulären Anblick bietet, so handelt es sich doch eher um ein Randobjekt, das vom allgemeinen Geschehen des Universums weitgehend abgetrennt erscheint.

EIN KOSMISCHER KORKENZIEHER

Entfernung zur Erde: 18.000 Lichtjahre

Wir kehren nun wieder zu unserer Tour durch den lokalen Spiralarm der Milchstraße zurück. Innerhalb der Galaxis gibt es mehr als 100 Milliarden Sterne, und so müssen wir uns auf ganz wenige besondere Objekte beschränken. Zu ihnen zählt das bizarre Doppelsternsystem SS 433, wo ein massereicher Stern alle 13 Tage ein unsichtbares, kompaktes Objekt umrundet.

Diesen zweiten Stern können wir zwar nicht sehen, wohl aber, dass er von seinem sichtbaren Begleiter Materie zu sich herüberzieht, die dort eine typische Akkretionsscheibe formt. Die Materie in dieser Scheibe wird vom ständigen Nachschub verdichtet und so sehr aufgeheizt, dass sie im energiereichen Röntgenlicht hell leuchtet. Senkrecht nach oben und unten quellen zwei Materiejets hervor, in denen das Material mit mehr als einem Viertel der Lichtgeschwindigkeit davonströmt. Und als wäre das noch nicht genug, kommt noch eine rasche Präzessionsbewegung dazu – ein Taumeln dieser Jets mit einer Periode von nur 162,5 Tagen. Dieses Taumeln verleiht den Jets von SS 433 das Aussehen einer Korkenzieherspirale.

Ein solches Verhalten lässt sich nur erklären, wenn das unsichtbare Zentralobjekt ein Schwarzes Loch ist. Ursprünglich dürfte es sich um ein Doppelsternsystem mit zwei massereichen Partnern gehandelt haben, doch der massereichere von beiden Sternen ist dann schon früh gealtert und zu einer Supernova geworden. Tatsächlich findet man im Umfeld Überreste einer passenden Explosionswolke, die vor etwa zehntausend Jahren auf den Weg gebracht worden sein könnte.

Wenn der Kern eines extrem massereichen Sterns kollabiert, bleibt – nicht wie beim Krabbennebel – ein Neutronenstern zurück, sondern nichts kann diesen Kollaps mehr aufhalten. Stattdessen verdichtet sich das Objekt immer weiter, bis schließlich die Anziehungskraft an seiner Oberfläche so stark wird, dass nicht einmal mehr Licht entkommen kann – ein Schwarzes Loch entsteht. Das Schwarze Loch bei SS 433 vereint zwischen drei und 30 Sonnenmassen auf kleinstem Raum.

Damit ist SS 433 das nächstgelegene Objekt, bei dem wir beobachten können, wie Materie auf die Akkretionsscheibe eines Schwarzen Lochs stürzt und wie weiter innen die Materiejets entstehen. Gerade dieser Prozess ist noch nicht in allen Einzelheiten verstanden, doch er spielt auch bei der Galaxienentwicklung eine wichtige Rolle.

Wenn die Materie erst einmal den sogenannten Ereignishorizont überquert hat, gibt es kein Entkommen mehr, und wir können auch nichts mehr über ihren Zustand erfahren. Das „No-Hair-Theorem", das viele Theoretiker für zutreffend halten, besagt entsprechend, dass wir von einem Schwarzen Loch lediglich die Masse, die elektrische Ladung und den Drehimpuls bestimmen können. Die Größe des Ereignishorizonts hängt von der Masse ab: Wenn das Schwarze Loch von SS 433 zum Beispiel drei Sonnenmassen in sich vereint, wird er lediglich einen „Durchmesser" von 18 Kilometern haben.

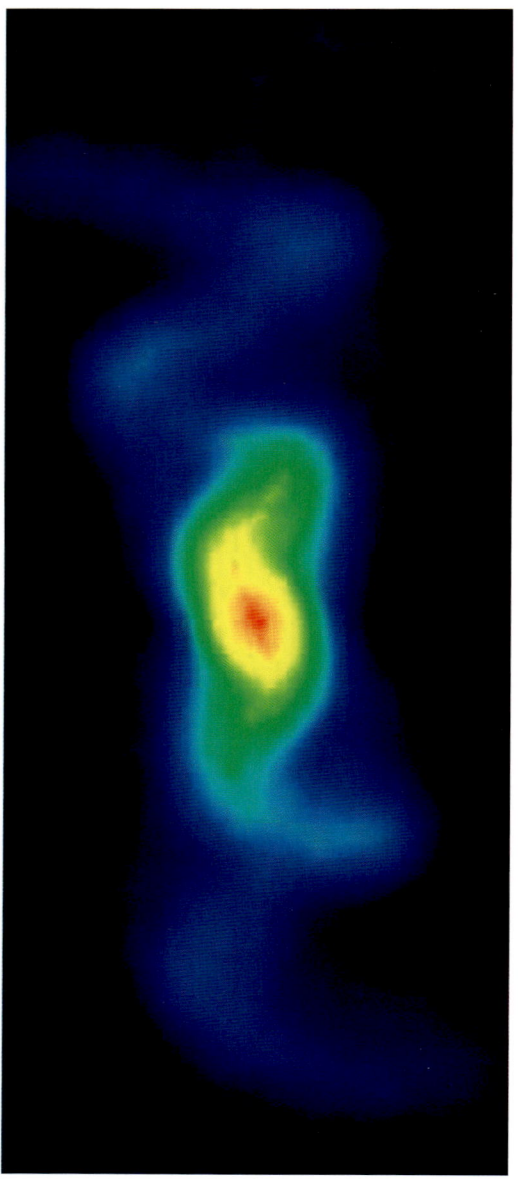

OBEN: Dieses Radio„bild" des Doppelsternsystems SS 433 zeigt den korkenzieherähnlichen Verlauf der Materiejets, der durch die Präzession der Akkretionsscheibe um das Schwarze Loch im Zentrum provoziert wird.

EINE ERBLÜHENDE KNOSPE

Entfernung zur Erde: 20.000 Lichtjahre

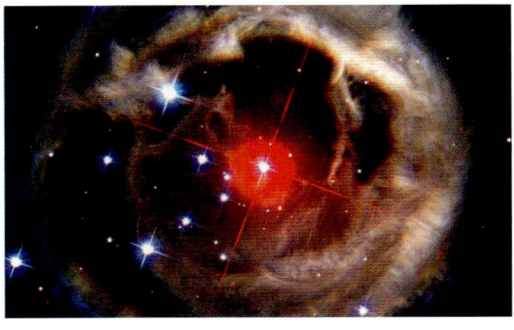

Für unser nächstes Ziel kommen wir ein wenig zu spät, um die dramatischen Abläufe von Anfang an mit verfolgen zu können; dabei lässt die trockene Bezeichnung V838 Monocerotis nichts Besonderes erwarten. Der Stern wird von zahlreichen, an sich dunklen Staubwolken umgeben, die nach einem heftigen Ausbruch im Jahr 2002 plötzlich in grelles Licht getaucht wurden. Der blassrote Stern im Zentrum wurde damals plötzlich sehr hell, strahlte vorübergehend millionenfach heller als die Sonne und verblasste dann rasch wieder, wobei die Farbe wieder von blau nach rot wechselte.

Ein solches Verhalten ist ziemlich selten. Stellare Ausbrüche gibt es immer wieder, und wir bezeichnen sie als Novae (Einzahl Nova), als „neue Sterne", denn vor der Erfindung des Fernrohrs erschienen sie aufgrund ihrer dramatischen Helligkeitszunahme wirklich als „neue" Sterne am Himmel. Der Helligkeitsverlauf von V838 ist dagegen ungewöhnlich und gilt seither als charakteristisch für eine neue Objektklasse, die sogenannten Roten Novae.

Der Lichtblitz des Ausbruchs breitet sich immer weiter durch die umgebenden Staubwolken aus, beleuchtet sie und verleiht ihnen alle möglichen und unmöglichen Formen. Das HUBBLE-Weltraumteleskop hat diese Ausbreitung verfolgt und dokumentiert, und die Astronomen haben diese Lichtechos analysiert, um herauszufinden, was ursprünglich abgelaufen ist. Erschwert werden die Untersuchungen durch einen hellen Begleitstern, dessen Licht das Material in der Umgebung ebenfalls beleuchtet und zum Leuchten anregt. Er ist allerdings mittlerweile hinter dichten Staubwolken verschwunden und kann selbst von unserem Raumschiff aus kaum gesehen werden.

Entsprechend schwierig ist es, die genauen Abläufe der Ereignisse zu rekonstruieren, wiewohl sich die Geschichte zunehmend klarer abzuzeichnen beginnt. Nach der Analyse der Lichtechos konnten die meisten „normalen" Auslöser einer Nova ausgeschlossen werden, die ihre Ursachen größtenteils im betroffenen Stern selbst haben. Stattdessen nimmt man an, dass ein dritter Stern, ein enger Nachbar von V838, diesem zu nahe kam und von ihm gleichsam verschluckt wurde. Solche stellaren Kollisionen sind äußerst selten, denn die Abstände zwischen den Sternen sind einfach zu groß, und selbst in engen Doppelsternsystemen bleiben die Umlaufbahnen der beiden Sterne in der Regel stabil. Wo sie aber dennoch stattfinden, führen sie zu spektakulären Ergebnissen, wie das eindrucksvoll anzusehende Beispiel der sich ausbreitenden Lichtechos um den Stern V838 Monocerotis zeigt.

LINKS: Diese Sequenz demonstriert die Ausbreitung des Lichts anhand seiner „Echos". Der Stern im Zentrum sandte bei seinem Ausbruch einen Lichtblitz aus, der im Laufe der Zeit von immer weiter entfernten Gas- und Staubhüllen reflektiert wurde und so den Eindruck einer erblühenden Knospe hinterließ.

REISE ZUM MITTELPUNKT DER GALAXIS

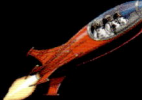

Entfernung zur Erde: 27.000 Lichtjahre

Wir sind auf unserer Reise weit herumgekommen, befinden uns aber immer noch innerhalb unserer Galaxis. Bald schon werden wir zu einer noch weiterführenden Tour durchstarten, aber zuvor müssen wir noch einen Punkt ansteuern, den wir nicht versäumen dürfen. Vor rund 150 Jahren schrieb Jules Verne seinen berühmten Roman „Die Reise zum Mittelpunkt der Erde", aber wir können noch weitergehen und das Zentrum der Milchstraße erreichen.

Seit den Untersuchungen von Wilhelm Herschel im 18. Jahrhundert kennt man die Milchstraße als eine flache Scheibe von Sternen, und 1918 erkannte Howard Shapley schließlich, dass wir recht weit vom Zentrum der Milchstraße entfernt leben. Das galaktische Zentrum liegt in einer Distanz von etwa 27.000 Lichtjahren jenseits der spektakulären Sternwolken, die wir im Sternbild Schütze erkennen. Die ganze Galaxis dreht sich um dieses Zentrum, und die Sonne mit ihren Planeten braucht rund 225 Millionen Jahre für einen Umlauf – so lange dauert ein „kosmisches Jahr": Vor einem kosmischen Jahr betraten die Dinosaurier gerade die irdische Bühne.

Unser Weg ins Zentrum wird erschwert durch die Tatsache, dass wir das Ziel von der Erde aus kaum sehen können – zu viele vorgela-

UNTEN: Das Kompositbild vom galaktischen Zentrum vereint Aufnahmen im nahen Infrarot vom HUBBLE-Weltraumteleskop mit Infrarotbildern des SPITZER-Weltraumteleskops und Röntgenaufnahmen des CHANDRA-Röntgenobservatoriums.

Sternhaufen, Quintuplet genannt, ist in dieser Gegend zu sehen.

Jetzt befinden wir uns nur noch rund hundert Lichtjahre vom galaktischen Zentrum entfernt, und alles wirbelt mit rasanter Geschwindigkeit um dieses herum. Schließlich durchbrechen wir die letzten Schleier, lassen die letzten Sterne hinter uns – und blicken auf eine Materiescheibe, die ein gewaltiges Schwarzes Loch von rund vier Millionen Sonnenmassen umgibt. Dieses massereiche Biest lauert im Zentrum der Milchstraße auf Beute und verschluckt alles, was ihm zu nahekommt. Vor ein paar Jahren stieß man auf eine Gaswolke, die etwa drei Erdmassen umfasst und unhaltbar in Richtung auf das galaktische Zentrum stürzt – 2013 dürfte sie bei ihrer größten Annäherung (etwa dem 3000-fachen des Ereignishorizonts) zerrissen werden. Sterne durchpflügen diesen Bereich öfter, aber als kompakte Objekte kommen sie in der Regel unversehrt davon; ausgedehnte Gaswolken sind da wesentlich anfälliger.

Abgesehen von solchen gelegentlichen „Snacks" ist das Schwarze Loch im Zentrum unserer Galaxis aber ziemlich auf Diät gesetzt und daher auch wenig aktiv. Hin und wieder blitzt es kurzzeitig auf, wenn kleinere Materiemengen hineinstürzen, aber größere Aktivitäten hat es seit geraumer Zeit nicht gegeben.

UNTEN: Die Infrarotansicht des galaktischen Zentrums erlaubt uns einen tieferen Blick in das Herz der Milchstraße. Man erkennt Wolken aus glühendem Gas und Staub sowie Sternhaufen.

DIE MILCHSTRASSE

Entfernung zur Erde: 100.000 Lichtjahre

Unsere Reise durchs Universum lässt leider nur kurze Zwischenhalte zu, aber wir sollten jetzt dennoch für einen Moment innehalten und zurückblicken. Von unserem derzeitigen Standort hoch über der Hauptebene der Milchstraße haben wir einen einzigartigen Überblick über die Galaxis unter uns.

Ihren Aufbau zu entschlüsseln war für die Astronomen innerhalb dieser galaktischen Scheibe nicht leicht. Im 18. Jahrhundert hatte Wilhelm Herschel vereinfacht angenommen, dass alle Sterne mit der gleichen Leuchtkraft strahlen und ihre unterschiedlichen scheinbaren Helligkeiten somit ein Maß für ihre jeweiligen Entfernungen seien. Mit dieser Annahme kam er zu dem Ergebnis, dass die Milchstraße eine weitgehend strukturlose Scheibe mit der Sonne im Mittelpunkt sei. Spätere Astronomen kamen zu besseren Resultaten und unterteilten die Milchstraße in eine galaktische Scheibe mit Spiralarmen und intensiver Sternentstehung sowie einem zentralen, gelblich erscheinenden Wulst aus älteren Sternen.

Das Zentrum, das wir eben verlassen haben, wird an zwei Seiten von einem langen Materiebalken eingerahmt, aus dessen Enden jeweils ein großer Spiralarm erwächst, benannt nach den Sternbildern, die sie durchlaufen: Perseus-Arm und Scutum-Sagittarius-Arm. Zwischen beiden liegen noch zwei kleinere Strukturen, die man anfangs für ähnlich bedeutsam hielt. Sie enthalten hauptsächlich Gas und junge Sternhau-

RECHTS OBEN: So erscheint die Milchstraße von La Palma aus, aufgenommen von Nik Szymanek.

RECHTS UNTEN: Die Milchstraße, im Infraroten aufgenommen mit dem Spitzer-Weltraumteleskop. Das 2,5-Milliarden-Pixel-Panorama zeigt einen ein bis zwei Grad breiten Ausschnitt entlang der galaktischen Ebene. Die Galaxis umgibt uns wie ein Gürtel, das Zentrum liegt bei 0/360 Grad.

UNTEN: Dieses Foto von der großen Spiralgalaxie NGC 6744 könnte eine Ansichtskarte von unserer Galaxis sein, die ganz ähnlich aussieht.

fen beziehungsweise ausgebeutete Sternentstehungsregionen, während die beiden großen Arme die größte Dichte sowohl an alten als auch an jungen Sternen aufweisen. Mit etwas Mühe können wir auch die Position der Sonne ermitteln. Sie liegt nicht innerhalb eines Spiralarms, sondern in einer kleineren Struktur, dem sogenannten Orion-Sporn, der die beiden großen Arme miteinander verbindet. Weiter draußen gibt es noch einen sehr unauffälligen Arm, dessen Status noch unbestimmt ist; es könnte sich auch nur um eine vorübergehende Struktur handeln.

Der Anblick der Galaxis ist beeindruckend, und vor dem dunklen Hintergrund des Universums erscheint sie wirklich wie eine Sterneninsel. Und doch sehen wir nur einen kleinen Teil von ihr. Ihre Rotation mag nach menschlichen Maßstäben sehr langsam vonstattengehen, aber sie erfolgt dennoch zu schnell – gemessen an der gemeinsamen Gravitation aller sichtbaren Sterne. Computermodelle zeigen, dass deren Anziehungskräfte zusammen genommen ein Auseinanderfliegen des Gesamtsystems innerhalb „kurzer Zeit" nicht verhindern könnten. Irgendetwas muss die Galaxis zusätzlich zusammenhalten, eine rätselhafte Substanz, die wir als Dunkle Materie bezeichnen.

Sie besteht vermutlich aus schweren, noch unbekannten Elementarteilchen, die kein Licht aussenden und mit normaler Materie nur schwach oder über ihre Schwerkraft wechselwirken. Es gibt viele Gründe anzunehmen, dass diese Dunkle Materie rund fünf Sechstel der Gesamtmaterie im Universum stellt. Die sichtbare Galaxis wäre demnach nur die Spitze eines Eisbergs.

Die Dunkle Materie konzentriert sich nicht auf die galaktische Scheibe, sondern hüllt die Galaxis mit einem gewaltigen Halo ein. Sie hält die Galaxis zusammen und hat möglicherweise auch ihre Entstehung erst ermöglicht. Wenn unsere Theorien zur Dunklen Materie nicht ganz falsch sind, sollten die Experimente mit dem Large Hadron Collider (LHC) in Genf – oder ähnliche Experimente an anderen Beschleunigern – in den nächsten Jahren die wahre Natur dieser rätselhaften Substanz entschleiern. Bis dahin können wir ihre Präsenz nur anhand ihrer Wirkung auf den sichtbaren Teil des Universums erschließen.

BEGLEITERIN DER GALAXIS

Entfernung zur Erde: 160.000 Lichtjahre

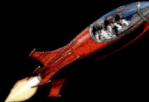

Nun ist es Zeit, die Galaxis mit ihren kugelförmigen Sternhaufen hinter uns zu lassen. Die Milchstraße bildet mit der großen Andromeda-Galaxie und weiteren Sterneninseln eine kleine Galaxiengruppe, doch auf dem Weg zu unserer großen Nachbarin werden wir noch einen kurzen Abstecher zu den beiden Magellanschen Wolken unternehmen, den beiden größten, direkten Begleitern der Galaxis.

Vor dem dunklen Himmelshintergrund erscheinen beide wie abgetrennte Bereiche der Galaxis selbst. Von der Erde aus sind sie gut zu erkennen und wurden sicher schon früh bemerkt. Dennoch stammt die erste überlieferte Beschreibung von Antonio Pigafatta, der unter der Leitung von Ferdinand Magellan zwischen 1519 und 1522 an der ersten Erdumsegelung teilgenommen hat. Sie sollten daher eigentlich Pigafatta-Wolken heißen.

Beide Systeme umrunden die Milchstraße ähnlich wie der Mond die Erde. Dabei ist die Große Magellansche Wolke rund 160.000 Lichtjahre entfernt und enthält etwa ein Zehntel der Materiemenge unserer Galaxis. Anders als diese zeigt sie aber keine Spiralstruktur, wiewohl Andeutungen von Spiralarmen und einem zentralen Balken zu erkennen sind. Auf ihrem Kurs um die Galaxis ist die Große Magellansche Wolke immer wieder zerfleddert worden; Computersimulationen der letzten vier Milliarden Jahre zeigen, dass sie während dieser Zeit wiederholt der galaktischen Scheibe sehr nahe gekommen ist und dabei viel Materie verloren haben muss. Die wesentlich größere Milchstraße dagegen hat diese Begegnungen stets unbeschadet überstanden und möglicherweise noch von dem frisch zugeführten Material profitiert.

Ein Objekt am Rande der Großen Magellanschen Wolke verdient besondere Beachtung – der Überrest einer noch nicht lange zurückliegenden, spektakulären Supernova. Wir wollen einmal genauer hinschauen.

OBEN: Die dunklen Gas- und Staubwolken im rechten Bildteil dieses Fotos vom Tarantelnebel erinnern an ein Seepferdchen; es handelt sich um Sternentstehungsregionen.

RECHTE SEITE: Das IR-Bild der Großen Magellanschen Wolke mit dem SPITZER-Weltraumteleskop zeigt etwa eine Million Objekte.

UNTEN: Die Große Magellansche Wolke umfasst einen Balken aus alten, roten Sternen, Wolken aus jüngeren, blauen Sternen und den hellrot leuchtenden Tarantelnebel.

DIE GRÖSSTE EXPLOSION UNSERER ZEIT

Entfernung zur Erde: 168.000 Lichtjahre

Unter den zahllosen Sternen der Großen Magellanschen Wolke verdient einer unsere besondere Aufmerksamkeit – oder besser das, was von ihm übrig geblieben ist. Eine der zahlreichen Gaswolken dieser kleinen Galaxie zeigt eine Serie einander überlagernder Ringe, jeder einige Tausend Lichtjahre im Durchmesser. Dies sind die Überreste eines blauen Überriesen, der vor rund 170.000 Jahren seinen Kernbrennstoff aufgezehrt hatte und als Supernova explodiert ist.

Der Lichtblitz erreichte die Erde im Februar 1987 und kündigte damit die nächstgelegene Supernova seit der Erfindung des Teleskops an, was sie zu einer der bestuntersuchten Explosionen in der Geschichte der Astronomie werden ließ. Die Forscher registrierten nicht nur das Licht der Supernova, sondern auch eine Reihe von Neutrinos, die in der frühen Phase des Sternkollapses freigesetzt worden waren. Auf älteren Aufnahmen dieser Gegend konnte ein blauer Überriesenstern als Vorläuferstern der Supernova zweifelsfrei identifiziert werden. Damit wurde SN 1987A zu einem wichtigen Beweisstück für die bisherige Theorie, nach der solche Explosionen am Lebensende sehr massereicher Sterne stehen.

Es ist klar, dass eine solche Supernova Auswirkungen auf ihre Umgebung hat. Während die eigentliche Explosion längst verblasst ist, kann man ihre expandierende Schockwelle immer noch erkennen. Auch sie ist nur noch blass und zerstückelt, aber zunächst reichte sie aus, um das umgebende Material wie eine Perlenkette aufleuchten zu lassen. Vorher schon muss der Stern Material in seine Umgebung abgestoßen haben, das dann durch die Explosionswolke und die einhergehende Stoßfront kräftig durcheinander gewirbelt wurde.

Angesichts dieser aufmischenden Wirkung erscheint die Annahme naheliegend, dass der plötzliche Tod dieses Sterns in der weiteren Umgebung zur Entstehung neuer Sterne geführt hat, weil Gas- und Staubwolken dort zum Kollaps angeregt wurden. Vielleicht vergehen einige Millionen Jahre, ehe das von der Supernova 1987A verteilte kosmische Erbe in eine neue Sterngeneration aufgeht – aber es wäre ein weiterer, später Nutzen jener Explosion, die so viel zu unserem Verständnis vom Tod massereicher Sterne beigesteuert hat.

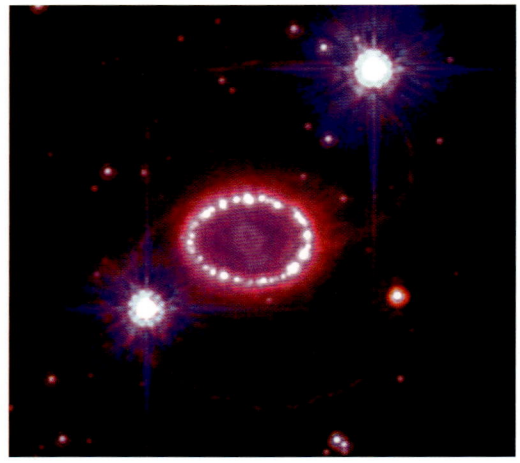

OBEN: Eine kosmische Perlenkette blitzte auf, als die Stoßfront der Supernova-Explosion auf bereits früher abgestoßene Materiewolken traf.

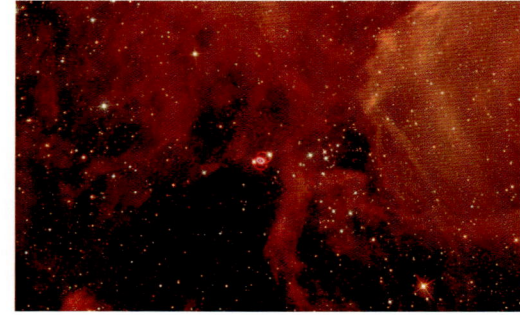

OBEN: Auch HUBBLE fotografierte die SN 1987A in der Großen Magellanschen Wolke.

LINKS: Die Große Magellansche Wolke vor und nach der Supernova, die auf dem rechten Bild unmittelbar unterhalb des Tarantelnebels zu erkennen ist, der hellen Region links oberhalb der Bildmitte.

RECHTE SEITE: Diese Weitwinkelaufnahme der Kleinen Magellanschen Wolke zeigt viele junge Sterne.

DIE DRITTE SCHWESTER

Entfernung zur Erde: 200.000 Lichtjahre

OBEN: Die Kleine Magellansche Wolke im Infraroten (Bild: SPITZER-Weltraumteleskop)

Neben der Großen Magellanschen Wolke bewegt sich noch eine zweite, kleinere Galaxie um die Milchstraße herum. Sie befindet sich auf einer ähnlichen Bahn, ist momentan aber etwas weiter weg. Die beiden sind vor rund 2,5 Milliarden einander sehr nahe gekommen und seither durch einen Strom von Gas und Sternen verbunden. Dieser Austausch von galaktischem Material macht uns schon an diesem Punkt unserer Reise deutlich, wie sehr ein Miteinanderverschmelzen die Entwicklung von Galaxien beeinflusst.

Auch die Kleine Magellansche Wolke enthält zahllose Sterne und Sternhaufen. Die hellste Sternentstehungsregion dort ist NGC 346 mit einem Durchmesser von rund 200 Lichtjahren. NGC 346 ist als Offener Sternhaufen klassifiziert, was bedeutet, dass seine Mitglieder alle mehr oder minder gleichzeitig aus dem Kollaps einer riesigen Gas- und Staubwolke entstanden sind. Der angrenzende Nebel zeigt aber, dass der Rohstoff noch nicht ganz aufgebraucht ist, sodass dort noch mehr Sterne heranwachsen können.

INTERGALAKTISCHER WANDERER

Entfernung zur Erde: 300.000 Lichtjahre

Mittlerweile haben wir die weite Reise zur Andromeda-Galaxie ange-treten – rund 2,5 Millionen Lichtjahre liegen vor uns, und auf dieser Strecke erwarten wir eigentlich für lange Zeit nichts mehr. Doch dann treffen wir unversehens auf einen kugelförmigen Sternhaufen der Art, wie wir sie bereits im Randbereich der Galaxis gesehen haben: Dieser aber ist volle 300.000 Lichtjahre von ihr entfernt und damit wahrlich einer ihrer äußersten Vorposten. Von der Erde aus erscheint er unauf-fällig und blass, weil er so weit entfernt ist. Entsprechend trägt er kei-nen Eigennamen, sondern ist nur in verschiedenen Katalogen aufge-führt, zum Beispiel als NGC 2419. Aus der Nähe allerdings entpuppt er sich als ganz normaler Kugelsternhaufen von durchschnittlicher Größe.

In seiner Umgebung dagegen finden wir nichts außer leerem Raum. Es verwundert daher nicht, dass er den Spitznamen „Intergalaktischer Wanderer" erhielt. Wir wissen zwar inzwischen, dass auch er sich auf einer Umlaufbahn um die Galaxis befindet, doch benötigt er rund drei Milliarden Jahre für einen Umlauf. Aufgrund der großen Entfernung ist er kein leichtes Studienobjekt. Mit Sicherheit wird er aber nicht dort draußen entstanden sein. Dagegen könnte er früher zu einem anderen Sternsystem gehört haben, das der Milchstraße zu nahe kam und von ihr einverleibt wurde.

Inzwischen wurden noch einige weitere Objekte dieser Art in zum Teil noch größerer Distanz gefunden. Sie alle machen deutlich, dass wir mit unserem Sonnensystem im Innern der Milchstraße eine aus-gezeichnete Position einnehmen, denn über sehr weite Bereiche ist das Universum sehr, sehr leer.

RECHTE SEITE: Das SUBARU-Teleskop lieferte diese Ansicht von NGC 2419.

UNTEN: Eine Aufnahme des HUBBLE-Welt-raumteleskops von NGC 2419

DIE GROSSE NACHBARIN

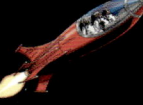

Entfernung zur Erde: 2,5 Millionen Lichtjahre

Lange Zeit hatte man M 31, die Andromeda-Galaxie im gleichnamigen Sternbild, für eine größere Schwester der Milchstraße gehalten. Mittlerweile scheint es zwar, dass beide Galaxien etwa über die gleiche Masse verfügen, trotzdem gilt es als sicher, dass M 31 deutlich mehr (und dafür kleinere) Sterne enthält als die Milchstraße. Die Gesamtstruktur ist vergleichbar zu der unserer Galaxis – mit einer ausgedehnten, von Spiralarmen durchzogenen flachen Scheibe und einem zentralen Wulst sowie einer umgebenden Wolke aus kugelförmigen Sternhaufen, die die Größe des vermuteten Halos aus Dunkler Materie andeuten. Auch M 31 dürfte ein massereiches Schwarzes Loch im Zentrum besitzen, das – wie das Schwarze Loch im Zentrum der Milchstraße – ziemlich ruhig und unauffällig bleibt.

Obwohl wir uns mittlerweile mehr als zwei Millionen Lichtjahre von der Erde entfernt haben, ist die Galaxis noch nahe genug, dass wir ohne allzu große Anstrengungen einzelne Sterne erfassen können, darunter auch die berühmten Cepheiden, mit denen man kosmische Entfernungen bestimmen kann. Die beiden Galaxien bewegen sich übrigens aufeinander zu und werden in ein paar Milliarden Jahren so nahe aneinander vorbeiziehen, dass sie teilweise miteinander kollidieren. Das wird dann wesentlich dramatischer ablaufen als die Rempeleien zwischen den beiden Magellanschen Wolken und der Milchstraße, und am Ende wird eine große Galaxie übrig bleiben, die in einer gewaltigen Sternentstehungsphase grell aufleuchtet.

Möglicherweise hat die Andromeda-Galaxie bereits eine enge Begegnung mit M 33, der dritten großen Galaxie innerhalb der Lokalen Gruppe, hinter sich. Dafür spricht unter anderem die Tatsache, dass die galaktische Scheibe von M 31 verbogen ist. Entsprechend intensiv versucht man daher, den Raum zwischen beiden Galaxien zu kartieren, um nach möglichen Materiebrücken zwischen beiden Systemen zu suchen.

Doch wie auch immer die Vergangenheit von M 31 ausgesehen haben mag: Es hat den Anschein, dass die Galaxie eine innere Wandlung vollzieht. Wir hatten bereits erwähnt, dass auch die Andromeda-Galaxie Spiralarme besitzt, die allerdings enger gewunden sind. Wenn wir das System im Infraroten betrachten, zeigt sich jedoch eine auffällige Ringstruktur. Einer dieser Gas- und Staubringe mit einem Radius von rund 30.000 Lichtjahren erscheint besonders hell. Wenn diese Ringe die Verteilung der heutigen Sternentstehungsgebiete wiedergeben, dann wird die Galaxie allmählich ihr Aussehen verändern: Die heißen blauen Sterne, die die Spiralstruktur betonen, werden verschwinden, und neue Sterne tauchen innerhalb der Ringe auf. Auch dies könnte die Folge einer zurückliegenden Beinahe-Kollision sein – schließlich hat auch die Andromeda-Galaxie eine Reihe kleinerer Begleiter.

Bevor wir in die Tiefen des Universums entschwinden, wollen wir auch der dritten großen Galaxie der Lokalen Gruppe noch einen Be-

OBEN: Die Andromeda-Galaxie kann von einem dunklen Standort aus mit bloßem Auge als blasser Nebelfleck erkannt werden. Serge Brunier fotografierte sie in Chile an der Europäischen Südsternwarte auf La Silla.

RECHTS: Die Andromeda-Galaxie M 31, fotografiert von Greg Parker. Rechts neben M 31 leuchtet die Satellitengalaxie NGC 205, links

DIE DRITTE IM BUNDE

Entfernung zur Erde: 3 Millionen Lichtjahre

Die Andromeda-Galaxie und die Milchstraße sind nicht die einzigen Mitglieder der Lokalen Gruppe. Neben ein paar Dutzend Zwerggalaxien gibt es auch noch ein drittes größeres Sternsystem: M 33 im Sternbild Dreieck (lat.: Triangulum), das immerhin rund 40 Milliarden Sterne enthält und eine schöne Spiralstruktur zeigt.

Anders als bei M 31 blicken wir hier schräg von oben auf die galaktische Scheibe, sodass der Aufbau der Galaxie klar zu erkennen ist. Auch hier gibt es eine ausgeprägte Kernregion, aber keinen zentralen Balken wie in der Galaxis – und dieser Unterschied könnte einen wesentlichen Einfluss haben. Denn ein solcher Balken kann nicht nur die Entstehung neuer Sterne anregen oder aber erschweren, sondern erleichtert auch den Materiestrom in Richtung auf das Schwarze Loch im Zentrum. Das Schwarze Loch im Zentrum von M 33 ist ziemlich kümmerlich.

Dafür aber enthält die Galaxie das bislang schwerste bekannte stellare Schwarze Loch, M 33 X-7, das erst aufgrund seiner Röntgenstrahlung entdeckt wurde und immerhin 16 Sonnenmassen in sich vereint. Die massereichen Schwarzen Löcher in den Zentren der Galaxien bilden hingegen eine Klasse für sich.

OBEN: Die elliptische Zwerggalaxie NGC 205 links unten ist der größere Begleiter von M 31 (hier teilweise rechts oben zu sehen).

UNTEN: Die Triangulum-Galaxie M 33, aufgenommen im Infrarotbereich vom SPITZER-Teleskop

ZIGARRE GEFÄLLIG?

Entfernung zur Erde: 11,5 Millionen Lichtjahre

OBEN: Das Infrarotbild des SPITZER-Weltraum-teleskops zeigt ausgedehnte Staubregionen um M 82, die im sichtbaren Licht nicht auftauchen.

UNTEN: Kompositbild des HUBBLE-Weltraum-teleskops im sichtbaren und infraroten Licht. In roter Farbe ist heißes, ionisiertes Wasserstoffgas dargestellt.

Einige Galaxien scheinen für unsere Tour extra eine Sondershow zu veranstalten. Zu ihnen gehört M 82, das spektakuläre Beispiel einer eruptiven Galaxie: Ursprünglich eine normale Spiralgalaxie, treibt mittlerweile ein extrem heftiger Wind große Mengen an Gas und Staub mit Geschwindigkeiten von mehr als 200 Kilometern pro Sekunde aus der Zentralregion nach außen. Möglicherweise hat eine enge Begegnung mit der Nachbargalaxie M 81 dieses galaktische Feuerwerk ausgelöst, das eine intensive Sternentstehungsphase begleitet.

Eine derart explosive – als „Starburst" bezeichnete – Sternentstehungsphase produziert Sterne aller Größen, darunter auch zahlreiche sehr massereiche, die ihren Kernbrennstoff schnell aufgebraucht haben und dann als Supernova explodieren. Ob die Summe der Supernovae ausreicht, den beobachteten Materiestrom in Gang zu setzen, ist noch unklar. Auf jeden Fall regen sie weitere Sterngeburten in ihrer Umgebung an, und die Rate der Sternentstehung im Zentralbereich der Galaxie ist mindestens zehnmal höher als in der Milchstraße.

Wie außergewöhnlich ist M 82? Das ist schwierig zu beantworten, denn wir wissen nicht, wie lange das Feuerwerk noch anhält. Es kann sein, dass es sich um eine einzigartige Entwicklungsphase handelt, die durch besondere Vorbedingungen ausgelöst wurde. Es kann natürlich auch sein, dass die meisten Galaxien solche dramatischen Phasen durchlaufen und dann wieder ruhig fortbestehen.

EIN KOSMISCHER WHIRLPOOL

Entfernung zur Erde: 23 Millionen Lichtjahre

Weiter draußen stoppen wir bei einer besonders schönen Galaxie. Ihre Katalogbezeichnung lautet M 51, doch jeder versteht, warum sie unter dem Beinamen Strudelgalaxie bekannt geworden ist. Das scheinbar perfekte Aussehen dieser Spirale wird nur am Rand getrübt – durch die Verbindung zu einer kleineren Galaxie im Hintergrund, die vor rund 500 Millionen Jahren durch die Scheibe von M 51 hindurchgeflogen ist. Möglicherweise war diese Kollision für die Entstehung der Spiralarme in ihrer heutigen Form verantwortlich. Eine zweite, enge Begegnung vor vielleicht 75 Millionen Jahren könnte weitere Blessuren provoziert haben.

Spiralarme in solchen Galaxien besitzen keine dauerhafte Identität. Sie wandern zwar um das Zentrum der Galaxie herum, aber unabhängig von den Sternen, die auf ihren Wegen um das galaktische Zentrum zu einem der Spiralarme aufschließen, sich mühsam voran arbeiten und schließlich nach vorne entfliehen. Die Situation ist ganz ähnlich wie bei einem Stau auf der Autobahn: Während vorne die Autos nach langem Verweilen weiterfahren können, schließen von hinten nachfolgende Fahrzeuge auf, und allmählich verlagert sich der Stau immer weiter nach hinten. Die Sonne muss sich folglich im Laufe ihrer Geschichte mehrfach durch die Spiralarme der Milchstraße hindurchgearbeitet haben, und es gibt in der Tat ein paar (zugegebenerweise nicht sehr kräftige) Hinweise darauf, dass solche Stauzeiten mit den Phasen großer Massensterben zusammenfielen.

Die Wechselwirkungen mit ihrer Nachbargalaxie könnten nicht nur die Ausbildung der Spiralarme in M 51 angeregt haben – sie sind möglicherweise auch für ein ganz besonderes Muster der Sternentstehung in der Strudelgalaxie verantwortlich. Während in den meisten Spiralgalaxien diese Sternentstehung auf die Spiralarme beschränkt ist, scheint der gesamte zentrale Bereich mit einem Durchmesser von rund zehntausend Lichtjahren von einer Starburst-Aktivität erfasst zu sein. Dort allein verklumpen jährlich mehr als vier Sonnenmassen Materie zu neuen Sternen – deutlich mehr als in der gesamten Milchstraße. Vielleicht entsteht dort ein neuer zentraler Wulst, vielleicht hat dieser Prozess aber auch kaum Einfluss auf die Gesamtstruktur der Galaxie. Auf jeden Fall bleibt die weitere Entwicklung dieser Galaxie noch für ein paar Hundert Millionen Jahre spannend, und entsprechend sollten zukünftige Touristen möglichst oft vorbeischauen.

OBEN: Das Hubble-Weltraumteleskop nahm die Strudelgalaxie M 51 (oder NGC 5194, links) mit ihrem Begleiter NGC 5195 auf, der zurzeit offenbar hinter der Strudelgalaxie vorbeizieht.

RECHTS OBEN: Die Strudelgalaxie, aufgenommen vom Hubble-Weltraumteleskop

RECHTS UNTEN: Die Infrarotaufnahme von M 51 zeigt Haufen neu entstandener Sterne, die wegen vorgelagerter Staubwolken im sichtbaren Licht nicht zu erkennen sind.

KOLLIDIERENDE GALAXIEN

Entfernung zur Erde: 45 Millionen Lichtjahre

Zu Beginn unserer intergalaktischen Tour haben wir gesehen, dass die Andromeda-Galaxie und die Milchstraße in ein paar Milliarden Jahren miteinander kollidieren werden. Solche galaktischen Begegnungen scheinen nichts Ungewöhnliches zu sein. Bei unserem nächsten Halt – den Antennengalaxien – können wir eine Kollision live verfolgen und damit einen Blick in die Zukunft von Andromeda-Galaxie und Milchstraße werfen.

Die Begegnung der beiden ursprünglich eigenständigen Galaxien begann bereits vor mehreren Hundertmillionen Jahren und erreichte vor rund hundert Millionen Jahren ihren bisherigen Höhepunkt. Interessanterweise kommt es bei solchen Kollisionen so gut wie nie zu einem direkten Zusammenstoß von einzelnen Sternen, denn deren Abstände untereinander sind einfach zu groß. Dagegen prallen Gaswolken frontal aufeinander und kollabieren zu gewaltigen Sternentstehungsregionen. Entsprechend finden wir heute in den Zentren der beiden Galaxien gigantische Sternhaufen mit zahllosen jungen, heißen und blauen Sternen. Die meisten dieser Superhaufen werden allerdings nicht lange Bestand haben, weil mehr als 90 Prozent der Sterne innerhalb der nächsten zehn Millionen Jahre vergangen sein werden.

Am Ende dieser Kollision werden die beiden ursprünglichen Galaxien zu einer neuen elliptischen Riesengalaxie verschmolzen sein. Und vielleicht enden die massereichsten der Superhaufen als neue Kugelsternhaufen in ihrer Umgebung – doch das ist bloße Spekulation. Der größte Teil der Sterne und Gaswolken, die durch die gegenseitigen Gezeitenkräfte zwischen den einander begegnenden Galaxien in die langen „Antennen" (Fühler) geschleudert wurden, dürfte im Anziehungsbereich der neu entstehenden Galaxie verbleiben und irgendwann wieder dorthin zurückstürzen.

Möglicherweise gehören derartige Verschmelzungen zu regelmäßigen Ereignissen in der Biografie einer jeden großen Galaxie. Auf jeden Fall aber haben sie bei der Entstehung der ganz großen Galaxien im heutigen Universum eine wichtige Rolle gespielt. Das Endresultat einer solchen Kollision lässt sich mit aufwändigen Computersimulationen ermitteln und hängt von zahlreichen Einflussgrößen ab: Relativgeschwindigkeit, Aufprallwinkel und Galaxientyp sowie die relativen Größen spielen eine wichtige Rolle. Im Falle der Antennengalaxien sind wahrscheinlich zwei Spiralgalaxien aufeinandergeprallt, aber nicht durch jede Kollision wird eine intensive Sternentstehungsphase angeregt. Begegnungen zweier elliptischer Galaxien zum Beispiel laufen eher „trocken" ab, denn aus zwei alten, roten und toten Galaxien kann nicht viel anderes entstehen als eine größere alte, rote und tote Galaxie.

OBEN: Die erdgebundene Aufnahme zeigt die langen Sternströme der verschmelzenden Antennengalaxien.

OBEN: Komposit aus HUBBLE-Aufnahmen im sichtbaren Licht und Infraroten zusammen mit Messungen von ALMA, dem Atacama Large Millimeter Array in der chilenischen Atacama-Wüste

EINE STERNGROSSSTADT

Entfernung zur Erde: 54 Millionen Lichtjahre

OBEN: Das Markenzeichen der elliptischen Riesengalaxie M 87 ist ein Jet aus relativistischen Elektronen und anderen Partikeln, die von dem zentralen Schwarzen Loch auf Beinahe-Lichtgeschwindigkeit gebracht werden.

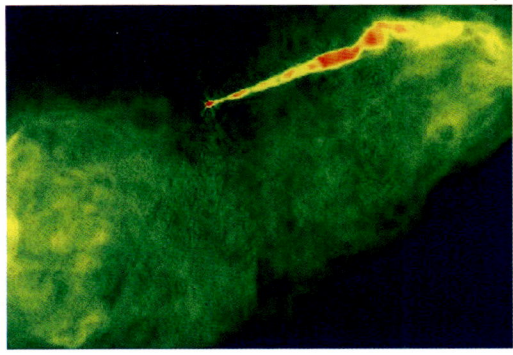

OBEN: So „sieht" das VLA (**V**ery **L**arge **A**rray) den Jet von M 87 im Radiobereich.

Bislang haben wir uns in kleineren Galaxiengruppen umgesehen, die jeweils ein paar größere sowie zahlreiche kleine Galaxien enthielten. Es gibt auch größere Verbände, und wir fliegen mittlerweile durch die Außenbezirke des Virgo-Haufens, der zu den größten Galaxienhaufen zählt. Wenn Galaxien immer dichter beisammenstehen, werden gegenseitige Kollisionen immer häufiger, und so fliegen wir vornehmlich an roten, „toten" elliptischen Galaxien vorbei, deren Gas bei wiederholten Verschmelzungen aufgebraucht wurde. Ganz im Zentrum des Haufens treffen wir auf M 87, eine wahre Monstergalaxie.

Alles an dieser Galaxie ist spektakulär, angefangen bei der schieren Zahl der mehr als 12.000 Kugelsternhaufen. Allein in diesen Kugelhaufen dürften ähnlich viele Sterne enthalten sein wie in der gesamten Galaxis – eine ernüchternde Vorstellung für Touristen aus einer normalen „Sternkleinstadt". Die Galaxie selbst vereint die Masse von einigen Dutzend Milchstraßen und dürfte mehrere Billionen Sterne enthalten. Sie alle füllen eine nahezu strukturlose Kugelgestalt frei von größeren Staubwolken, wie sie für normale Galaxien üblich sind. Über die Jahrmilliarden ist M 87 so groß geworden, dass sie selbst die größte ihrer Nachbargalaxien verschlucken könnte, ohne auch nur ins Zittern zu geraten.

Aber auch ohne solche größeren „Happen" gewinnt sie jährlich mehrere Sonnenmassen an Gas aus dem umgebenden Galaxienhaufen – Gas, das im Endeffekt auf das zentrale Schwarze Loch stürzt. Dieses Monster im Innern von M 87 enthält vermutlich mehrere Milliarden Sonnenmassen. Es gibt eine enge Verknüpfung zwischen der Größe einer Galaxie und der Masse des zentralen Schwarzen Lochs – sie überrascht also nicht wirklich, ist aber auch dann noch beeindruckend! Auch hier stürzt die Materie übrigens nicht direkt in das Schwarze Loch, sondern formt eine riesige, etwa ein halbes Lichtjahr breite Akkretionsscheibe, aus der über einen Zeitraum von zehn Jahren jeweils eine Sonnenmasse im Schwarzen Loch verschwindet.

Für das Schwarze Loch im Zentrum von M 87 mag diese „Fütterungsrate" normal sein, sie übertrifft aber dennoch jegliches Vorstellungsvermögen. Entsprechend reicht sie aus, um zusätzlich noch einen extremen Materiejet anzutreiben: Große Mengen an Materie werden aus dem inneren Bereich der Akkretionsscheibe förmlich herausgerissen und mit gigantischer Geschwindigkeit senkrecht davongeschleudert. Vielleicht hat dieser Jet bei der Entwicklung der Galaxie und ihrer Umgebung eine wichtige Rolle gespielt, heute allerdings ist er nur noch ein besonderes Charakteristikum dieser spektakulären Riesengalaxie.

DER VIRGO-HAUFEN

Entfernung zur Erde: 54 Millionen Lichtjahre

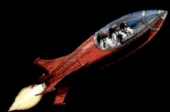

Auf unserem Kurs durch das Reich der Galaxien können wir schnell die Übersicht verlieren. Jede Galaxie sieht anders aus, abhängig von der jeweiligen Vorgeschichte: Einige treten als große Spiralen mit oder ohne Balken auf, andere als einfachere, elliptische Systeme. Die elliptischen Galaxien im Virgo-Haufen, zu denen einige der größten Systeme im heutigen Universum gehören, können als gewaltige kugelförmige Ansammlungen von Sternen beschrieben werden, die zwar alle um das zentrale Schwarze Loch wandern, aber jegliche Ordnung etwa in Gestalt einer galaktischen Scheibe verloren haben. Elliptische Galaxien unterscheiden sich auch noch in vielen anderen Punkten von den spiralförmigen Verwandten. So enthalten die meisten keinerlei blaue Sterne, die auf intensive Sternentstehungsphasen in der jüngeren Vergangenheit hinweisen.

Der Virgo-Haufen ist mit mehreren Tausend Mitgliedern die größte Galaxienansammlung in unserer Umgebung; auch die Lokale Gruppe gehört zu seinem Einflussbereich. Wenn wir tiefer in diesen Haufen vordringen, tauchen immer weniger Spiralgalaxien auf – in dichteren Haufenregionen dominieren die elliptischen Galaxien. Dies deutet vielleicht darauf hin, dass Verschmelzungen von Galaxien, die den Nachschub für neue Sterne rasch aufbrauchen, hier an der Tagesordnung sind. Zumindest für die äußeren Bereiche des Haufens trifft dies zu. Weiter innen dagegen bewegen sich die Galaxien so schnell, dass bei solchen Begegnungen wenig Zeit für eine intensive Wechselwirkung bleibt.

Wir dürfen uns bei der Betrachtung des Haufens aber nicht auf die Galaxien allein beschränken, denn sie stellen weniger als die Hälfte seiner Gesamtmasse. Der Rest besteht aus heißem Gas zwischen den Galaxien. Ein Teil dieses Gases mag aus der Anfangsphase stammen, als die Galaxien dieser Region entstanden. Der überwiegende Rest aber muss Gas sein, das bei den vielen zurückliegenden Begegnungen und Kollisionen aus den Galaxien herausgerissen und entsprechend aufgeheizt wurde. Dieses Haufengas ist vornehmlich im Röntgenlicht zu beobachten.

Zwar sind die vielen elliptischen Galaxien im Virgo-Haufen kaum voneinander zu unterscheiden, aber im Zentrum sitzt mit M 87 die größte Galaxie, der wir bislang begegnet sind, und sie ist alles andere als unauffällig und ruhig.

RECHTE SEITE: Weit mehr als tausend Galaxien formen den Virgo-Haufen, die uns nächste größere Galaxienansammlung. Die zentrale Galaxie M 87 steht nahe der Bildmitte etwas abseits der anderen hellen Galaxien auf dieser Aufnahme.

EIN SELTSAMES, GRÜNES OBJEKT

Entfernung zur Erde: 650 Millionen Lichtjahre

Dieses rätselhafte, grüne Objekt, das sich über einige Zehntausend Lichtjahre erstreckt – und damit für eine Galaxie nicht sehr groß wäre –, ist bislang einmalig. Die grüne Farbe lässt auf leuchtende Sauerstoffatome schließen, und im Zentrum scheint es ein riesiges Loch mit einem Durchmesser von rund 16.000 Lichtjahren zu geben.

Seinen Namen hat dieses rätselhafte Objekt, weil es im Rahmen des Galaxy-Zoo-Internetprojekts von der niederländischen Lehrerin Hanny van Arkel gefunden wurde. Im Rahmen dieses von Chris Lintott mitkonzipierten Projekts haben rund eine viertel Million Freiwillige einige Hunderttausend Galaxien klassifiziert, die zuvor vom Sloan Digital Sky Survey erfasst worden waren. Dabei bedeutet „Voorwerp" im Niederländischen einfach „Objekt".

Es gibt einige Hypothesen zur Natur dieses Objekts, das vermutlich durch Aktivitäten der benachbarten Galaxie IC 2497 zum Leuchten angeregt wird. Das Objekt zeigt deutliche Spuren einer zurückliegenden Kollision, wiewohl kein zweiter Kollisionspartner erkennbar ist. Durch diese Kollision aber könnte Material in Richtung auf das Schwarze Loch im Zentrum von IC 2497 gelenkt worden sein, das dort eine Phase intensiver Aktivität ausgelöst und IC 2497 vorübergehend zu einem Quasar gemacht hätte. Darunter verstehen die Astronomen ein hyperaktives Schwarzes Loch im Zentrum einer Galaxie, das große Mengen an Gas und Staub verschluckt und deshalb extrem hell leuchtet. Wie wir bei M 87 gesehen haben, ist eine solche Aktivität vielfach mit dem Auswurf gewaltiger Materiejets verbunden, also einer stark vergrößerten Version dessen, dem wir beim Doppelstern SS 433 schon begegnet sind.

Hanny's Voorwerp befindet sich genau an der richtigen Stelle, um von einem solchen Jet getroffen zu werden, und radioastronomische Beobachtungen liefern auch Hinweise auf die möglichen Überreste eines Jets. Doch es bleibt ein Rätsel: Wenn ein Quasar in IC 2497 gewirkt hat, muss seine Aktivität erloschen sein. Röntgenbeobachtungen zeigen an dieser Stelle jedenfalls keine Aktivität mehr an. Tatsächlich müssen auch andere Quasare irgendwann ihre Aktivität eingestellt haben – ihre Häufigkeit im Universum ist jedenfalls zeitabhängig: Während sie im frühen Universum weit verbreitet waren, gibt es in unserer näheren Umgebung – und damit heute – weit weniger davon.

Noch sind längst nicht alle Geheimnisse von Hanny's Vorweerp gelüftet. Es scheint so, als würden auf der IC 2497 zugewandten Seite neue Sterne entstehen, angeregt möglicherweise durch den dort auftreffenden Materiejet. Auch das eingangs erwähnte kreisförmige Loch ist noch unerklärt. Hier sind weitere Untersuchungen notwendig.

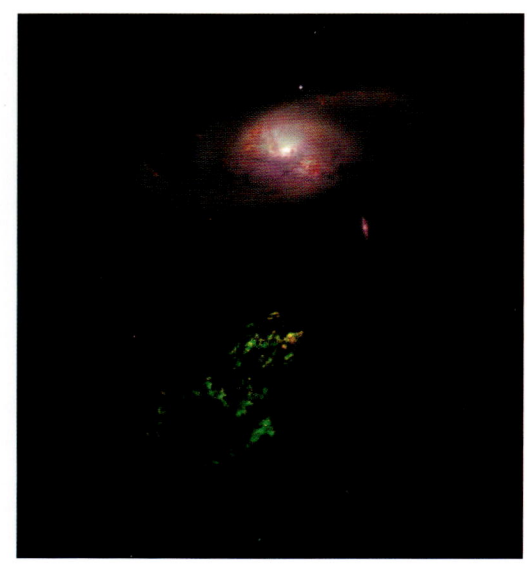

OBEN: Das grüne Leuchten von Hanny's Vorweerp stammt von ionisierten Sauerstoffatomen, die sich möglicherweise in einem Gezeitengasstrom als Überrest einer Galaxienkollision befinden. Zum Leuchten angeregt wurden sie vielleicht von einem Quasar in der benachbarten Galaxie IC 2497.

LICHT AUF KRUMMEN WEGEN

Entfernung zur Erde: 8 Milliarden Lichtjahre

OBEN: Der Galaxienhaufen Abell 2218 ist eine gewaltige Gravitationslinse. Dahinterliegende Galaxien, die sonst unsichtbar blieben, werden von seinem Schwerefeld zu roten, orangefarbenen und bläulichen Bögen verzerrt und sichtbar gemacht.

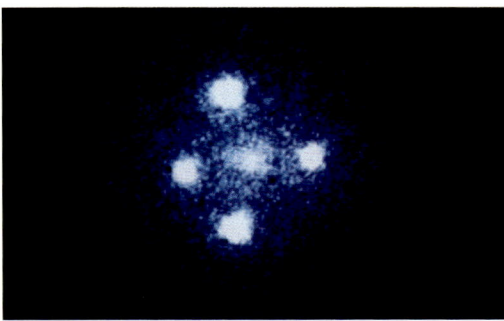

OBEN UND RECHTS: Das Einstein-Kreuz, auch Q2237+030 oder QSO 2237+0305 genannt, ist ein vierfach gelinster Quasar, der weit hinter der rund 400 Millionen Lichtjahre entfernten Galaxie ZW 2237+030 liegt. Das Übersichtsbild rechts zeigt die Vordergrundgalaxie deutlicher.

Auf unserem Weg in die Tiefen des Universums haben wir schon gewaltige Entfernungen zurückgelegt, doch ungeachtet aller spannenden Objekte um uns herum reizt auch ein Blick zurück „nach Hause". Die Sonne können wir selbst mit den fortschrittlichsten Instrumenten unseres Raumschiffs nicht mehr erkennen, wohl aber die Milchstraße als Teil einer klar abgegrenzten Dreiergruppe von Spiralgalaxien.

Wenn wir uns noch weiter von zu Hause entfernen, kann etwas Überraschendes geschehen: Der so vertraute Anblick beginnt sich zu verändern, und unsere Galaxis erscheint bogenförmig verzerrt – vor allem dann, wenn unser Blick dorthin an einem Galaxienhaufen vorbeiführt. Die Astronomen sprechen in diesem Zusammenhang von Gravitationslinsen und beschreiben damit die Ablenkung des Lichts in der Umgebung großer Materieansammlungen.

Der grundsätzliche Effekt wurde im frühen 20. Jahrhundert von Albert Einstein vorausgesagt. Einstein hatte damals im Rahmen seiner Allgemeinen Relativitätstheorie berechnet, wie sehr sich die scheinbare Position eines Sterns verschiebt, wenn sein Licht auf dem Weg zu uns an der Sonne vorbeistreift und von deren Schwerefeld abgelenkt wird. Nach seinen Berechnungen war der Wert etwa doppelt so groß wie derjenige im Rahmen der klassischen, newtonschen Gravitation, und Messreihen während mehrerer totaler Sonnenfinsternisse konnten schließlich die von Einstein vorhergesagte größere Lichtablenkung bestätigen (nur bei einer totalen Sonnenfinsternis kann man hellere Sterne im direkten Umfeld der Sonne beobachten und ihre Positionen vermessen).

Die Lichtablenkung im Schwerefeld lässt sich auch noch für andere Zwecke nutzen. So kann man mit ihrer Hilfe zum Beispiel die Gesamtmasse eines Galaxienhaufens ermitteln und aus dem Vergleich mit der sichtbaren Materie auch auf die Verteilung der sogenannten Dunklen Materie schließen. Und wenn die Anordnung „passt", lässt sich mit einer Gravitationslinse das Licht sehr weit entfernter Galaxien bündeln und besser untersuchen. Auch die Milchstraße erscheint über viele Milliarden Lichtjahre hinweg dank dieses Effekts ein klein wenig heller.

EINMAL UNENDLICHKEIT UND MEHR

Entfernung zur Erde: 13 Milliarden Lichtjahre

Unsere kosmische Reise, die nur durch die Grenzen unseres Vorstellungsvermögens und unsere aktuellen Kenntnisse über das Universum beschränkt war, nähert sich langsam ihrem Ende. Aber wie weit können wir vordringen? Die entferntesten Objekte, die wir im Universum kennen, tauchen nur auf extrem langbelichteten Himmelsaufnahmen auf, für die riesige Teleskope nächtelang auf eine scheinbar leere, langweilige Himmelsregion ausgerichtet wurden, damit sie über viele Stunden das bei uns ankommende, extrem schwache Licht zu einem Bild aufsummieren konnten.

Die bekannteste dieser „Deep-Field-Aufnahmen" stammt vom Hubble-Weltraumteleskop, mit dem solche kosmischen Volkszählungen zum ersten Mal ernsthaft in Angriff genommen werden konnten. Die meisten der darauf abgebildeten Galaxien erscheinen uns so, wie sie in den ersten Milliarden Jahren des Universums aussahen. Erwartungsgemäß besitzen die jungen Galaxien dort draußen noch große Mengen an Gas, aus denen zahllose Sterne entstehen können. Und weil es in der Frühphase des Universums auch noch nicht viele galaktische Verschmelzungen gegeben haben kann – die Zeit hatte dazu noch nicht gereicht –, zeigen diese Galaxien auch recht bizarre, unregelmäßige Formen. Wäre es nicht spannend, diese Gegend „im Originalzustand" aus nächster Nähe zu betrachten?

Nun können wir mit unserem Raumschiff zwar „überlichtschnell" an jeden Ort im Universum reisen, aber leider nicht gleichzeitig auch rückwärts durch die Zeit. Wenn wir also den Sprung zu den fernsten Objekten in den Deep-Field-Aufnahmen wagen, erleben wir bei unserer Ankunft dort die Umgebung nicht anders als unsere vertraute Umgebung hier, denn auch dort sind die Galaxien inzwischen so alt wie bei uns.

In gewisser Weise wäre die Reise dorthin also enttäuschend, da wir nicht wirklich mehr über die Frühphase des Universums in Erfahrungen bringen könnten als von der Erde aus. Immerhin würde sie aber zumindest die grundlegende Annahme der Kosmologen bestätigen, dass sich unsere vertraute Umgebung der Galaxis am Rande des Virgo-Galaxienhaufens nicht wesentlich von anderen Orten im Universum unterscheidet. Nur wenn diese Annahme zutrifft, können wir nämlich überhaupt von dem uns zugänglichen kleinen Bereich des Kosmos auf seine Gesamtheit schließen und uns fundierte Gedanken über Anfang und Ende des Universums machen. Und wenn diese Gedanken stimmen, dann muss eine extrem rasche Expansion unmittelbar nach dem Urknall dazu geführt haben, dass unser überschaubares Universum nur einen winzigen Ausschnitt eines viel größeren Kosmos darstellt.

OBEN: Das Hubble-Ultra-Deep-Field enthält unter anderem die entferntesten Galaxien. Das gesamte Bild (hier ist nur ein Ausschnitt wiedergegeben) zeigt insgesamt etwa zehntausend Galaxien.

DAS ECHO DES URKNALLS

Entfernung zur Erde: 13,7 Milliarden Lichtjahre

Wir mögen zwar nicht zurück zu den Anfängen des Universums reisen können, aber während der ganzen Reise waren wir einer Strahlung ausgesetzt, die aus der Anfangszeit des Universums stammt. Diese kosmische Hintergrundstrahlung wurde zuletzt rund 400.000 Jahre nach dem Urknall gestreut und kann sich seither ungehindert ausbreiten. Damals war das ursprünglich extrem heiße, aus dem Urknall entstandene Universum so weit abgekühlt, dass Elektronen und Atomkerne sich zu normalen Atomen verbinden konnten. Kurz nach ihrer „Befreiung" war die Strahlung vor allem im sichtbaren und infraroten Bereich erkennbar. Doch die Expansion des Universums führte zu einer allmählichen Abkühlung, und damit verbunden verschob sich die Wellenlänge der Hintergrundstrahlung bis heute in den Bereich der Mikrowellen. Damit entspricht sie einer Temperatur von –270,3 Grad Celsius, nur knapp drei Grad über dem absoluten Nullpunkt.

Natürlich muss man nicht so weit reisen wie wir, um die kosmische Hintergrundstrahlung zu „sehen". Wer früher, als die Fernsehsender nachts noch ihre Programme abschalteten, vor dem Fernseher eingeschlafen war und schließlich durch ein lautes Rauschen geweckt wurde, hat sie sogar wirklich gesehen, denn sie steuerte ein paar Prozent zum „Schneerauschen" der analogen Fernsehempfänger bei. Astronomen beschränken sich natürlich nicht auf solche Beobachtungen. Zwar wurde die kosmische Hintergrundstrahlung Mitte der 1960er-Jahre mit irdischen Radioteleskopen entdeckt, doch inzwischen haben die Wissenschaftler längst empfindlichere Detektoren an Bord spezieller Satelliten (wie die amerikanische **W**ilkinson **M**icrowave **A**nisotropy **P**robe, WMAP, oder die europäische PLANCK-Sonde) ausgesandt, um kleinste Schwankungen dieser Strahlung zu messen, die weitere Informationen über die Frühphase des Universums und seine Zusammensetzung liefern.

Viel ist in den 13,7 Milliarden Jahren geschehen, seit die Hintergrundstrahlung freigesetzt wurde. Aber das vielleicht Bemerkenswerteste ist, dass die Evolution auf der Erde zu einer Spezies geführt hat, die diesen Kosmos erforscht und in Gedanken durchqueren kann!

UNTEN: Die unterschiedlichen Farben in dieser WMAP-Karte stehen für Temperaturunterschiede im frühen Universum: Rote Bereiche sind geringfügig wärmer, blaue kälter. Die Karte gibt die Messungen von fünf Jahren wieder.

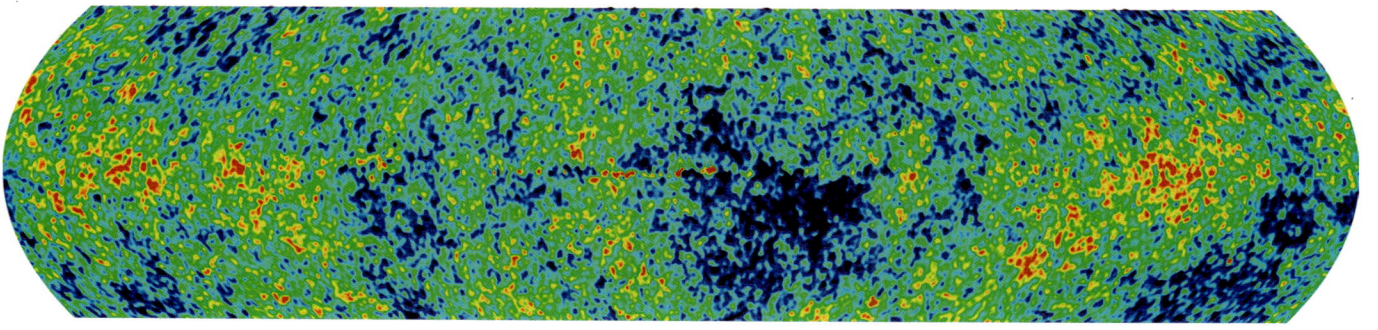

EPILOG

Jetzt sitzen wir wieder zu Hause in unseren Lehnstühlen. Unsere Köpfe schwirren von den vielen Eindrücken dieser einmaligen Reise durchs Universum, und viele Gedanken bewegen uns, die uns unterwegs kamen.

Zuletzt, bevor unser Raumschiff den „Rücksturz zur Erde" begann, waren wir am Rand des beobachtbaren Universums angelangt, jenem Teil des Kosmos, den wir von der Erde aus überblicken können. Wir sind zwischen Objekten herumgekurvt, die andere nur aus dem Hubble-Deep-Field kennen – jene auffällig deformierten jungen Galaxien, die wir von „zu Hause" aus in einem Zustand kurz nach dem Urknall sehen. Doch vor Ort, aus unserem gedankenschnellen Raumschiff heraus, sahen wir sie ganz anders – so, wie sie nach einer 13,7 Milliarden Jahre andauernden Entwicklung und nach zahlreichen Kollisionen mit anderen Galaxien aussehen; und als solche unterschieden sie sich kaum von den Galaxien im Umfeld der Milchstraße. Es scheint in der Tat keinen Grund für die Annahme zu geben, dass man irgendwo im Universum auf Regionen trifft, die völlig anders aussehen als unser lokales, überschaubares Universum. Dies zumindest ist ein wichtiges Fundament für die modernen Vorstellungen der Kosmologen – das kosmologische Prinzip.

Doch das ist noch nicht alles. Von unserem angenommenen Standort, mehr als 13 Milliarden Lichtjahre von der Erde entfernt, hätten wir Regionen des Kosmos sehen können, deren Licht noch lange nicht bei der Erde angekommen ist. Wir wären dort also keineswegs am „Rand des Universums" gewesen, sondern immer noch „mittendrin", mit ungezählten Sternen, Galaxien, Raum und Materie in allen Richtungen – gerade so, wie wir es von zu Hause gewohnt sind. Dort draußen wäre rund die Hälfte des beobachtbaren Universums neu für uns, dafür hätten wir einen gleich großen Anteil in der Gegenrichtung aus den Augen verloren.

Aber wie weit würden wir kommen, wenn wir immer weiter vordringen könnten? Wie viel größer ist das gesamte Universum als jener Ausschnitt, den wir von der Erde – oder irgendeinem anderen Standort aus – überblicken können? Es gibt Hinweise darauf, dass die richtige Antwort „sehr viel größer" lauten muss, und vielleicht ist das Universum sogar unendlich groß.

Wenn es wirklich unendlich groß ist, brauchen wir gar nicht über Parallelwelten zu spekulieren, um sagen zu können, dass es irgendwo in diesem unendlich großen Universum identische Zwillinge von jedem von uns gibt. Denn das genau ist das Wesen der Unendlichkeit: dass selbst das Unwahrscheinlichste irgendwo in diesen unendlichen Weiten existiert.

Genießen wir diese Erkenntnis! Wir sind nicht allein unterwegs im Kosmos, wenngleich wir unsere identischen Zwillinge nie treffen werden. Doch halt: In einem unendlichen Universum sollte man niemals nie sagen!

PRAXISTIPPS FÜR WELTRAUM-TOURISTEN

Unsere Tour durchs Universum war vorrangig eine Fantasiereise – zu groß sind die Entfernungen, als dass man sie wirklich überbrücken könnte. Angeregt wurden wir in erster Linie durch unsere Neugier – wir wollten herausfinden, was da draußen anzutreffen ist und ob wir uns auf all das angesichts des schier unendlich erscheinenden Kosmos überhaupt einen Reim machen können. Leider müssten jedoch mit heute erreichbaren Geschwindigkeiten selbst bis zum nächsten Stern viele Generationen an Bord eines Raumschiffs leben und vergehen, ehe das Ziel erreicht wäre.

Wir können das Universum aber mit unseren Augen erkunden, unterstützt durch ein Fernglas oder Teleskop. In dem nun folgenden kurzen Führer entsprechen die Nummern (001–100) den Haltepunkten unserer zurückliegenden Fantasiereise.

Wenn es darum geht, die Helligkeit eines gerade noch sichtbaren Himmelsobjekts (seine „Größenklasse" oder magnitude) zu beurteilen, kommen verschiedene Beobachter häufig zu unterschiedlichen Ergebnissen; daher können unsere Angaben nur Anhaltspunkte sein. Die Größenklassenskala geht auf griechische Astronomen der Antike zurück, die die mit bloßem Auge sichtbaren Gestirne in sechs Klassen einteilten: Die hellsten wurden zur 1. Größenklasse gerechnet, die gerade noch sichtbaren Sterne dagegen zur 6. Größe. Diese Skala ist inzwischen präzisiert und nach „oben" und „unten" erweitert worden: So hat die Sonne eine scheinbare Helligkeit von –26,7 magnituden (kurz ^{m}), während die blassesten Objekte im Hubble-Deep-Field bei etwa 30^m liegen.

Das bloße Auge

Es ist schon erstaunlich, was allein mit bloßem Auge zu erkennen ist. Am taghellen Himmel bleibt in der Regel nur die Sonne (012–015), doch in seltenen Fällen kann auch ein Komet oder eine Supernova am Taghimmel zu sehen sein. Selbst mit bloßem Auge darf man nicht ungeschützt in die Sonne blicken, man riskiert sonst Augenschäden bis hin zur Erblindung. Wer Sonnenflecken oder eine Sonnenfinsternis gefahrlos beobachten möchte, sollte das Sonnenbild mit einem Teleskop auf eine helle Fläche projizieren. Dann lässt sich bequem verfolgen, wie die Flecken wandern oder der Mond vor der Sonne herzieht. Auch der Mond (004–011) ist immer wieder am Taghimmel zu erkennen, gelegentlich auch die Venus (020–021) – vorausgesetzt, man weiß, wohin man schauen muss.

Doch erst am Nachthimmel wird das Sehvermögen der Augen ausgereizt. Den Mond kann man gar nicht übersehen, und auf seiner Oberfläche erkennt man die großen Meere als dunkle Flecken. Besonders das Mare Imbrium (010), das Mare Serenitatis und das Mare Tranquillitatis (beide 004), aber auch einige größere Krater wie Copernicus (008), Aristarchus (009) und Plato (010) lassen sich identifizieren. Und während der schmalen Sichelphasen kann man selbst die Nachtseite des Mondes schemenhaft erkennen – aufgehellt vom Erdlicht als reflektiertem Sonnenlicht.

Mit bloßem Auge sind auch die hellen Planeten – Venus (020), Mars (026), Jupiter (037) und Saturn (043) zu finden, wobei Mars mitunter unauffällig erscheint. An dunklen Standorten sind Sterne bis zur 6. Größenklasse zu sehen. Sirius (056), der hellste von ihnen, hat –1,5^m; Venus ist mit –4^m deutlich heller. Auch Fomalhaut (059) gehört mit 1,2^m zu den helleren Objekten, wobei der planetare Begleiter natürlich ohne Großteleskop unsichtbar bleibt. Kastor (060) und sein Zwillingsbruder Pollux sind – ebenso wie Algol (061) – weitere helle Sterne.

Einige Offene Sternhaufen wie die Plejaden (064) können leicht gefunden werden, während Gasnebel in der Regel unterhalb der Sichtbarkeitsschwelle liegen. Dagegen ist der kugelförmige Sternhaufen Omega Centauri (081) am Südhimmel ebenso leicht mit bloßem Auge zu erkennen wie die beiden Magellanschen Wolken (086+088) oder – andeutungsweise – die Andromeda-Galaxie (090) bei uns.

Von einem dunklen Standort kann selbst das Zodiakallicht (022) erspäht werden, das vor allem in den Tropenregionen nach Sonnenuntergang oder vor Sonnenaufgang sichtbar ist und zumindest mit den dunkleren Abschnitten der Milchstraße konkurrieren kann.

OBEN: Ein 10x50-Fernglas

Ferngläser

Die Auswahl eines geeigneten Fernglases hängt davon ab, was man beobachten möchte. Ein 7x50-Glas zum Beispiel liefert fantastische Ansichten bei vergleichsweise großem Gesichtsfeld. Offene Sternhaufen wie die Plejaden (064), Sternfelder in der Milchstraße (084–085) oder auch die großen Monde von Jupiter (037) oder der Saturnmond Titan (045) sind reizvolle Beobachtungsobjekte. Saturn (043) selbst sieht in einem Fernglas ein wenig oval aus – um seine Ringe zu erkennen, braucht man aber zumindest ein kleines Teleskop.

Auf dem Mond zeigt ein 7x50-Fernglas bereits eine Fülle von Details, nahezu alles (außer der Rückseite), was wir mit unserem Raumschiff besucht haben. Auch einzelne Nebel sind zu erkennen, wiewohl der Ringnebel (074) schon ein 20x80-Glas erfordert. Die Andromeda-Galaxie (090) erscheint als länglicher Lichtfleck, die beiden Magellanschen Wolken (086+088) wie abgetrennte Teile der Milchstraße. Außerdem kann man eine Reihe von Asteroiden (033+034) auffinden, wenn man ihre Positionen kennt. Sie erscheinen punktförmig wie Sterne und lassen sich nur anhand ihrer Bewegung von einem Abend zum nächsten eindeutig identifizieren.

Ausreichend helle Kometen tauchen immer wieder mal auf und erscheinen im Fernglas meist als kleine Nebel, ähnlich wie ein unscharf eingestellter Stern. Zahlreiche Sternfreunde suchen den Himmel immer wieder mit stark vergrößernden Ferngläsern ab, um neue Kometen zu entdecken.

Teleskope

Ein kleines Teleskop kann man nutzen, um Sonnenflecken oder eine Sonnenfinsternis in projizierter Form sicher zu beobachten. Auf dem Mond zeigt es nahezu alle Formationen, die wir mit Ptolemäus besucht haben – abgesehen von jenen auf der Rückseite und den Details der Apollo-Landeplätze.

Bei Merkur (017) lassen sich die Phasengestalten erkennen, aber keine Details, und gleiches gilt für die Venus (020). Auf Mars (026) sind größere Strukturen wie Syrtis Maior (027) oder die Polkappen (029) im

OBEN: Ein 20x80-Fernglas

OBEN: Ein typisches, modernes 90-Millimeter-Anfänger-Teleskop mit Computersteuerung

OBEN: Patrick Moore an seinem 15-Zoll-Spiegelteleskop

Wechsel der Jahreszeiten auszumachen. Ein gutes Dutzend Asteroiden, darunter Vesta (033), Ceres (034), Pallas und Juno, sind hell genug, um in einem kleinen Teleskop als sternähnliche Lichtpunkte zu erscheinen.

Beim Jupiter (037) zeigt ein solches Instrument die äquatorparallelen Wolkenstreifen und den Großen Roten Fleck (038), bei ausreichender Vergrößerung auch den einen oder anderen kleineren Fleck, der vorübergehend auftritt. Natürlich sind auch die vier großen Jupitermonde (039+040) zu verfolgen, ihre Verfinsterungen im Jupiterschatten und vielleicht sogar ihre Schattenspiele auf den Jupiterwolken.

Saturn (043) bietet auch in einem kleinen Fernrohr einen eindrucksvollen Anblick: Die Ringe sind klar zu erkennen, und bei ganz ruhiger Luft lässt sich selbst die Cassini-Teilung erahnen – zumindest dann, wenn die Ringebene weit geöffnet ist. Titan (045) ist leicht zu finden, und auch Rhea (041) und Iapetus (044) sowie Tethys und Dione (045) sind zu schaffen. Besonders erfahrene Beobachter haben mit ihrem „Dreizöller" (75 mm Öffnung) mitunter sogar Mimas und Enceladus erspäht, aber das sind Ausnahmesichtungen.

Uranus (047) ist dagegen leicht als grünliches Scheibchen zu sehen, für seine vier großen Monde braucht man hingegen ein größeres Instrument. Auch der bläuliche Neptun (048) kann gerade noch als winziges Scheibchen erkannt werden, während man für Triton (049), seinen hellsten Mond, wieder ein größeres Teleskop benötigt. Pluto (050) ist der einzige Vertreter im Kuiper-Gürtel, der gerade noch mit einem etwas größeren Amateurfernrohr zu erkennen ist.

Die Farben vieler Sterne sind in einem kleinen Fernrohr bereits gut zu erkennen; das gilt besonders für rötliche Sterne wie Beteigeuze (067). Reizvoll sind auch Farbkontraste bei Doppelsternen. Überhaupt sind Doppel- und Mehrfachsterne wie zum Beispiel Kastor (060) dankbare Beobachtungsobjekte – entsprechende Hinweise enthält jeder bessere Sternkatalog. Mit einem Dreizöller lässt sich jedes Sternpaar erkennen, dessen Partner heller als elfte Größenklasse sind und weit genug auseinander stehen.

Auch viele der veränderlichen Sterne können bereits mit kleineren Teleskopen beobachtet werden. Mira (063) ist unter den langperiodisch Veränderlichen der hellste und während des Maximums für ein paar Wochen sogar mit bloßem Auge zu erkennen. Im Minimum genügt in der Regel schon ein kleines Fernrohr, um den Stern noch zu finden. Veränderliche Sterne werden in Sternkatalogen ebenfalls gesondert ausgewiesen.

Sternhaufen sind weitere dankbare Beobachtungsobjekte schon für kleinere Teleskope. Die Offenen Sternhaufen können reich oder arm an Sternen sein; die Plejaden (064), die Hyaden und die Praesepe zählen zu den bekanntesten Exemplaren. In kugelförmigen Sternhaufen wie Omega Centauri (081) oder M 3 dagegen stehen die Sterne vielfach so dicht, dass man bestenfalls am Rand einzelne Sterne erkennen kann.

Leuchtende Gasnebel zählen zu den Paradeobjekten für kleinere Teleskope. Der Orion-Nebel (072) ist bei schwacher Vergrößerung ein Augenschmaus, und das gilt auch für etliche Nebel in der Sommermilchstraße. Planetarische Nebel dagegen bleiben wegen ihrer meist geringen Ausdehnung schwierig.

Galaxien, die heller als zehnte Größenklasse sind, sollten in einem kleineren Teleskop sichtbar werden. Die „Zigarrengalaxie" (092) gehört ebenso dazu wie die Strudelgalaxie (093) und M 87 (095). Die Antennengalaxien (094) und der Virgo-Haufen (096) bleiben aber wohl größeren Instrumenten vorbehalten.

GLOSSAR

ABSOLUTER NULLPUNKT die niedrigstmögliche Temperatur: −273,16 Grad Celsius

AKKRETIONSSCHEIBE rotierende Materiescheibe in der Umgebung eines massereichen Objekts, aus der heraus Materie in Spiralbahnen auf das zentrale Objekt stürzt

ALBEDO das Rückstrahlvermögen einer Mond- oder Planetenoberfläche, reicht von 0 (keine Reflexion) bis 1 (Totalreflexion)

APHEL der sonnenfernste Punkt einer Bahn

APOGÄUM der erdfernste Punkt einer Satellitenbahn

ARRAY Anordnung von Radioteleskopen, deren Daten in einem Rechner verknüpft werden

ASTEROID kleinerer Himmelskörper (Durchmesser bis zu einigen Hundert Kilometern), der die Sonne oder einen anderen Stern umrundet. Asteroiden bestehen aus Gestein und/oder Metall mit möglichen kleineren Beimengungen von gefrorenen Gasen (Eis).

AURORAE auch als Polarlichter bezeichnete Leuchterscheinungen in der Hochatmosphäre. Sie werden durch energiereiche elektrisch geladene Teilchen von der Sonne angeregt, wenn diese vom Magnetfeld der Erde zu den Polgebieten gelenkt werden und dort auf die Moleküle der Erdatmosphäre treffen.

BASALT ein dunkelgraues, feinkörniges Vulkangestein mit einem Siliziumgehalt zwischen 44 und 50 Prozent. Basalt ist auf den Oberflächen der erdähnlichen Planeten das häufigste Vulkangestein.

BEDECKUNG Bei einer Bedeckung versperrt ein vorgelagertes Objekt den Blick auf einen weiter entfernten Himmelskörper.

BEDECKUNGSVERÄNDERLICHER ein enges Doppelsternpaar, bei dem wir nahezu auf die Kante der gegenseitigen Umlaufbahn blicken, sodass sich die beiden Sterne regelmäßig ganz oder teilweise bedecken und dabei das Licht des jeweils hinteren Sterns abblocken, was zu sehr regelmäßigen Helligkeitsänderungen des Gesamtlichts führt. Der Prototyp unter den Bedeckungsveränderlichen ist Algol (Beta Persei).

BRAUNER ZWERG eine sternähnliche Gaskugel, deren Masse nicht ausreicht, um im Innern die Kernfusion von Wasserstoff zu Helium zu zünden. Während die Obergrenze mit 0,08 Sonnenmassen recht klar definiert ist, reichen die Angaben über die Mindestmasse eines Braunen Zwergs von 0,012 bis 0,024 Sonnenmassen (entsprechend 13 bis 25 Jupitermassen).

BUGWELLE die Einflussgrenze der Magnetosphäre eines planetaren Körpers, an der der anströmende Sonnenwind ab- und umgelenkt wird

CALDERA ein alter, eingesunkener Vulkankrater, der entweder bei der Explosion des Berggipfels oder durch den Einsturz einer oberflächennahen, zuvor entleerten Magmakammer entstanden ist

CEPHEID ein kurzperiodisch veränderlicher Stern mit einer sehr regelmäßigen Lichtkurve; der Name geht auf den Prototyp der Klasse zurück, Delta Cephei. Cepheiden spielen in der astronomischen Entfernungsbestimmung eine wichtige Rolle, weil es einen klaren Zusammenhang zwischen Leuchtkraft und Periode gibt – so kann ihre Entfernung allein aus der Dauer der Helligkeitsschwankung und ihrer scheinbaren Helligkeit abgeleitet werden.

CHONDRIT ein Steinmeteorit, der Chondrulen enthält. Chondrite stellen mehr als 90 Prozent aller Steinmeteorite.

CHONDRULEN sphärische Einschlüsse in Chondriten, die hauptsächlich aus Pyroxenen und Olivinen sowie Glasanteilen bestehen

CHROMOSPHÄRE eine nur wenige Tausend Kilometer dicke Schicht der Sonnenatmosphäre, die unmittelbar über der Photosphäre liegt

DOPPELSTERN ein Sternpaar, das entweder zusammen gehört (physischer Doppelstern) oder aufgrund der Perspektive nur zufällig benachbart erscheint, aber räumlich weit getrennt ist (optischer Doppelstern). Bei einem physischen Doppelstern umlaufen sich die beiden Partner gegenseitig – sie bewegen sich um den gemeinsamen Schwerpunkt. Die Umlaufzeit kann von vielen Millionen Jahren bei sehr weit getrennten Paaren bis herunter zu weniger als einer Stunde dauern, wenn die beiden Partner sich gegenseitig fast berühren. Solche sehr engen Paare können optisch zwar nicht getrennt werden, lassen sich aber mit spektroskopischen Beobachtungen oder als kurzperiodisch veränderliche Sterne erkennen.

DOPPLER-EFFEKT die scheinbare Wellenlängenänderung des Lichts als Folge einer relativen Bewegung zwischen Lichtquelle und Beobachter. Nimmt der gegenseitige Abstand ab, werden die Wellenlängen scheinbar verkürzt, was einer Blauverschiebung entspricht; bei zunehmendem Abstand erscheinen die Wellen gedehnt, was die Farbe des Lichts zum Roten verschiebt.

DUNKLE MATERIE Materie noch unbekannter Art, die mit elektromagnetischer Strahlung gar nicht und mit normaler Materie nur schwach sowie über die Gravitation wechselwirkt

EIGENBEWEGUNG die individuelle Bewegung eines Sterns entlang der Himmelssphäre

EKLIPTIK die scheinbare Bahn der Sonne durch die Sternbilder. Sie ergibt sich als Projektion der Erdbahn an den Himmel

ELEKTROMAGNETISCHE STRAHLUNG eine periodische Veränderung des elektrischen und magnetischen Feldes, die sich im Vakuum mit Lichtgeschwindigkeit ausbreitet

ELEKTROMAGNETISCHES SPEKTRUM die Gesamtheit der elektromagnetischen Strahlung von den kürzesten Wellenlängen (Gammastrahlung mit Wellenlängen kleiner als 0,01 Nanometer) bis zu den extrem langen Radiowellen mit Wellenlängen von vielen Kilometern

ELEKTRON ein elektrisch negativ geladenes Elementarteilchen, das entweder frei existieren kann oder in der Umgebung eines Atomkerns gebunden ist

ERDLICHT das schemenhafte Leuchten der dunklen Mondseite während der Sichelphasen des zunehmenden oder abnehmenden Mondes. Dabei handelt es sich um von der Erde reflektiertes Sonnenlicht, das die erdzugewandte Nachtseite des Mondes in ein fahles Licht taucht.

EREIGNISHORIZONT der „Rand" eines Schwarzen Lochs. Aus dem Bereich jenseits des Ereignishorizonts kann keine elektromagnetische Strahlung mehr entweichen.

EXOPLANET ein Planet um einen anderen Stern

FACKEL ein heller, vorübergehender, meist länglicher Fleck auf der Sonnenoberfläche

FLARE eine gleißend helle Eruption oberhalb der Sonnenoberfläche, bei der elektrisch geladene Teilchen mit hoher Geschwindigkeit weggeschleudert werden. Wenn diese die Erde treffen, können sie magnetische Stürme und Polarlichter auslösen. Flares treten vielfach im Umfeld komplexer Sonnenfleckengruppen auf.

FLARE-STERN ein roter Zwergstern, der aufgrund intensiver Flare-Ereignisse in seiner Atmosphäre unregelmäßig auftretende, kurzzeitige Helligkeitsausbrüche zeigt

FLUCHTGESCHWINDIGKEIT die Mindestgeschwindigkeit, die zum Verlassen eines Himmelskörpers – ausgehend von dessen Oberfläche – erreicht werden muss. Die Fluchtgeschwindigkeit liegt für die Erde bei 11,2 Kilometer pro Sekunde, für ein Schwarzes Loch bei mehr als 300.000 Kilometer pro Sekunde.

FRAUNHOFERLINIEN dunkle Spektrallinien im Spektrum der Sonne oder eines anderen Sterns

GALAKTISCHER HALO ein sphärischer Bereich im Umfeld der Galaxis, der kugelförmige Sternhaufen, versprengte Sterne und Dunkle Materie enthält

GALAXIE eine Ansammlung von Sternen, vielfach auch mit Nebeln und interstellarer Materie durchsetzt. Man unterscheidet elliptische Systeme (weitgehend ohne interstellare Materie), Spiralgalaxien und irreguläre Systeme.

GALAXIS das Sternsystem, zu dem die Sonne mit ihren Planeten gehört. Die Galaxis enthält mehr als 100 Milliarden Sterne und gilt als locker gewundene Balkenspirale. Das Band der Milchstraße ist der – mit bloßem Auge – sichtbare Teil der Galaxis.

GLOBULE ein kleiner, dunkler Bereich innerhalb eines leuchtenden Gasnebels; Globulen gelten als Frühstadium der Sternentstehung.

GRAVITATIONSLINSENEFFEKT die Ablenkung von Lichtstrahlen einer weit entfernten Quelle im Schwerefeld eines vorgelagerten, massereichen Objekts; kann bei entsprechender Anordnung zu verzerrten Mehrfachbildern der weit entfernten Strahlungsquelle führen

GROSSES BOMBARDEMENT eine Phase intensiven Meteoritenregens im inneren Sonnensystem, die vor etwa 4,8 Milliarden Jahren zu Ende ging

HAUPTREIHE der Teil des Hertzsprung-Russell-Diagramms, der von Zwergsternen besetzt ist, die in ihrem Innern Wasserstoff in Helium umwandeln. Die meisten Sterne im Universum stehen „auf der Hauptreihe".

HEISSER JUPITER ein Exoplanet, dessen Masse der des Jupiter ähnelt – oder sie übertrifft – und der seinen Stern in deutlich geringerem Abstand als einer Astronomischen Einheit umrundet

HELIOSPHÄRE der Raumbereich um die Sonne, der durch den sich ausbreitenden Sonnenwind geprägt wird. Sie erstreckt sich in Vorwärtsrichtung der Sonnenbewegung rund hundert Astronomische Einheiten weit und zeigt in der Gegenrichtung eine schweifähnliche Verlängerung. Der Grenzbereich, der den Übergang zum interstellaren Medium markiert, wird als Heliopause bezeichnet.

HELLIGKEIT, SCHEINBARE die gemessene Helligkeit eines Himmelskörpers. Der Wert wird in Größenklassen angegeben und ist umso kleiner, je heller ein Objekt erscheint: Die scheinbare Helligkeit der Sonne liegt bei –27. Größenklasse, die des Polarsterns bei 2. Größenklasse, während die schwächsten Galaxien auf dem HUBBLE-Deep-Field bei 30. Größenklasse liegen.

HERTZSPRUNG-RUSSELL-DIAGRAMM ein Zustandsdiagramm, das den Zusammenhang zwischen der Masse eines Sterns (und damit seiner Leuchtkraft) und seinem Spektraltyp (und damit seiner Temperatur) aufzeigt

HORIZONT die allgemein vom Beobachterstandort abhängige Sichtgrenze zwischen Himmel und dem jeweiligen Himmelskörper, auf dem sich der Beobachter befindet. Als mathematischer Horizont wird die Linie bezeichnet, die alle 90 Grad vom Zenit des Beobachters entfernten Punkte verbindet.

INFRAROTSTRAHLUNG ein Teilbereich der elektromagnetischen Strahlung mit einer Wellenlänge zwischen 700 Nanometer und 0,1 Millimeter

KELVIN-SKALA eine Temperaturskala ähnlich der Celsius-Skala, die allerdings beim absoluten Nullpunkt (= 0 Kelvin entsprechend –273,16 Grad Celsius) beginnt

KEPLER-GESETZE von Johannes Kepler stammende Beschreibung der Planetenbewegung: 1. Planeten bewegen sich auf Ellipsenbahnen um die Sonne, die in einem der Ellipsenbrennpunkte steht; 2. die Verbindungslinie Sonne–Planet überstreicht in gleichen Zeiten gleiche Flächen; 3. die Quadrate der Umlaufzeiten zweier Planeten verhalten sich wie die Kuben ihrer mittleren Sonnenentfernungen.

KOHLENSTOFFSTERNE rote Sterne der Spektraltypen R und N mit besonders kohlenstoffreichen Atmosphären

KOHLIGER CHONDRIT ein primitiver Steinmeteorit, der kohlenstoffreiche Verbindungen und hydratisierte Silikate enthält

KORONA die äußere Sonnenatmosphäre, die auf der Erde nur bei einer totalen Sonnenfinsternis direkt zu beobachten ist. Sie enthält sehr heißes, dünn verteiltes Gas.

KORONOGRAPH ein Beobachtungsinstrument, das durch Ausblenden der grellen Sonnenscheibe eine Beobachtung der inneren Korona auch ohne Sonnenfinsternis ermöglicht

KOSMISCHE STRAHLUNG hochenergiereiche Teilchen, die von außen auf die Erde treffen; sie können beim Zusammenstoß mit Molekülen in der oberen Atmosphäre Teilchenschauer (Sekundärstrahlung) auslösen.

KOSMISCHES JAHR die Zeit, die die Sonne für eine Umrundung des galaktischen Zentrums benötigt: etwa 225 Millionen Jahre

KOSMOLOGIE ein System von Theorien zur Entwicklung des Gesamtuniversums

KULMINATION die tägliche Höchststellung eines Gestirns, die definitionsgemäß auf der Nord-Süd-Linie eintritt. Die Kulmination der Sonne entspricht der Mittagsstellung.

LEBENSZONE jener Bereich im Umfeld eines Sterns, in dem ein ausreichend großer Planet flüssiges Wasser an seiner Oberfläche halten kann. In dieser Zone herrschen die für Leben, wie wir es kennen, notwendigen Temperaturen.

LEUCHTKRAFT ein Maß für die Energieabgabe eines Sterns oder einer Galaxie. Sie wird meist in Sonnenleuchtkräften angegeben, um einen direkten Vergleich mit dem Zentralstern des Sonnensystems zu ermöglichen.

MONDFINSTERNIS ein Himmelsschauspiel, bei dem der Vollmond durch den Schatten der Erde wandert. Eine Mondfinsternis ist partiell, solange der Erdtrabant nur teilweise in den Kernschatten der Erde eintaucht. Selbst während einer totalen Mondfinsternis (vollständiges Eintauchen in den Kernschatten) erscheint der Mond aber zumeist noch orange bis kupferrot verfärbt, weil die Atmosphäre am Rand der Erde einen Teil des streifend auftreffenden Sonnenlichts in den Schatten lenkt und dieser daher nicht völlig dunkel ist. Eine Mondfinsternis ist überall dort zu beobachten, wo der Mond während der Finsternis über dem Horizont steht.

NANOMETER ein milliardstel Meter

NEBEL eine Wolke aus interstellarem Gas und Staub

NEUTRINO ein kleines, extrem leichtgewichtiges Elementarteilchen, das bei Kernfusionen freigesetzt wird

NEUTRON ein elektrisch neutrales Teilchen, das zusammen mit dem etwas leichteren Proton die Atomkerne bildet; freie Neutronen zerfallen mit einer Halbwertszeit von rund 15 Minuten.

NEUTRONENSTERN der Überrest eines massereichen Sterns, der eine Supernova erlebt hat

NOVA ein nur scheinbar „neuer" Stern, dessen Helligkeit für kurze Zeit stark anschwillt, ehe sie wieder zum normalen Wert zurückkehrt

OORTSCHE WOLKE eine angenommene, etwa kugelschalenförmige Ansammlung von schlummernden Kometenkernen in einer Sonnenentfernung von rund einem Lichtjahr

PENUMBRA 1. der hellere Randbereich eines Sonnenflecks; 2. ringförmige Halbschattenzone rund um den Kernschatten der Erde oder des Monds

PERIGÄUM der erdnächste Punkt einer Satellitenbahn

PERIHEL der sonnennächste Punkt der Bahn eines Planeten oder anderen Körpers

PHOTON die kleinste „Einheit" der elektromagnetischen Strahlung

PHOTOSPHÄRE die helle, etwa 200 Kilometer dicke „Oberfläche" der Sonne

PLANETARISCHER NEBEL eine kleine, aber langsam expandierende Gashülle um einen heißen, „nackten" Sternkern

PLANETOID eine nur noch selten gebrauchte Bezeichnung für einen Asteroiden oder Kleinplaneten

PROTON ein elektrisch positiv geladenes Elementarteilchen, das zusammen mit den geringfügig massereicheren Neutronen den Atomkern bildet

PROTOPLANET ein Objekt, das durch Akkretion von Material zu einem Planeten heranwächst

PROTOSTERN die früheste Entwicklungsphase bei der Entstehung eines neuen Sterns aus der Kontraktion einer ausgedehnten Gas- und Staubwolke

PROTUBERANZ eine leuchtende Gaswolke (vornehmlich Wasserstoff), die sich aus der Sonnenoberfläche erhebt

PULSAR ein rotierender Neutronenstern, dessen gerichteter Strahlungskegel regelmäßig über die Erde hinwegstreift und so eine gepulste Strahlungsquelle vortäuscht. Die ersten Pulsare wurden im Radiofrequenzbereich entdeckt, zwei von ihnen (Krabben- und Vela-Pulsar) konnten auch im optischen Bereich identifiziert werden.

QUASAR der extrem leuchtstarke Kern einer fernen Galaxie. Allgemein wird ein sehr massereiches, aktives Schwarzes Loch als Ursache vermutet.

RADIALGESCHWINDIGKEIT die Geschwindigkeit eines Himmelsobjekts auf den Beobachter zu oder von ihm weg

REGOLITH eine lockere Schicht aus Gesteins- und Mineralkörnern auf der Oberfläche eines Planeten, Monds oder Asteroiden

SCHWARZES LOCH eine extrem kompakte Materieansammlung, aus deren unmittelbarem Umfeld nicht einmal Licht entkommen kann

SCHWARZSCHILD-RADIUS der Radius, den ein Himmelskörper haben müsste, damit seine Fluchtgeschwindigkeit so groß wie die Lichtgeschwindigkeit ist

SIDERISCHE UMLAUFZEIT die Zeit, die ein Planet (Mond) in Bezug auf die Sterne für einen Umlauf um die Sonne (um seinen Zentralplaneten) benötigt

SOLARER URNEBEL interstellare Gas- und Staubwolke, aus der vor mehr als 4,6 Milliarden Jahren das Sonnensystem entstand

SONNENFINSTERNIS ein Himmelsschauspiel, bei dem der Neumond für einen Beobachter vor der Sonne herzieht und diese teilweise (partiell) oder vollständig (total) abdeckt; zusätzlich gibt es noch die Variante einer ringförmigen Sonnenfinsternis, die immer dann eintritt, wenn der Neumond nicht durch den erdnahen Teil seiner Bahn zieht und deshalb geringfügig zu klein erscheint, um die Sonne vollständig abzudecken. Im strengen Sinn ist eine Sonnenfinsternis eine Sternbedeckung durch den Mond.

SONNENTAG die Dauer einer Umdrehung der Erde oder (allgemeiner) eines Himmelskörpers relativ zur Sonne, also die Zeit zwischen zwei Kulminationen der Sonne. Ein (irdischer) Sonnentag ist knapp vier Minuten länger als ein (irdischer) Sterntag, weil die Erde während eines Sterntags auf ihrer Bahn um die Sonne knapp ein Grad weiter gezogen ist und sich entsprechend um rund 361 Grad drehen muss, bis die Sonne wieder im Süden steht.

SONNENWIND eine ständige, von der Sonne in alle Richtungen ausgehende Strömung elektrisch geladener Teilchen

SPEKTRALTYP die Zuordnung eines Sterns gemäß seines Spektrums, das in erster Linie von seiner Oberflächentemperatur bestimmt wird. Mit abnehmender Temperatur unterscheidet man die spektralen Haupttypen O, B, A, F, G, K und M. Diese historisch gewachsene, scheinbar regellose Buchstabenfolge lässt sich mit dem einfachen Merksatz „Offenbar benutzen Astronomen furchtbar gerne komische Merksätze" einprägen.

SPEKTROSKOPISCHER DOPPELSTERN ein Doppelsternsystem, dessen Partner so eng benachbart stehen, dass sie optisch nicht getrennt werden können. Ihre Doppelsternnatur wird erst durch spektroskopische Beobachtungen enthüllt.

STARBURST-GALAXIE eine Galaxie mit einer besonders hohen Sternentstehungsrate

STERNTAG die Dauer einer Umdrehung der Erde oder (allgemeiner) eines Himmelskörpers um 360 Grad, also eine Volldrehung relativ zu den „ruhenden" Sternen

STERNWIND eine mehr oder minder starke, von einem Stern ausgehende Materieströmung, die auf Dauer zu beachtlichem Masseschwund führen kann

SUPERNOVA ein extremer Ausbruch eines Sterns, bei dem entweder ein Weißer Zwerg in einem Doppelsternsystem vollständig zerstört wird oder ein sehr massereicher Stern in sich zusammenstürzt

TITIUS-BODE-REGEL eine mathematische Beschreibung der Planetenabstände im Sonnensystem

TRANSIT 1. der Durchgang eines Planeten vor der Sonne bzw. eines Exoplaneten vor seinem Stern oder 2. der Durchgang eines Himmelsobjekts durch den Meridian, die Nord-Süd-Linie

TRIGONOMETRISCHE PARALLAXE die scheinbare Verschiebung eines näher gelegenen Objekts vor dem weiter entfernten Hintergrund, die sich bei der Beobachtung von zwei unterschiedlichen Standorten aus ergibt

T-TAURI-STERN ein kühler, junger und noch instabiler Stern geringer bis mittlerer Masse

UMBRA 1. die dunkle Zentralregion eines Sonnenflecks oder 2. der Kernschatten des Mondes beziehungsweise der Erde

VAN-ALLEN-GÜRTEL Zonen erhöhter Dichte von elektrisch geladenen Teilchen in der Umgebung der Erde, hervorgerufen durch das Erdmagnetfeld. Der äußere Gürtel enthält vorwiegend Elektronen, der innere dagegen Protonen.

VERÄNDERLICHER STERN ein Stern, der seine Helligkeit in mehr oder minder regelmäßiger Form über kürzere oder längere Zeiträume verändert

WEISSER ZWERG ein sehr kleiner und dichter, nackter und heißer Sternkern, der seinen Kernbrennstoff aufgebraucht hat und in der letzten Phase seines Daseins über einen langen Zeitraum auskühlt

ZENIT der Punkt an der Himmelssphäre, der sich exakt über dem Beobachter befindet

ZODIAKALER STAUB dünn verteilte, winzige Staubkörner in der Ekliptikebene, der Hauptebene des Sonnensystems; der Staub wird für die Entstehung des Zodiakallichts verantwortlich gemacht.

ZODIAKALLICHT ein kegelförmiger Lichtschein, der nach Sonnenuntergang oder vor Sonnenaufgang vom Horizont ausgehend entlang der Ekliptik zu erkennen ist. Er entsteht durch Streuung und Reflexion des Sonnenlichts am zodiakalen Staub.

ZWERGSTERN allgemein ein kleiner, sonnenähnlicher Stern in der Phase des Wasserstoffbrennens (Hauptreihenstern)

BILDNACHWEIS

Wir haben alles unternommen, um die Bildrechte zu erhalten und sie korrekt nachzuweisen. Sollten uns dennoch Fehler unterlaufen sein, wenden Sie sich bitte an Canopus, den Verlag der britischen Originalausgabe des Buches, damit sie korrigiert werden können.

(Bildzuordnung: o = oben, m = Mitte, u = unten, l = links, r = rechts)

4-5 NASA
6-7 NASA/JPL/Caltech
11 James Symonds
14 o: ESA/NASA; m: NASA; u: NASA
15 o/u: NASA
16 o: ISS/NASA; u: NASA
17 NASA
18 o/u: NASA
19 o/u: NASA
20 o/u: NASA
21 Lick Observatory
22 o/u: NASA
23 o: NASA/GSFC/ASU/Noah Petro; u: NASA
24 o: NASA/Alan Friedman; m: NASA; u: Damian Peach
25 o: NASA; u: NASA
26 o: NASA/GSFC/ASU/LRO; m: NASA;
u: NASA/US Geological Survey
27 o: NASA; u: NASA/ESA
28 o: ESO; u: Pete Lawrence
29 o: NASA/GSFC/ASU; u: NASA/GSFC/ASU
30 o: NASA; u: Hinode/JAXA/NASA
30–31 Hintergrundbild: High Altitude Observatory/National Center for Atmospheric Research/Soho/NASA/James Symonds
31 u: Pete Lawrence
32–33 o: Trace Project/Stanford Lockheed Institute for Space Research/NASA; u: Solar Dynamics Observatory/NASA/GSFC
34 o: NASA/ESA/Soho; u: Big Bear Solar Observatory, NJIT
35 o: NASA; m: NASA; u: NASA
36–37 James Symonds; r: Soho/NASA
38–39 Soho/NASA
40 o: Soho/NASA; u: Soho/NASA
41 NASA
42 o: NASA/Johns Hopkins University Applied Physics Laboratory/Carnegie Institution of Washington; u: NASA/Johns Hopkins University Applied Physics Laboratory/Carnegie Institution of Washington
43 o: NASA/Johns Hopkins University Applied Physics Laboratory/Carnegie Institution of Washington; ul: NASA/Johns Hopkins University Applied Physics Laboratory/Carnegie Institution of Washington; ur: NASA
44 o: NASA/Johns Hopkins University Applied Physics Laboratory/Carnegie Institution of Washington; u: NASA
45 o: NASA/JPL; u: NASA/Johns Hopkins University Applied Physics Laboratory/Carnegie Institution of Washington
46 NASA/JPL
47 Magellan/NASA/JPL

48 o: NASA/JPL/ESA; u: Magellan/NASA/JPL
49 o: NASA/JPL; u: Magellan/NASA/JPL
50 NASA/James Symonds
51 o: ESO; u: Brian May/James Symonds
52 o: NASA; m: ESO; u: Kuiper Airborne Observatory/NASA
53 o: UH/IA; m: Leonid Kulik; u: ISAS/JAXA
54 o: NASA/JPL; u: NASA/JPL/University of Arizona
55 o: NASA/JPL/University of Arizona; u: NASA/JPL/University of Arizona
56 o: NASA/JPL/Caltech; u: ESA/DLR/FU Berlin
57 o: NASA; u: HiRise/MRO/JPL/NASA
58 o: NASA/JPL/University of Arizona; u: NASA
59 o: ESA/DLR/FU Berlin; u: NASA/JPL
60 NASA
61 o: Mars Global Surveyor/MSSS/JPL/NASA; m: NASA/MOLA; u: Mars Global Surveyor/MSSS/JPL/NASA
62 o: NASA/JPL/University of Arizona; m: HiRise/MRO/JPL/NASA; u: NASA/JPL-Caltech/University of Arizona/Texas A&M University
63 o: NASA/JPL-Caltech/University of Arizona/Texas A&M University; m: NASA/JPL-Caltech/University of Arizona/Texas A&M University; u: NASA/JPL-Caltech/University of Arizona/Texas A&M University
64 o: NASA; u: NASA/JPL/Caltech/Cornell University
65 o: NASA/JPL/Cornell University; m: NASA/JPL/Cornell University; u: NASA/JPL/Caltech/Cornell University
66-67 NASA/JPL-Caltech/Cornell University
68 o/m/u: NASA/JPL/University of Arizona
69 o/u: NASA
70 o/m/u: NASA/JPL-Caltech/UCLA/MPS/DLR/IDA
71 NASA/HST
72 o/m: NASA; u: ESA/NASA
73 James Symonds
74 o: H. Hammel, MIT und NASA/ESA; ul: (NASA/SWRI/R. Gladstone et al./HST/J. Clarke et al./R. Beebe et al.; ur: NASA
75 o: John T. Clarke, University of Michigan; ul/ur: NASA
76 o: NASA; u: NASA/A. Simon-Millar (NASA/GSFC)/I. de Pater und M. Wong, University of California, Berkeley
77 NASA/JPL
78 o/u: NASA/JPL
79 o: NASA/JPL; u: NASA/JPL/USGS
80 o: R. Pappalardo/Galileo Project/NASA/JPL; u: NASA
81 o: Galileo/NASA/JPL; ul: Karkoschka/NASA; ur: Galileo/NASA/JPL
82 o: NASA/JPL/Caltech; ul: NASA/JPL/University of Colorado; ur: NASA/JPL
83 o/m: Cassini/NASA/JPL
84-85 Cassini Imaging Team/ISS/JPL/ESA/NASA
86 o/m: Cassini/NASA/JPL; u: NASA/JPL/University of Arizona
87 o: Cassini/NASA/JPL; u: Karkoschka/NASA
88 o/u: Cassini/SSI/NASA/ESA/JPL
89 o/m/u: Cassini/NASA/JPL
90 NASA/JPL/STI
91 o/u: NASA/JPL
92 o: NASA/STI; u: NASA
93 ol NASA/HST or: NASA; u: Lawrence Sromovsky, University of Wisconsin-Madison/W. M. Keck Observatory

94 o: NASA/JPL; ul: Lawrence Sromovsky, University of Wisconsin-Madison, NASA; ur: KECK
95 NASA/JPL
96 NASA
97 o: NASA; m: ESA/ESO/NASA; u: NASA/ESA
98 o: NASA/ESA/M. Brown, Caltech; u: NASA/JPL/Caltech
99 o: Palomar; u: ESA
100 o/m/u: NASA/JPL
101 o: NASA; u: NASA/JPL
102-103 James Symonds
104-105 NASA, ESA, Digitized Sky Survey 2/ Davide de Martin, ESA/HUBBLE
106 o: DSS/UK SCHMIDT/STScI; m: NASA CXC/ SAO; u: UK SCHMIDT/AAO
107 o: Nik Szymanek/Ian King; m: Pete Lawrence; u: ESO
108 NASA/JPL/Caltech
109 o: ESA; u: ESO
110 NASA/ESA/P. Kalas, J. Graham, E. Chiang, E. Kite, University California, Berkeley, M. Clampin, NASA/Goddard/M. Fitzgerald, Lawrence Livermore/K. Stapelfeldt, J. Krist, NASA/JPL
111 Anglo-Australian Observatory, Digitized Sky Survey, Davide de Martin
112 ESA/XMM-NEWTON/EPIC
113 o: 2MASS/NASA; u: Greg Parker
114 Greg Parker
115 o: R.Hurt/SSC-Caltech/JPL-Caltech/NASA u: NASA
116 o: Pete Lawrence; u: NASA/JPL/GALEX/ Caltech/OCIW
117 o: Greg Parker; u: ESO
118-119 HST/NASA
120 o: NASA; u: NASA/James Symonds
121 o: NASA; u: NASA/James Symonds
122 o: ESO/Beletsky

123 ESO/SFRC
124 o: NASA/HST: ul: Greg Parker ur: ESO
125 o: Pete Lawrence; u: ESO/Digitized Sky Survey 2/Davide De Martin
126 NASA/JPL/Caltech/Iowa State University
127 HUBBLE Heritage Team/A. Riess, STScI/ NASA
128 NASA/JPL/M. Marengo/Iowa State University
129 NASA/STScI/Noel Carboni
131 NASA/AMES/JPL/Caltech
132 ESO/J. Emerson/Vista
133 NASA/AMES/JPL-Caltech/STScI
134 l: ESO/J. Emerson/Vista; r: NASA/JPL/ Caltech/STScI
135 r: Greg Parker
136 Daniel Cantin, McGill University
137 Ian Morrison/Jodrell Bank/University of Manchester
138 SPITZER Space Telescope/NASA/JPL-Caltech/Harvard-Smithsonian CfA
139 HST/NASA/STScI
140 o: HST/NASA/STScI; u: HST/NASA/STScI
141 HST/NASA/STScI
142-143 HST/CXCSAO/NASA/STScI
144 ul: ESO; r: ESO
145 o: HST/NASA/STScI; r: SPITZER Space Telescope/NASA/JPL-Caltech/Harvard-Smithsonian CfA
146 o/u: T. A. Rector, B. A. Wolpa/NOAO/AURA
147 NASA
148 ESO
149 o: HST/NASA/STScI; u: ESO
150-151 NASA/ESA/HUBBLE SM4 ERO Team; o: ESO
152 NRAO
153 o: NASA/ESA/H.E. Bond/STScI
154 NASA/ESA/SSC/CXC/STScI
155 HUBBLE: NASA/ESA/D. Q. Wang, University

of Massachusetts, Amherst; SPITZER Space Telescope: NASA/JPL/S. Stolovy, SSC/Caltech
156 ESO/S. Brunier
156 l: Nik Szymanek; r: ESO/S. Brunier
158 o: NASA/ESA/M. Livio/STScI; u: AURA/NOAO/NSF
159 NASA/JPL/Caltech/STScI
160 o/m: HST; u: ESO
161 o: NASA/JPL/Caltech/STScI; u: ESO
162 NASA/JPL/Caltech/STScI
163 SUBARU/NAOJ
164 ESO
165 Greg Parker
166 o: J.-C. Cuillandre, CFHT: u: SPITZER Space Telescope/NASA
167 o: SPITZER Space Telescope/NASA; u: NASA/HST
168 NASA/HST/STScI
169 o: NASA/ESA, S. Beckwith (STScI) und HUBBLE Heritage Team/STScI/AURA; u: NASA/ ESA, M. Regan, B. Whitmore (STScI), R. Chandar (Universität von Toledo)
170 o: B. Whitmore NASA/STScI; u: Röntgen: NASA/CXC/SAO/J. De Pasquale; IR: NASA/ JPL-Caltech; optisch: NASA/STScI
171 o: J. A. Biretta et al., HUBBLE Heritage Team, STScI/AURA/NASA; u: NASA/National Radio Astronomy Observatory/National Science Foundation/John Biretta, STScI/JHU, Associated Universities, Inc.
173 NASA/ESA/R. Williams/HUDF-Team
174 NASA/ESA/William Keel/Hanny van Arkel
175 o: ESA/NASA/J.-P. Kneib/R. Ellis, Caltech ul: NASA/ESA; ur: J. Rhoads, STScI/WIYN/ AURA/NOAO/NSF
176 NASA/ESA/STScI
177 WMAP Science Team/NASA

REGISTER

AUTOREN UND ÜBERSETZER

Brian May, PhD, CBE, ARCS, FRAS, Kanzler der Liverpool John Moores University (UK), ist Gründungsmitglied der Rockband Queen und als Gitarrist, Songschreiber und Produzent weltbekannt. Als Produzent und musikalischer Direktor des preisgekrönten Queen-Musicals „We Will Rock You" feierte er 2012 das zehnjährige Bühnenjubiläum im Londoner Dominion Theatre. In der Astronomie hat er Forschungsarbeiten auf dem Gebiet der zodiakalen Staubwolke veröffentlicht und zusammen mit Sir Patrick Moore und Chris Lintott vor ein paar Jahren das Buch „Bang! Die ganze Geschichte des Universums" verfasst. Als engagierter Freund und Anhänger der Stereofotografie schrieb er zusammen mit der Fotografie-Historikerin Elena Vidal das Buch „A Village Lost and Found", das die wichtigen Pionierarbeiten von T. R. Williams auf diesem Gebiet aus dem 19. Jahrhundert für die Gegenwart in Erinnerung ruft. Brian wirkt regelmäßig bei der BBC-Fernsehsendung „The Sky at Night" mit und ist Schirmherr zahlreicher Wohltätigkeitseinrichtungen. Als Mitbegründer der Save-Me-Kampagne setzt er sich engagiert für das Wohl und die Rettung wilder Tiere ein. Brian hält gerne Kontakt zu seinen Fans, die auf seiner Website www.brianmay.com aktuelle Neuigkeiten von ihm erfahren können.

Sir Patrick Moore, CBE, FRS, FRAS, hat sich Zeit seines Lebens der Mondbeobachtung gewidmet und ist bekannt für seine zahllosen Veröffentlichungen, mit denen er die Himmelskunde vielen Menschen nahegebracht und etliche Astronomenkarrieren angeregt hat. Seine monatliche BBC-Fernsehsendung „The Sky at Night" wurde 1957 zum ersten Mal ausgestrahlt und konnte 2012 auf eine 55-jährige Tradition zurückblicken – nahezu einmalig in der Fernsehgeschichte. Er ist unzählige Male in Hörfunk und Fernsehen aufgetreten, hat Hunderte Bücher und Artikel geschrieben und Vorträge in aller Welt gehalten. Er ist Mitglied der Royal Society, Ehren-Vizepräsident der Royal Astronomical Society, Ehren-Vizepräsident der British Astronomical Association, Mitglied der Internationalen Astronomischen Union, Ehren-Vizepräsident der Society for the History of Astronomy und ist von zwölf britischen Universitäten mit Ehrentiteln gewürdigt worden. Darüber hinaus hat er mehr als hundert Musikstücke komponiert, darunter einen Marsch für die Kapelle der Royal Marines. Moore setzt sich gegen die Fuchsjagd ein und unterstützt mehrere große Wohltätigkeitseinrichtungen. Er teilt sein Haus mit seiner geliebten Katze Ptolemy, die auch schon in „The Sky at Night" aufgetreten ist.

Chris Lintott, PhD, FRAS, arbeitet am Department of Physics der University of Oxford, wo er auch als Junior Research Fellow am New College forscht. Er konzentriert sich dabei auf die Entstehung und Evolution von Galaxien, worin er von vielen Hunderttausend Freiwilligen unterstützt wird, die bei Galaxy Zoo und anderen Citizen-Science-Projekten von Zooniverse.org. mitmachen. Er ist Vorsitzender der transatlantischen Citizen Science Alliance, die Projekte entwickelt, mit denen interessierte Bürger echte Beiträge zur wissenschaftlichen Forschung leisten können, und erhielt 2011 den Royal Society Kohn Award für diese Arbeit. Bekannt ist er vor allem als Co-Moderator der BBC-Fernsehsendung „The Sky at Night", in der er im Jahr 2000 zum ersten Mal mitwirken durfte. Jenseits der Astronomie kann er sich mit Kochen, Opernbesuchen oder einem Glas Wein erfreuen – und als Anhänger seiner beiden Lieblingsvereine Torquay United und Chicago Fire.

Hermann-Michael Hahn, Diplom-Physiker und Wissenschaftsjournalist, hat Astronomie in Bonn studiert und bereits in den 1970er-Jahren in zahlreichen Fernsehsendungen mitgewirkt. 1986 berichtete er in der ARD live aus dem europäischen Satellitenkontrollzentrum in Darmstadt über den Vorbeiflug der europäischen Raumsonde GIOTTO am Kometen Halley. Sein erstes Buch „Astronomie – ein modernes Hobby" erschien im Jahr1976, und in der Folgezeit hat er fast 50 Bücher, Kalender und Sternkartenanleitungen verfasst. Darüber hinaus übersetzte er mehr als 40 Bücher namhafter Autoren (u.a. Isaac Asimov) aus dem Englischen, darunter auch „Bang! Die ganze Geschichte des Universums". Hinzu kommen ungezählte Artikel in Tageszeitungen und Zeitschriften sowie Fernsehbeiträge und Hörfunk-Interviews zu „himmlischen Themen". 2005 erhielt er für sein im Kosmos-Verlag erschienenes Buch „Outer Space" den Hugo-Junkers-Preis der deutschen Luft- und Raumfahrtpresse. Hahn ist Mitglied der Astronomischen Gesellschaft und der Planetary Society sowie seit 1991 Vorsitzender der Vereinigung der Sternfreunde Köln, e.V.